史學玩應用——臺灣應用史學探究集

主編 / 皮國立、楊善堯

喆閱人文

CONTENTS

00

序言

序言

臺灣「應用史學宣言」

皮國立

國立中央大學歷史研究所副教授兼所長

　　將序言名稱取得如此神聖、如此正式，並非為了抬高這本論集的價值，而其實是代表我們非常重視這件事，而又覺得不能只寫一些無關痛癢的祝賀文字，必須對現有體制與高等歷史教育內涵，進行一些針砭和改進的建議，對舊思維和既有體制進行一些挑戰，才可能有真實的貢獻。

　　多數專書的致謝都放在最後，我卻一開始就要闡明，應用史學不是此時才開始倡議的，歷史學界討論、公開呼籲已久矣，而且先行者實不乏其人，包括我的前輩周樑楷、陳登武、張隆志、張弘毅、謝仕淵等人，或是許多未及點到的史學界先進同道，都在默默進行相關的工作；他們都是「無聲」的貢獻者，這個意義我等一下還會說明。相關 public history 或 angewandte Geschichte 的西方史學發展脈絡與定義，談者已多[1]，實在不需要在此重覆一遍。

　　臺灣起步較晚，已是不爭的事實，急起直追，猶為未晚，而本序言更應考慮本土脈絡，進行比較務實的思考。部分大學包括國立臺灣師範大學歷史學系、輔仁大學歷史學系、國立嘉義大學應用歷史學系、逢甲大學文化與社會創新碩士學位學程等學術單位，也都曾開設相關的應用史學學程或課程，或甚至有些大學也成立意義相近卻又和「應用」不完全相同的「公眾史學」或「大眾史學」研究室；民間也有中華綜合發展研究院應用史學研究所等單位，推展與進行相關的工作。某些大學，例如我所服務的國立中央大學歷史研究所，也已開放碩士生可以採用拍攝歷史紀錄片、設計桌遊或遊戲、書寫歷史小說、辦理歷史展覽等方式來取得碩士學位，其實都是代表應用史學的多元化發展，某部分也反映了人文歷史學系師生為了求生存、謀職業而積極努力的大方向。現任與前任國科會歷史學門召集人陳登武和戴麗娟兩位老師，也都注意到史學的公共性質，並思考大眾史學成為歷史學發展之一大方向，這就是一種突破，代表國家最高科學研究單位對人文學科多元化的思考，吾人當予以全力支持。

　　感謝我的好朋友楊善堯教授，他年輕時就成立「喆閎人文工作室」(2017-)，這幾年都在做應用史學的工作，而拉著我這個身處象牙塔且不事生產應用史學成果的老學究（太太給我取的），一起完成了許多案子，至少包括了「桃園市國家文化記憶庫航空城遷徙故事蒐集案」(2020)、「衛生福利發展史編纂先導計畫」(2020)、「杵尾仔古井列冊追蹤與調查研究案」(2021)、「航空城人文變遷故事影像紀錄計畫」(2021)、衛生福利部「衛生福利發展史編纂計畫」(2021-2022)、「臺灣衛生醫療體系的建置與發展」檔案教學資源素材集編輯委託服務案」(2021)、「桃園市大溪區耆老口述訪談委託專業服務案」(2022)、「《桃園市大園區志》編纂案」(2022-2024)、「桃園市大園區沙崙陣地列冊追蹤案建物基礎調查研究案」(2022)、「中原營區歷史調查研究暨資料建檔委託案」(2023)、「前空軍桃園基地設施群再造歷史現場駐地工作站：航空城區內變遷與移民故事田野

調查」(2023)、「《桃園市新屋區志》編纂案」(2023-2025)、歷史建築「中壢龍岡圓環軍人雕像及周邊營舍」基礎調查案 (2024) 等公部門的委託案。完成這些調查或研究案件，基本上都不是靠發表學術論文而能成事的，必須運用史學方法的訓練，在公、私部門要求的框架下 [2]，完成各機關單位之需求。而公部門所開立的這些案子，也都會有嚴格的審查程序，必須達到一定水準，才可能過關的，一旦難以配合或無法完成要求、品質粗枝濫造，立刻會被歸列為拒絕往來戶，而喪失許多接案的機會，其實說白了，它就是歷史學的一種「業界」。

　　不要一談到「業界」就斥之以鼻，國立東華大學歷史學系的陳進金教授很早就引述 John C. Burnham(1919-2017) 的看法，學歷史不應該妄自菲薄，其實市場對於歷史學者的需求非常大，「歷史學家所犯的最大錯誤就是認為在學院外從事歷史實踐有損個人尊嚴，常常把工作留給那些未經訓練的人。」我們應該鼓勵本科生享受歷史研究，並以做他們喜歡做的事情為職業 [3]。我們甚至要找到更多歷史學可能的「業界」，才能替人文歷史學的學生謀生計、找出路。

　　2021 年，部立桃園醫院爆發新冠肺炎群聚感染，事後該單位開出標案，希望有公司團體可以承攬書寫這段故事的工作。書寫本來就是歷史學者文字之所擅長，我又是研究醫療疾病史的，當然責無旁貸。於是，我們寫好服務建議書（公家機關對於企畫書的稱呼）準備去投標，但可惜最終沒有得標，標到的是一家傳媒公司。為什麼歷史學者「搶」不到這樣的工作？根據我們在審查現場所得到的心得，答案之一可能是某位具醫師身分的評審委員，他認為歷史學者寫的東西根本無法被閱讀，繞來繞去太艱澀了；另外，他也認為歷史學者不懂得行銷，無法幫他們更進一步的重建或扭轉被汙名化的形象。我那時才恍然大悟，原來人家根本不考慮歷史學會寫學術論文的專長。我曾經寫了 100 多篇學術論文、編著或書寫了 20 幾本書，面對如此結果，我都深感受挫，那麼，我要怎麼跟學生說：「學歷史很有用」？

　　讀者可以看看理工科、醫科、音樂、藝術、設計，哪個沒有業界呢？歷史學的業界在哪裡？除了找不到的教職、研究職位和流浪兼任教師外，還有沒有更多可能？要吸引人文歷史系所產出無數顆蘿蔔，總得要先想想「坑」在哪裡。還不說理工、醫科的「業界」都比做純學術研究的職位要有發展得多，那麼，從事人文歷史工作的學者們，當社會大眾都在喊：「學人文沒前途」的當下，我們能做些什麼改變？我之所以願意做這些工作，很大的原因也是因為，如果自己不跳下去做一些案子，恐怕談理論或從事相關教學，都僅是紙上談兵，說得比做得多，好為人師，犯了學者之大忌。所以，我更要感謝這兩屆參加「史學玩應用」工作坊的全體講者們，你們貢獻心力與不吝惜地傳授自己從事史學應用之實際經驗，共同匯集成了這本《史學玩應用─臺灣應用史學探究集》，是國內第一本以「應用史學」為名的專書。

　　全書內共分為：「史學應用 · 探究實作」、「歷史田野 · 地方實踐」、「歷史文化 · 地方創生」、「人文應用 · 創新教學」、「歷史學術 · 出版加值」、「影像記憶 · 口述訪談」、「博物技藝 · 知識實踐」、「史學文創 · 商品實踐」等八大主題，他們都是立基於本土的操作經驗，而不隨意援引外國理論，閱讀過後令我功力倍增、大開眼界，原來歷史學可以被應用在這麼多的領域當中。個人相信，本書一定是國內建構應用史學實作理論之一大步，更給了未來人文歷史相關科系學生一個良好的參考指引，引領他們去嘗試各種可能。也要感謝這幾屆的論壇都有「喆閎人文工作室」的大力主辦並支持出版經費，加上國內各個史學單位的協力幫忙，方能有這本書的誕生。它是一本群策群力的成果，象徵臺灣史學界的新氣象，很高興見證了它的誕生。

　　我要為史學之應用請命，似乎陳義過高，其實到今天為止，我們做的工作都還是「無聲」的；我沒有資格當首位倡議者，但總可以為年輕的史學工作者說一點話。衡量目前史學界狀況，應用史學成功了嗎？我認為還沒有，甚至頗為失敗。去年底我提出升等案，我做的這些應用史學，完全不能

被算是「研究」，它可能被視為「產學」，對學校還有些貢獻，但你得先要去適應無止境的學校主計人員給的障礙；令人洩氣的是，一旦你做的事「不算研究」，外審委員就看不到你從事「應用史學」的貢獻，對升等之幫助自是微乎其微。所以講白了說穿了，一位大學教師或研究學者，只需一直發表在同儕審查的期刊上，就可以安穩升等；若祖上積德，發了一些「I」級文章，領個研究獎勵，穩穩拿薪水，難道不好嗎？為什麼要「應用」？辛苦寫出一本本通過嚴格審查的政府公部門研究報告，然後最後被說「這不是研究」。「無聲」的你不會無端「有聲」，那麼你要怎麼教導學生，讀這門科系，學習這門知識是有用的？

我並沒有否定「純研究」本身的價值，要能創造出多元的應用方法與厚實的觀點，必須奠基在良好的研究訓練上，這是歷史系所課程訓練的核心價值所在；我所爭論的，是不應該全部的人都做著同一種工作，而且只用同一種標準來衡量這個學門所有的成果，而阻擋了年輕教師勇於嘗試與開創之進取精神。須知一門學問或技術，能創新工具與方法則進步、能突破既有領域則成長，大家都走同樣的一條路，發文章在幾本固定的期刊上，「產品」不求與日俱進，也不關心「市場」在哪裡，那真的就只不過是在同溫層取暖而已；你幫助不了多數的學生，故只能採取菁英主義，最後卻流逝多樣化人才，坐視這們學科被弱化甚至被時代淘汰而終。

在大學教學也是一樣，臺灣的大學教師相對於其他先進國家低薪且過勞已非新聞，還要絞盡腦汁去設計創新課程，又要兼顧學生就業、頂住社會壓力，實在辛苦。不過，無論如何多元、如何創新、如何有趣，課程若不能適度和業界、實際產出結合，終究收效不大。學一、二門「影視史學」，不可能取代電影人才；學一、二門「新聞與歷史」，無法取代大眾傳播人才；學一、二門「AI 與歷史」，更敵不過資工人才，點綴式開課法，只是湊熱鬧，無法培養真正的專業。

　　淺見認為，現在各大學人文歷史科系聘任人才，還是研究至上，老問題不斷輪迴，體質不改變，真實影響就出不來。應該要思考聘任相關專長業師或具應用史學專長的博士，才是對症下藥之道；而且評鑑制度也要全面翻新，「業師」才可能在大學內發揮長才。實際上，具有業界專長的教師在以學術至上的系所編制內，格格不入，他可能在業界很活躍，那為什麼他要犧牲時間來到大學教書呢？所以教學環境就很重要，專業課程和應用課程的學分設計，必須通盤思考，沒有好的大學文化和教務支持系統，一切都是白說。我認為，歷史學系要談應用，不能什麼都談，哪個領域一熱門，就都來沾沾邊、都過個水、辦幾場演講，其實收效不大。我認為應該就各個歷史系所所在之大學內，已具備之相關科系來開設課程，例如在有電影系相關的大學歷史系所，就可以開設影視史學課程，歷史系內的業師則可在校內進行跨系或跨領域的整合，是比較可行的方式；因為每位老師專長、精力都有限，不可能去開好幾門「應用史學」；加上各系教師「缺額」寶貴，每個領域都在搶人，根本不可能聘用多位應用史學專長的教師。類似像國立清華大學、國立中央大學等以理工系所為主的大專院校，就應該可以和歷史系所合開 AI 課程，有完整規劃，就能打開探索業界之路。此外，要積極運用歷史學專業去幫助公、私部門，甚至是企業、宮廟等撰寫歷史；或幫助其運用過往的榮光、經驗，來提升整體企業形象，也可藉此工作來提升大學的聲望與能見度，這是一項互利的工作[4]。

　　以上所陳，都更加印證大學對於教師工作的評鑑，不可如此僵化。找資料、說故事的能力，是歷史系所學生的本錢，要積極讓社會上各企業知道，才能打開工作市場，進而改善人文歷史學生低薪之情況。最終，讓系上學術研究和應用史學可以並行，採雙軌制，才能走出一條新路，打開歷史系所教學、研究、研發應用之新視野。

　　基於以上這些理念，我認為初步可以歸納我們的臺灣「應用史學宣言」，有如下定義與精神：

　　一、它可能是「公眾」、「大眾」或「公共」史學的一部份[5]，但卻更強調史學原理原則在學院外的實際應用。

　　二、它是一種運用史學方法來創造附加價值，甚至是產值的技術。它要能和業界進行結合，而且要和實際工作能力配合，創造人文與歷史系所學生的就業市場。

　　三、要能提高史學方法和訓練本身的價值，學界應該要思考相關的檢測方法與評量機制，甚至考慮授予證書，並獲得業界認可為終極目標。

　　四、應用史學人才是學院外的研究者，不得以學院舊思維來加以限制。

　　五、大學人文與歷史科系應開放從事「應用史學」相關產業的學者加入，而評鑑制度不得以發表論文為唯一標準，而可以用發明、產學、展演、創作等形式來取代純研究，藉由研發能量來教育、深化人文系所人才之能力，協助歷史系所學生全面革新社會形象與能見度。

　　六、人文與歷史學界必須思索自主性與能動性，自己內部產生改變，而不應該是受制於外部壓力而導致的不得不變；轉化人文學者步伐沉重的改革效率，才能全面革新人文歷史學科。

　　以上，希望學界同仁共勉之，並感恩在這條路上奉獻心力的無聲者，也為這本書的誕生簡單祝賀。

皮國立

序於國立中央大學歷史研究所 2024.04.07

1. 相關著作很多，僅列比較具有代表性的：Robert Kelley, "Public History: Its Origins, Nature, and Pro spects," The Public Historian, l:1（1978），p.16-28. 周樑楷編，《人人都是史家：大眾史學論集》第 1 冊（臺中：采玉出版社，2004 年）。以及姜萌，《公共史學概論》（北京：高等教育出版社，2020 年），頁 1-69。錢茂偉，《中國公眾史學通論》（北京：中國社會科學出版社，2015 年）。李娜，《公眾史學研究入門》（北京：北京大學出版社，2019 年）。王希，〈誰擁有歷史─美國公共史學的起源、發展與挑戰〉，《歷史研究》3 期（2010），頁 34-47。

2. 協助公部門完成規劃、評估案，就是一種公眾史學的實踐，另外包括博物館、檔案館、企業、政策諮詢、社區／地方歷史文化組織等等，都隸屬之。陳新，〈「公眾史學」的理論基礎與學科框架〉，《學術月刊》第 2 期（2012），頁 117-123。

3. John C. Burnham, "Historians Have the 'Job Market' All Wrong"，收錄於「美國歷史學會（American Historical Association）」：https://reurl.cc/Aj1L1Y（2024/03/29 點閱）。

4. 外國在討論應用史學時，也非常重視這樣的思考。參考 Cornelia Rauh, "«Angewandte Geschichte» als Apologetik-Agentur? Wie man an der Universität Erlangen-Nürnberg Unternehmensgeschichte «kapitalisiert»," Zeitschrift für Unternehmensgeschichte 56:1（2011），pp.102-115.

5. 可參考周樑楷，《克麗歐的轉世投胎：影視史學與大眾史學》（臺北：臺灣師大出版社，2023 年），頁 179-192。倒是我認為應用史學須有歷史系所的專業能力認證與社會認可，如果人人都可以來寫大眾史學，則學科專業界線不明，一樣是另一種危機，故心態可以開放，專業必須堅守。

我想讓大眾知道的
「應用史學」

楊善堯

喆閎人文工作室創辦人暨執行長
國防醫學院通識教育中心兼任助理教授

　　「萬事起頭難」，這句話不只是形容這些年我跟我的好朋友及工作上密切合作夥伴皮國立教授，在推廣的應用史學的困境，也是這篇序言到底該怎麼寫的貼切形容，這篇序言從邊開車邊發想到敲落鍵盤（下筆）的時間，大概遠比近年來我任何工作所書寫的文字內容還要更為謹慎周延。想了許久，寫得太嚴肅怕沒人要看，寫得太輕浮又顯得不夠嚴謹，有違一位史學工作者的專業訓練，思來覆去，寫了又刪，刪了又寫。某天，我開車經過母校國立政治大學附近的時候，赫然讓我想起了一段求學間的往事，發現這段故事或許正好適合作為這篇序言的開場。

　　N 年前我還在政大求學的時候（請容許我用 N 年這麼不嚴謹的詞彙，職業病犯了，怕會有「個資問題」不能開放！），一位我非常尊敬的長輩，

在我還在撰寫博士論文的期間，某天突然十分語重心長的跟我說：「善堯啊！我知道你工作很多，但不要只有工作，還是要在論文研究上多花點時間。」當下我當然非常清楚，這位長輩的立意是希望我能趕快把論文寫完取得博士學位，別唸到一半就放棄了，心裡當然是很感激她的關心，就如同我家老爸在我畢業前的「幾年內」，每次見到面的問候語就是「你論文寫的怎樣了！」不過，當下我跟這位長輩的回應則是：「謝謝您的關心，您說的我都知道，但我的想法是，史學這件事情我未來是打算當成一件『工作』，因為這個是我喜歡做的事情，但現實情況是，我得要有足夠的經濟來源（養家、養小孩甚至後來的養公司）支持，我才能做我想做的工作，否則當現實情況是，我在這行連自己都養不活的話，未來要怎麼把歷史這件事情當成是一件工作呢！」雖然後面我們都沒有再繼續這個話題，但當天的過程卻一直深刻烙印在我的腦海裡，至今都未曾忘記當初在辦公室中的談話畫面。

　　會以這段談話往事作為這篇序言的開場，其實我想談的是，在學術研究這個領域，研究這件事情本身當然是如基礎核心般的重要，這點即便是已經工作十幾年的我仍然深信不移，有好的研究基礎才有後續的應用，如同武俠小說一樣，修習到「上等內功」的小說主角，爾後闖蕩江湖時，不但可以輕易擊敗「外功招式」的對手，學啥招式也會如同開外掛一樣，而個人研究水準的深淺就如同內功氣海的深厚與否那般重要。但是，在現今十分要求「即戰力」速食社會中，已經很難像早年那樣，只要做好本身的研究工作，畢業後就能有很大機會取得好的教職工作或研究職位，相反地，即便你研究做得好，甚至同時還有其他十八般武藝在身，仍然避免不了在畢業後求職上的坎坷道路。這對許多當年以未來能從事大學教學及高等研究工作而進入研究所深造的研究生們，絕對是一個現實上的打擊與恐慌，或許也是一個以你我能力無法改變的現況，甚至這也是導致近年來願意進入歷史博士班就讀人口急遽下降的因素之一。同樣的恐慌，當年在我畢業前的幾年，也在我身上發生過，也十分認真的思考我未來到底要幹嘛！但，山不轉路轉，路不轉人

轉，在不想攜家帶眷去路邊喝西北風的前提，加上我是個不太喜歡花了時間投入後卻做白工的個性，那好吧，只好把我花了很多年心力研讀的歷史學專業，想想要怎麼變成既是我喜歡的事情，又是能夠當成支持生活的工作，這大概是我想推廣與建立「應用史學」這件事情上的初衷吧！

　　在歷史學的領域中，「業界」這個詞似乎一直都是一個晦暗不明的存在，不像其他學科領域的業界可能十分清晰，在學校研讀的時候，甚至課程中就會有所謂的實務課程提供同學修習，甚至是相當重要的必修課程，因為他們清楚知道，這些學生畢業後的工作戰場在哪邊，從學生時代就開始讓同學接觸這些未來要上去競爭廝殺的場域，至少讓他們心裡有所準備未來即將面對的工作環境是個多麼美好（或殘酷）的實況。但在歷史學的領域當中，這樣的情況卻是較為少見，所以，學界＝業界，應該是多數歷史人對於未來就業的概念。至於原因是什麼，我想，在此就如同一幅美好的畫作一般，留個白，讓各位看棺自行去想像了。

　　當我自己從研究生時代就開始跟著我的老師們從事各種不同的研究工作時，有單純的學術研究、有複雜的行政工作、有耐心的團隊溝通，甚至得要跟委託研究的單位反覆的開會調整，這些過程都不是像外界所想像的那般，學者十分自由，研究想怎麼做就怎麼做的情況，事實上，在我們提供我們歷史學專業知識的服務前提下，還得要考量與應付到委託機關的各種需求。「買菜送蔥是常態，乃至買菜送肉也不是罕見的事！」不過，在這種吃苦當吃補的過程中，撇開情緒性的感性話語生成之外，我經常在思考的是：「歷史學的專業到底如何能夠滿足外界工作的需求！」而不是自己關起門來說自己好棒棒，但……沒有然後、沒有下文的自我安慰，同溫層的相互取暖，對於這個領域非但沒有任何幫助，也是我認為，身為一個歷史學博士，應該還是要心存點社會責任與教育後代的目標而努力下去。

　　歷史學，這個人文學科雖然在大學之中具有悠久的發展歷史，也是大

學中所謂的傳統學科，根據我的統計，在近幾年少子化浪潮影響之前，全國的歷史系有將近五千位的學生同時在校研讀（包含大一到大四），這將近五千位的學生大概只有不到四分之一的人會繼續往碩士班就讀，最後可能剩下原先不到百分之五的人會繼續攻讀博士班。也就是說，每年一千多位的歷史系新血中，未來可能只有數十位的人能夠攻頂到博士班，那剩下百分之九十五的學生，畢業後到底都在幹嘛？這或許是一個非常好的問題，而當前國內歷史系的教學內容，實務課程的比例仍是偏少，雖然近年來已有許多大學歷史系所在這方面進行努力，如同本書中幾位作者提到，部分歷史系在過去幾年來所開發應用史學課程的努力，但整體而言，歷史系的教學本質仍未有較大的改變。或許看到這邊的人會想，那來唸歷史系到底要幹嘛？因為可能來唸歷史系的人多數並不想當那百分之五不到的攻頂者，可是系上又沒有在四年的時間告訴我，未來能有什麼目標讓我可以在大學期間內去努力，造成了許多歷史系或人文學科的學生對於未來的茫然與窘境，這也是我在大學教書十多年，與學生溝通後所得到的答案之一。

那歷史學真的沒用嗎？這種已經是社會上連戰都懶得戰的話題，我站在真的不是老王賣瓜心態，也得負責任地說上一句，在課堂上老師們所傳授的內容還真的都是很有用的，只是在方式上，不會去特別凸顯出到底哪些「技能」是有用的。舉例來說，對於歷史系的學生而言，每次到了考試週，大概就是要寫掉幾支原子筆的時候，因為歷史系的考試都是申論題，題目都很短，分數呢，取決於你的「誠意」，當你誠意越高，分數很可能也會隨著更高，其實當你在寫申論題的時候，如何組織一道題目的文字內容，就是一種企劃書的書寫邏輯訓練。想當年還在部落格的時代，寫篇上百字、上千字的網誌，是那個時代許多人的回憶，也因為部落格的呈現方式通常還是要以一篇文章的概念出現，於是網誌書寫多少還是能夠訓練書寫者的文字組織與邏輯概念，但隨著新社群媒體某書的出現，大家書寫的內容從一篇篇的文章變成一段段的文字，甚至可能連標點符號都懶得打，一句話打完就直接換行

的書寫，簡化了大眾的書寫習慣，直到前幾年更新的社群媒體某 G 的面世，更是以影像為主，文字只剩下微弱的一行幾個字。這種我個人稱之為從面→線→點的文字書寫退化過程，已然成為大眾在文字上的趨勢，而歷史系至今仍重視的文字書寫訓練，正是保有這項文字技能的專業學科之一，而這項文字專業在現今需要人文學科背景的相關業界中，卻是一項判定人才能力的準則之一。

又如，歷史學科相當重視的考證與檢索能力，是歷史學相較其他學科獨領風騷的一項技能。我還記得，某次我在課堂上跟學生說要好好學習如何檢索檔案，因為他是一項可以「變現」的技能時，臺下的學生馬上眼睛為之一亮，在那門課程一學期的課堂中，除了那次之外，我還未曾見到其他時候學生的神情彷彿漆黑茫茫大海中的無助船隻見到燈塔的那般喜悅樣，學生紛紛舉手在問：「老師，學會找檔案要怎麼變現！」我也只能告訴他們：「同學，不要把老師講的好像很市儈一樣，來這邊上課是教你怎麼賺錢，在神聖的教室中不要談錢這種世俗的玩意。」學生聽了除了會心一笑外，當然帶點失望的神情（不是我要藏一手，也不是什麼商業機密，而是每個歷史實務研究工作所遇到的情況都不盡相同，無法用的一個 SOP 流程來一言以蔽之）。但話鋒隨之一轉，我說，我想跟你們表達的是，這些你們在進入歷史系後每堂課都在做的重複事情，也就是每門課都要找資料、寫報告，甚至要寫成學術論文等級的報告，都在重複地訓練各位一件事情，就是考證跟檢索的能力，只是，多數老師可能不會仔細的手把手帶著你們去找檔案，因為這在歷史系的概念中，不就是一個跟吃飯一樣正常不過的事情而已（我很幸運的是在我研究生涯的兩位指導教授跟幾位合作過的師長們，都曾經手把手的帶著我做過這項工作）。但飯要吃得好，不但可以幫助消化，還可以吃出健康。同樣的，考證跟檢索這樣基礎功學習的好，是可以讓你未來的研究工作具有千變萬化的應變能力，因為這個世界上不可能有人能夠靠同一批檔案史料研究一個主題一輩子，但掌握檢索檔案史料的能力可以讓你一輩子足以應付各種不

同的研究主題。

　　以上我所舉的兩個例子，我個人認為都是在唸歷史學科的同學們，應該要具備的基本能力之一，而這兩項的能力轉化到實務工作中，也是相當有效且必備的基本能力。如果在現今的大學課程中能夠更加地、獨立地將歷史系的本質技能凸顯出來，或許，學生在進入歷史系的學習過程中，可以稍微減輕點茫然的不適感，進而更加地展現出學科專業的自信心，而非唸了四年到了畢業時刻，仍然無法回答進來歷史系時最常被問到的問題，就是：「學歷史到底能做什麼？」

　　回到這篇序言的問題，到底我想讓大眾知道的「應用史學」是什麼？其實很簡單：「實務」二字而已，其實應用史學在歷史學科的本質上，除了一些目前正在開拓的新領域外，許多正在發展中的領域其實都不脫離過去所謂大眾史學所提出的內容，但我個人認為，其中最為關鍵的差異點，在於這些內容是否能夠真正的轉化為應用在現今社會上的各種實務工作，這些工作需要歷史學提供那些專業性的服務以求能夠完成最終的工作目標。例如：影視史學、口述歷史、展覽策畫、地方創生、寫史出版，以上我再舉這五個近年來我較常經手的工作項目，以一個實務工作者的角度來提出反問好了。

　　影視史學，這個從我唸大學的時候就一直不斷在推廣的大眾史學課程，至今沒有三十也有二十多年了吧，但「如果你是歷史系的學生」，你上了一門影視史學的課之後，你就會拍影片了嗎？你會寫影片腳本或劇本嗎？你知道分鏡是什麼嗎？你知道如何取鏡構圖嗎？你能為一部歷史電影或紀錄片找出問題所在進而人家會請你來當歷史顧問嗎？

　　口述歷史，這項在臺灣也是發展多年的一門實務應用技能，但「如果你是歷史系的學生」，你上了一門口述歷史的課之後，你知道如何策畫一個口述訪談嗎？你知道如何規劃訪談題目嗎？你能夠安排一場讓受訪者安心受訪的空間環境嗎？你能夠獨立跟一位可能當天才見過的人進行兩個小時的

對話訪問嗎？你能夠在訪談中回答出受訪者丟過來的問題嗎？你知道如何完整記錄與保存訪談的過程嗎？你能整理一篇口述訪談的逐字稿與可讀性文稿嗎？你能夠將你訪談對象的口述訪談成果推廣出去嗎？

　　展覽策畫，這個是近年來在歷史科系中較常出現的一個新領域，因為開始有許多跟歷史相關的展覽都需要這方面的人才來策畫，但「如果你是歷史系的學生」，你上了一門展覽策畫的課之後，你知道如何規劃一場展覽嗎？你知道一場展覽的預算是要怎麼抓嗎？你知道展覽文案要怎麼寫嗎？你知道展覽展件要去哪邊找嗎？你知道要如何呈現各種不同的展件嗎？你知道展覽空間跟展件要如何妥適規劃嗎？你知道要如何吸引不同客群的人來看展嗎？你知道展件要如何加值嗎？你知道展示空間的圖面要如何設計跟出那些圖嗎？你知道展場要如何找工班來施作嗎？你知道展覽的開幕與宣傳要如何行銷嗎？

　　地方創生，這是近年來政府在推廣各地方特色與價值所推出的一個新的大領域，甚至現在已經成為各大學爭相跟地方、中央合作，爭取發展自我特色跟預算經費的重要來源，但「如果你是歷史系的學生」，你上了一門地方創生的課之後，你知道要如何規劃跟地方合作發展區域原生特色嗎？你知道要如何操作讓地方固有資源活化起來嗎？你知道如何跟有關單位爭取經費嗎？你知道如何開發足以讓地方可以自給自足的產業活化嗎？你知道如何回饋地方以換取地方對於創生計畫的支持嗎？

　　寫史出版，這項看起來就像是歷史人必會的技能，但「如果你是歷史系的學生」，你上了一門甚至數門相關的課之後，你知道如何為你的委託對象規劃撰寫一本書嗎？你知道一本書從生產製作到出版需要多少時間與經費嗎？你知道如何取得寫作的資料嗎？你知道當文字完成後如何開始編排嗎？你知道在編排過程編輯最討厭遇到作者那些情況嗎？你知道設計書封面視覺的設計師所設計出的圖面是否符合你的寫作想法嗎？你知道如何印製一本書

嗎？你知道如何算書的臺數以控制印刷成本嗎？你知道要如何挑選書的用紙用布材料嗎？你知道一本書從寫作、編輯到出版的過程需要多少預算嗎？

以上這些問題，有的看似很細碎、有的問起甚為辛辣、有的看似摸不著頭緒、有的可能連想都沒想過的問題，都是我經常在實務工作上所曾經被人家問過、審查過的問題。這些問題有些可以在課堂上得到解答，但有些則是要下放到「工作戰場」之後才會遇到的切身問題。提出這些不是要打擊各位想要進入這行的新血們，而是想幫助各位提早認識到問題，進而在未踏上戰場之前就已經想好解決之道，成為一位足以應付各種場面的「應用史學工作者」。

來談談這本《史學玩應用—臺灣應用史學探究集》吧！身為這本書的主編，在整理書稿的同時，我比各位讀者們搶先一步讀完全部發表人分享的內容，這些內容有應用的經驗、有創新的發展、有業界的現況、有學界的困境、有反思的問題等等，閱讀完全部三十篇文稿後，我想起了一部非常具有科幻與哲學思考的電影。許多人應該對於《駭客任務》這部電影並不陌生，裡面講述未來人類都被侷限在一個名為「母體」的虛擬世界之中，在這裡面生活的人類只能被母體所規範的一切規則所奴役著，只要想超脫這個運行規則的人類，就會被母體所派出的幹員程式給刪除，或者是被流放到母體之外，而最終一群反抗者在救世主的帶領反抗行動之下，與母體達成改變共同生存的共識。為何會有此聯想，或許是在看了其中幾位發表人提到，史學在現階段學術界與教育界的期待與任務下，希望能被賦予一定學術成果的持續發展，又為了要因應時代潮流而不得不做出一些多元的改變。麻煩的是，人的時間與精力有限，要執行上述期待與任務的人：大學教師，又被許多框框條條的研究、升等、評鑑、行政、教學規範給綁住，這些事情都會大大影響到有別於傳統史學研究的創新應用史學發展可能性，甚至有些想要嘗試創新的人，會出現如《駭客任務》中因異端而刪除流放的困境。這些事情說起來或許言之過重，但其實都是應用史學發展之下許多人所面臨到的窘境。

　　綜上所述，也就是因為這些許許多多的因素，使得同時具有歷史專業、歷史實務、歷史教學等經驗的我，想要盡力的開拓各種歷史學的可能性。大概從四年多前，與皮國立教授經過不斷的討論後（尤其我們兩個經常在各自開車的通話中討論出一些有趣又創新的想法），決定要藉由史學玩應用這個論壇的舉辦，來挖掘出各種歷史學未來出路的可能性，於是才有了第一屆的「史學玩應用：歷史產學實務與文化創生實踐論壇」以及第二屆的「史學玩應用：大眾歷史知識與文化記憶產學論壇」，而這本《史學玩應用—臺灣應用史學探究集》 正是這兩屆論壇各位發表人所親身參與的歷史實務工作過程經驗與技能的分享。不同專業學科領域的發表人，透過他們以較輕鬆的文字筆談方式，來呈現出每位發表人背後嚴肅工作與專業操作的一面。

　　透過這篇序言，除了對於本書每位作者願意將自己的獨門技藝與經驗分享給大眾再次表示感謝之意，也希望藉由歷屆「史學玩應用」論壇的舉辦，能夠繼續開拓與深化應用史學這塊領域，讓應用史學的未來充滿各種無限的思考與可能性，而不僅僅侷限在現有的框架之中。

　　我經常跟有志於此的學生說，應用史學不是要摒棄傳統史學的內容，恰恰相反的是，想要從事應用史學相關工作的史學工作者，反而更應該把傳統歷史學的訓練札實化，有了厚實的史學基礎才有從事創新應用的本錢。史學優良的研究傳統必當持續堅持與傳承，但創造出千變萬化的各派實務招式，則是吾輩史學中人應當努力的目標，希望與各位共勉與奮鬥之。

楊善堯

深夜於喆閎人文辦公室筆

01

史學應用
探究實作

史學應用 · 探究實作

不唸歷史系的人
為何要學歷史？

林果顯

國立政治大學臺灣史研究所副教授兼所長

　　會思考這個題目，原因是我寫了一本書叫《歷史學探究與實作》，這是 108 課綱規定，為了歷史科的選修課所寫的教科書。這門課老師可以自編教材，也可以採用出版社的教科書，我所撰寫的就是其中一個版本。我所接觸到的高中老師一開始都對這門課感到焦慮，但隨著這幾年下來，每間學校大致都有自己應對的方法，有的強化各冊的複習，甚至拿來考試，有的帶同學做專題，不論是小論文或是踏查活動。也就是在大家都仍在摸索的情況下，我寫了這本教科書。

　　寫作之初，我的內心十分抗拒，因為我既不是高中老師，也沒有高中教學經驗，並不了解高中現場，由我來寫教科書似乎不太恰當。其次，我的單位是大學獨立研究所，沒有大學部學生，我對於剛唸完高中的同學無法有

系統性的接觸。所幸我還有在大學部開設通識課與選修課，本所有許多的學生非歷史系畢業，這都讓我不斷質問自己學歷史要做什麼，而我要寫作的這本書 99% 就是給不念歷史系的人看的。知道自己的寫作限制與可能的條件，我開始動筆。

　　不過寫作的過程並不太順利。自開始寫作到出版為止，歷經三年，中間一度把寫好的內容全部捨棄，因為當時的第一版寫成簡明版的《史學方法論》。這對一個不念歷史系的人毫無用處，我甚至一度動起毀約的念頭，想要認賠殺出。不過讓我回心轉意的是我的小朋友，我從他一歲寫到四歲，某一天我看著他心想，我很確定等他到上高中的年紀，已經不是這個課綱了，但如果將來有一天，他問我的工作究竟在做什麼，我希望我答得出來，而我想把答案都寫在這本書裡，可以很帥氣地把書拿給他說：自己看看吧。在這個略帶天真的想法下，我把書稿重新釐定方向，主要為了不是學歷史的人所寫。

　　其實這個社會、甚或是歷史系的學生，對於為何要學歷史並不是那麼在意，甚至並不認為有學的價值。我想如果是歷史系的師生一定都對一個故事不陌生，那就是某一年政大會計系學生跟一位歷史系學生筆戰，爭議的言論在於歷史系被指為可被維基百科取代，是個會失業的科系。我知道很多學歷史的人對這個問題有自己的答案，但除了說服自己或說服自己人，該怎麼將答案「可視化」，具體地讓不是我們這個圈子的人、特別是高中生能理解呢？

　　108 課綱對這門課的定義是：「本課程強調從具體案例中，透過相關歷史資料的閱讀、整理與分析，學習什麼是史料、歷史事實是如何建構的，以及歷史解釋是怎麼形成的，並探究歷史敘述中的觀點問題，及其所產生的爭議。最後，希望學生可以運用相關的歷史資料，規劃、執行合乎不同時代的歷史類作品創作與展演，或進行歷史類小論文的研究與撰寫。」這對非歷史

系來說，目標有過於崇高之嫌，實在太困難了。這背後期待的層次非常高，甚至太高。我所要說的，著重在告訴我自己或者告訴高中第一現場的教學者，如何說服自己這些，或這些究竟有什麼用。就我所知正在進行的實作，包括寫小論文、策展、編歷史劇、口訪、田野調查、製作在地文史小冊子、歷史小電影等等。許多老師與同學投入許多心力，成果也很豐碩，我知道自然組的同學不必做這些，那麼，他們怎麼看待呢？

　　本文沒法一次談完所有的事，我把內容限縮在可以討論的兩個議題，第一個是限定在現代公民的高中階段，應該學什麼。過去我們討論歷史時，經常問兩個問題，一是歷史是什麼？一是歷史的作用為何？何謂歷史是一個大哉問，暫且將歷史系的所有答案總結成司馬遷的「究天人之際，通古今之變，成一家之言」。問題是，我要這麼告訴大部分不當歷史學者的高中生嗎？又或者近幾年的另一種說法是，歷史學可以做為決策訓練，細讀歷史經典中的重要場景，理解歷史行動者當下的困境與可能抉擇，從中鍛練自己對局勢的判斷力。但，這對高中生來說會不會太過遠大？那麼應該怎麼辦？

　　我認為歷史學不該是貴族或特定階層的學問（雖然在東亞這有長久的歷史，在現實中歷史研究者的確要花費許多時間和金錢，鑽研在大眾不太關心的議題），也不該只是國家塑造共同體的工具。如果我們在民主體制中將知識下放，作為現代公民，不想成為被現代國家操弄的棋子，我們或許在高中的最後階段，不必只是再從建構的角度去學習歷史，而是應該逆向操作，加入一些破壞性、顛覆性的角度，讓同學從歷史課本出發，理解眼前的知識是怎麼形成的。具體來說，歷史課本在哪些單元特別強調什麼層面？是注重政治還是刻意不談政治？是強調偉人還是關心一般人的生活？所謂的一般人指的又是什麼？隱身於課本背後的作者、課綱制訂者以及審查機制是什麼？這些年由於社會的進步，高中生並不吝於討論或參與公共事務，在國民教育的最後階段，將自己憑藉升學的教科書視為公共議題，蒐集正反說法、反思與辯論，對他們並非太過困難或跳躍的事情。而歷史這門學科，特別是在國

民教育中的歷史課變成公共討論的焦點，臺灣並不是例外，因為這涉及什麼是歷史事實、什麼該放進教科書、該用什麼角度看待歷史，這和其他學科相比，與現實政治與社會環境的關係非常緊密，換言之，更具有討論性。

以上簡單的結論是，作為一個民主時代的現代公民，不論未來唸哪一個科系，都需要對自身的知識塑造過程，以及其中所牽涉的公共議題有所理解，而歷史這門學科正好適合訓練此事。

第二個議題是歷史學的具體技能究竟是什麼。這與第一個議題正好相反，是屬於建構面，但這是鼓勵同學自己寫歷史或與歷史相關的文類。我的想法是，基本層次應該先討論如何談現實層面，「探究與實作」對於大學入學有何益處？因此我的實作課本首先教大家怎麼寫小論文，至少大學甄試用得到。很多人都提出來歷史學在實際層面要怎麼去應用，譬如歷史出版品，這是最實際的、具體的，也能讓社會看得到。如果歷史書寫、歷史思考或閱讀屬於內容產業，有別於文學對於文字表達的訓練，在高中階段，歷史學的具體技藝之一我認為是選擇一個與自己切身相關的主題，練習用時序性與邏輯性的方式，敘述或分析一件事的來龍去脈。這個形式也許非常多元，許多高中老師也都發展出很精采的活動，但是「與自己相關」以及「非文學創作」或許應該是歷史實作課程的重點。「與自己相關」就不會無聊，「非文學創作」則是練習邏輯也舖排對事務的理解。

我常聽學生說高中時期如何厭惡歷史，心裡對高中老師抱有無限同情，但當我看到高中課本，又感到高中生必須在限定時間內要學習這麼多與自己無關的東西，確實很辛苦。歷史學的實作與探究，雖然課堂數很少，但這提供了彌補上述缺憾的機會，這或許也是課綱設計者當初的思考所在。

因為時間關係，現在要直接進入結論。對我而言，歷史學探究的出發點來自於解構，建構不是不重要，而是可以立基在解構上。大家或許可以發現我的陽謀，一方面我把歷史說得很市儈，一方面又對歷史抱著浪漫的幻

想。當老師從解構的立場出發時，或許會面臨一個問題是，是否願意讓學生了解教科書是怎麼來的，哪些老師寫的，他們做過什麼。這對高中老師也許很痛苦，但如果在高中時期我們只是把許多片斷資訊塞給學生，等進了大學也許很快就會忘了。然而破壞性的東西會留在心底，學生可以了解自己念的歷史是哪種版本，在什麼情況下出現的版本，對於課堂所學、老師所講、媒體上所看，以及所有接觸的資訊與知識，會養成更警戒與更具批判性的眼光。

　　其次，建構的部分，無論是班史、校史或家族史，大家也許會質疑這與我何干，然而想想我們的高中時期或許有一些美好或痛苦的事，其實是會想要表達出來。有時會用歌曲、繪畫或文學表達，那麼假如用歷史來表達，就會具有時間次序與邏輯性，這對於大學的學習以及日後出社會的企畫表達能力，都會有幫助。如果你想說服高中生為什麼要學歷史，那麼或許可以鼓勵學生寫自己的故事，讓他對世界給出自己的說法。歷史書寫，選什麼證據、什麼主題、用什麼方式，如何布局再書寫出來，終究呈現的是個人對世界的獨特觀點。無論如何客觀，都有自己的立場和觀點，貢獻自己的立場和觀點是成為現代公民，也是人文學科的本職。

　　我們必須思考與其讓學生背誦學習記憶這麼多東西，還不如提供一個小小的空間，讓他們可以靜下心思考。這個空間在歐洲有些是由哲學課來做，那麼在臺灣，至少歷史學科至少可以在既有的教育體系下，有機會告訴大家我們這個學科是怎麼思考問題，展現人文的價值。

史學應用・探究實作

國家檔案與教學應用：
兼談高中職跨領域課程設計

許峰源

國家發展委員會檔案管理局應用服務組研究員

天主教輔仁大學歷史系兼任助理教授

　　在過去幾年裡，國家發展委員會檔案管理局（簡稱檔案局）一直投注於檔案支援教學工作，不斷開發檔案教學資源，結合各種推廣活動，期望協助教師將檔案融入教學活動，成為容易上手的教材。我們也進一步與全國各地高中職老師合作，利用現成的檔案教學資源，設計跨領域教案，將國家檔案融入教案設計裡，並且經課程實作後持續修整。本文先介紹「檔案支援教學網」，接著談述國家檔案教案研發過程，希望未來有更多教師們能夠運用檔案資源，融入課程設計。

一、檔案支援教學網

　　檔案局典藏珍貴國家檔案，數量龐大，內容豐富。這些資料不只提供

學者專家、碩博士生撰寫論文，希望能夠讓教師應用在課堂教學，除了擴大檔案的效益與價值，也可以讓教師們的教材更豐富，當然學生也可以在教師的引領下，學習使用國家檔案。

在這樣的構思下，檔案局從 2013 年規劃建置「檔案支援教學網」（網址：http://art.archives.gov.tw），將依照不同的主題，委由嫻熟的專家學者，依照教育部頒定的課綱以及高中職課程內涵，挑選可以對應的國家檔案，撰寫相關說明，最後將國家檔案與相關資料置於該網站。老師們只要從網站上，找到可利用的檔案影像，即以非商業性用途使用，只要循創用 CC「姓名標示－非商業性」授權模式，標示使用檔案來源為檔案局，就可以直接下載應用於課程設計。而這項構思，隨即就在 2024 年 9 月正式上路。

至今日為止，前後經歷 10 年的積累，檔案局已經開發多種主題式檔案教學素材，依目前的「檔案教學資源網」，總計有 13 項主題。其中，「奇蹟之島：臺灣大建設時期的發展與轉折」、「臺灣金銅礦物產業的發展與變

圖 1：檔案教學支援網

遷」，以及「臺灣鹽業的發展與變遷」3 個主題，是從檔案局近幾年開辦的特展而來。這 3 個主題涉及全臺灣五大建設，以及臺灣金銅礦務與臺灣鹽業發展，亦有助於教師將檔案影像運用於課程設計，甚至開設新課程，遂特別擇選展覽的一部分內容置於此處。下方，先以「奇蹟之島：臺灣大建設時期的發展與轉折」為例說明。

　　「奇蹟之島：臺灣大建設時期的發展與轉折」，含括 1970-1980 年代五項臺灣大建設。第一，「開發東部，打造北迴鐵路黃金路線」，敘述當年政府為開發展東部地區經濟、軍事及文化效益，決定建造北迴鐵路，並採用最新式開鑿隧道工法，從蘇澳、花蓮兩端同時動工，爭取早日通車。過程中卻充滿荊棘，新隧道工法對臺灣神山無用武之地，工程人員透過其他工法一步一腳印，克服困難才讓北迴鐵路通車，展現人定勝天的精神。北迴鐵路提供臺灣東部一條便捷、安全的鐵路線，也帶動東部水泥產業開發，促使花蓮、臺東觀光事業勃興，時至今日，已經成為臺鐵營運的黃金路線，每到假日可是一票難求。

圖 2：門型鑽堡工程（資料來源：檔案教學支援網）

　　第二，「潮汐工法，關渡大橋的傲人絕技」，整理關渡大橋的興建，係出於 1976 年行政院院長蔣經國之指示，要在臺北關渡附近打造一座橋梁，跨越淡水河出海口，連接對岸八里，串連北部濱海公路系統，並改善淡水、八里、蘆洲地方的交通壅塞問題，達到促進地方經濟繁榮的目的。除此之外，還要兼顧西北部海防目的。關渡大橋在臺灣各工程單位協力下，採鋼繫拱橋的設計，以中鋼公司新開發防鏽蝕鋼為原料，難能可貴的是獨創潮汐工法，利用大自然力量將橋體抬放橋墩，節省租運外國大貨輪和吊掛鋼梁的昂貴費用。關渡大橋的完工，精進臺灣橋梁建造技術，引起各國高度矚目。

　　第三，「過港隧道，高雄港擴建計畫關鍵」，高雄港在二戰期間遭到美軍轟炸，戰後完成碼頭、倉庫的修復作業，成為南部重要港口。1960 年代後期，全球船舶載運量愈來愈大，加上貨櫃浪潮來臨，高雄港經「破港」，打造第二港口，自此之後旗津從陸連島變成離島。高雄港務局因應龐大的貨櫃運輸，在旗津設立第四貨櫃中心，計劃建造一條海底隧道，串聯旗津和高雄市區，以加速貨櫃疏運，與此同時也能夠便捷旗津民眾往來高雄市。1984 年高雄過港隧道正式完工，但是過程中經歷過許許多多的波折，例如在成本的考量下，捨棄日本水泥，而採用臺灣水泥公司特製混凝土製作沉埋管，又為了防止水下壓力過大與鹽分侵蝕結構，在水泥攪拌時加入冰塊以化解問題。在此之後，依照計畫於海底挖掘槽溝，再依序放置、串接多節沉埋管，待灌漿後回填土壤，不難想像這些海面下作業的高難度。過港隧道通車後，除了旗津與高雄市的交通往來更便捷，也直接提升高雄港貨櫃吞吐量，甚至在國際建築技術上，更證明臺灣具備打造海底隧道的硬實力。

　　第四，「思考保育，新中橫公路的難題」，1974 年 9 月行政院院長蔣經國宣布臺灣十大建設後，尚得打造三條新橫貫公路，藉以開發山地資源。經過多次評估之後，決定先打造新中橫公路，包括水里－玉山、嘉義－玉山，及玉山－玉里三段路線。前述二段條路線，大約有三分之一是新工程，其餘部分可以利用舊公路、森林鐵路基礎，雖然有與許多挑戰，但還不至於是高

圖 3：慶祝關渡大橋通車（資料來源：檔案支援教學網）

圖 4：1979 年高雄第二港口（資料來源：檔案教學資源網）

難度。最為困難的是，玉山－玉里線經過崇山峻嶺，而且幾乎都是未經開發的區域，整體工程得從頭開始。開設新中橫公路衝擊玉山自然景觀、生態環境與水土保持問題，生態保育專家極力呼籲切不可魯莽行動，一旦破壞山林環境就再也回不去了。為了化解輿論紛爭，臺灣啟動第一次環境工程評估，反覆討論並衡酌得失，最後行政院決議暫緩開闢玉山－玉里線。儘管新中橫公路未按照當初計畫貫通臺灣東西部，卻留下臺灣美好的山林美景、水土資源，為生態保育留下最佳的見證。

　　第五，「萬獸齊 FUN 臺北市立動物園為什麼搬家？」，最早的臺北市立動物園在 1914 年成立，座落圓山，占地約 6 公頃。到了 1970 年代，每天超過 3 萬人入園參觀，使用密度堪稱全球之冠。隨著臺北市都市擴張，人口愈來愈多，園區動物除了飽受空氣汙染，還得面對上方飛機噪音的威脅。1972 年，臺北市政府決定將動物園遷移到郊區，經討論後決定搬遷木柵。木柵動物園依據山林形勢闢建，開發區域只占全部面積五分之一，是一座融合大自然的動物園。今日，木柵動物園已經成為臺北市民生活休憩的好去處，同時也是其他縣市民眾造訪的觀光勝地，在無形中已積成為臺灣動物保育、生態教育與研究的基地。

圖 5：新中橫路三條線分布圖（資料來源：檔案支援教學網）

圖 6：動物園大搬家（資料來源：檔案支援教學網）

　　前述五項建設，都搭配國家檔案影像，佐證這些建設的來龍去脈。其實，老師們只要稍微加以設計，就可以直接應用在高中職社會科教學課程。例如，前三者「開發東部，打造北迴鐵路黃金路線」、「潮汐工法，關渡大橋的傲人絕技」、「過港隧道，高雄港擴建計畫關鍵」，能融入社會科的課程：地理 Bd-Ⅴ-2 運輸與交通、歷史 Sb-Ⅴ-1 交通運輸的發展與國家治理、公民 Da-Ⅴ-3 為什麼社會的不同群體，對於「公平正義」的理解與追求會有衝突？所以，地理、歷史、公民與社會三科老師，可以依主題的設計在教學活動中補充，或者是嘗試擇選這些主題，進行跨領域的探究與實作，引領學生從這些主題出發，思索各種問題，透過實際操演以解決問題。後兩者「思考保育，新中橫公路的難題」與「萬獸齊 FUN 臺北市立動物園為什麼搬家？」也可適時融入地理、歷史、公民與社會三科的學習表現：地 Ca-Ⅴ-1 臺灣自然環境的特殊性；地 Af-Ⅳ-4 問題探究：原住民族文化、生活空間與生態保育政策；歷 Sb-Ⅴ-1 交通運輸的發展與國家治理內容；公 2a-V-1 關注社會生活相關課題及其影響。簡言之，高中職教師可善用這些議題，運

用已經整理好的檔案影像融入課程設計，讓檔案影像、照片與各種圖表成為教學重要的輔助，使課堂的教學活動更多元、精彩。另外，這五大建設攸關著臺灣從北到南，從東到西的建設推展，教師也可以透過地域設計的理念，將其融入地方學架構建置與問題的討論。

　　除了「奇蹟之島：臺灣大建設時期的發展與轉折」，第二個展覽主題為「臺灣金銅礦務產業的發展與變遷」，是以金瓜石作為標的，凸顯臺灣北部最為重要的金銅礦產地，曾經也是臺灣金屬鑛業股份有限公司（臺金公司）的發源地。綜觀一百多年來，金瓜石從荒山變成獨具特色的礦城，見證臺灣金銅礦業興衰歷程，孕育豐富社會文化，鋪陳出漫長的臺灣礦業發展歷程。第三個展覽主題「臺灣鹽業的發展與變遷」，鹽為百味之王，是日常生活常見的調味品，探索臺灣鹽業從荷治到明鄭闢建鹽埕，歷經清領實施專賣，曬鹽技術趨於成熟，經過日治時期工業鹽生產已有規模、計畫性地，戰後政府持續復原、整理、更新，伴隨經濟與工業發展，生產技術不斷提升。除此之外，鹽還有千變萬化的用途與功能，從鹽田到舌尖、農漁到工業、衣食住行到藥用化工，「鹽」都隱藏於其中並發揮功能。教師可品味這兩項主

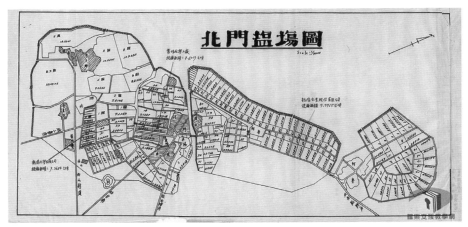

圖 7：北門鹽場圖（資料來源：檔案教學支援網）

題，探究猶如時空膠囊保存下的臺灣金銅礦事業與礦工生活點滴、臺灣鹽業發展與鹽工生產脈絡，透過這些檔案教學資源，引領學生認識產業歷史與文化！

　　前揭三項特展內容外，下方還有十項扣合社會領域課綱，加值編輯的：「臺灣衛生醫療體系的建置與發展」、「臺灣民生產業的發展與變遷」、「臺灣農工業發與轉型」、「臺灣交通網絡之建設與影響」、「民國 34 年至 70 年臺灣經濟發展」、「民國 34 年至 87 年臺灣議會與地方自治發展」、「民國 26 年至 34 年國家重大發展」、「民國 38 年以後臺灣政治發展」、「民國 38 年以前國共兩黨的合作與衝突」、「臺灣戰後初期的接收與治理」等十項主題，包含政治、經濟、社會、文化多元議題，可提供地理、歷史、公民與社會科老師找到對應單元並直接運用，都是輔助課程設計與課堂教學的最佳資源。

　　有興趣者可以透過「檔案樂活情報」（網址：https://www.archives.gov.tw/Alohas/ALohasjournals.aspx），查找黃宇暘〈檔案支援教學網新主題上線：臺灣衛生醫療體系的建置與發展〉，以及顏士超〈檔案支援教學網新主題上線：臺灣民生產業的發展與變遷〉文稿，掌握從國家檔案內容擇選及編輯整理，前者呈現呈現戰後臺灣衛生醫療體系的轉變，後者凸顯 1945 至 1980 年代政府推動「食、衣、住、行、育、樂」基本生活需求的發展與變遷歷程。

二、搭建教學合作平臺

　　為便利國家檔案資源應用於教學現場，檔案局同時接受學校申請，並派員入校講解，協助老師快速上手檔案資源，甚至透過專題介紹，或者結合地方性主題，解說國家檔案的內涵。值得注意的是，教師們也可以透過線上

圖 8：國家運動訓練中心高中課程小組蒞局參訪

預約，到局裡參觀，瞭解檔案徵集、典藏作業，以及如何將檔案用於課程；也可以帶著學生來檔案局，參觀國家檔案常設展、特展，藉由填寫學習單、互動遊戲、闖關活動，拉近師生與檔案之間的距離，豐富檔案教學活動。

　　檔案局為增進教師近用國家檔案，2021 年 11 月 3 日與教育部技術型高級中等學校社會領域推動中心簽署合作，建立檔案學習新模式，約定合辦研習、參訪活動，鼓勵教師運用國家檔案，豐富教學內容，期待老師們帶領學生應用檔案，探究檔案多元價值。當日，檔案局與中心開啟首次合作，舉辦第一屆國家檔案參訪活動，由許峰源研究員以「當國家檔案與教學相遇—兼談探究與實作的應用」為題講述，讓與會的 30 餘名全臺灣教師瞭解檔案資源，以及如何將相關檔案應用於課程設計，隨後即安排老師們參觀國家檔案媒材展示體驗區、國家檔案保存維護中心、國家檔案庫房、國家檔案閱覽中心，由專人導覽解說常設展與特展，讓教師們滿載而歸，對國家檔案留下深刻印象。

　　2022 年 3 月 16 日、11 月 9 日，檔案局與社會領域推動中心接續辦理第二屆、第三屆國家檔案參訪活動，有近 70 名全臺教師齊聚檔案局，除循例介紹檔案局各式教學資源，也邀請桃園市立陽明高級中等學校歷史科彭

慧雯老師、高雄市立海青高級工商職業學校林世芝老師擔任講座，讓參與研習的教師知道原來檔案可以應用在教學活動。經過三次國家檔案參訪活動，與會老師收穫滿滿，提出希望更上一層樓，有國家檔案融入課程研發工作坊，帶領教師實際應用國家檔案，甚至融入教案研發，讓教案真正試行課堂教學。

三、國家檔案教案的研發

　　檔案局與社會領域推動中心為讓老師能夠投入將國家檔案融入教案研發，規劃「國家檔案教案研發計畫」，以半年為期，辦理 4 次工作坊，預計招募 12 位教師，產出 6 份國家檔案教案。為求工作順利，由檔案局許峰源研究員、社會領域推動中心委員林世芝老師、楊惠娥老師（新北市立瑞芳高級工業職業學校歷史科教師）擔任核心小組成員，負責引導教師應用國家檔案，協助教案設計。

　　第一次工作坊：在檔案局舉行，由於報名踴躍，主辦單位決定招收歷史、地理、公民、國文科等 17 位教師，打破學科建置，分為八組。上午，許峰源研究員帶領著教師操作電腦，使用國家檔案資訊網（Archives Access service，簡稱 A+，網址：https://aa.archives.gov.tw/）查詢功能，並查探檔案樂活情報、檔案時光盒（網址：https://atc.archives.gov.tw/）、檔案支援教學網，熟悉各項資源，以靈活應用於教案的撰擬。下午，八組教師相互介紹，提出對工作坊的期許，開始與組員查閱國家檔案，討論如何將檔案融入教案設計方向。有的組別已經確定教案研發主題，開始檢視相關檔案，但也有的組別還在努力構思主題，尚未盤整檔案。

　　第一次工作坊結束，各組必須在一個月之內擬定主題、內容，並且掌握可以融入應用的國家檔案。教案主題須經各組教師磨合、交換意見以凝聚共識。由於老師們來自不同學校，教授不同學科，只能利用課餘時間、假日

進行實體或者是透過線上的方式討論。另一方面，教師對調閱、解讀、分析國家檔案，以及如何應用於教案寫作，產生諸多疑惑，一一經由三位核心小組成員協助，解決各項問題。

　　第二次工作坊：教師依序報告教案設計主題、初步內容與應用的國家檔案。核心小組成員提醒教案必須對應各個學科綱要，精確掌握檔案意涵，可調整部分架構及內容，以完備設計。觀察八組教師執教不同科目，歷經一個月合作與梳理檔案，大致上已經確定教案研發主題、內容，以及可應用的檔案素材。八組的主題設計活潑有趣，觸及臺灣礦業開發、地方特色產業、城市聚落變遷、飲食文化轉變、交通運輸工具、特殊族群關懷，尤其透過不同學科間觀察、激盪，以及檔案素材分析，衍生更多可以延伸發展的議題。

　　第三次工作坊：特別邀請國立政治大學李明仁教授與國立臺灣師範大學吳進喜、鍾明倫教授出席，三位教授分別從史學、地理及公民與社會教育的專業領域，提供許多寶貴的建議，也提醒部分組別設計的內容切勿過度發散、學習單再強化。當然，三位教授都異口同聲讚賞八組老師進行跨學科、跨領域的教案設計，可再接再厲以完善教案優質內容。

　　第四次工作坊：各組教案趨近完成階段，為讓教師有充分時間報告，以及聆聽與會者意見，特別移師至新北市立黃金博物館舉辦 2 天 1 夜的工作坊。除核心小組及三位教授出席外，關心教案研發進度的檔案局陳美蓉副局長、社會領域推動中心主持人李立泰校長均全程聆聽，感佩教師們的努力。各組著重報告修正內容，說明教案如何落實於教學活動及學生反饋。三位教授異口同聲肯定各組報告，也提出許多想法讓大家參酌。

四、國家檔案教案成果的發表

　　八組教師歷經四次工作坊，對主題方向、教案內容、國家檔案應用

圖 9：第一次「國家檔案教案研發」工作坊

圖 10：第二次「國家檔案教案研發」工作坊

圖 11：第三次「國家檔案教案研發」工作坊

圖 12：第四次「國家檔案教案研發」工作坊

不斷修整，按既定計畫將教案落實課堂，指導學生蒐集國家檔案資源並持續加值，也有引領學生將檔案應用在學習單寫作、報刊編輯、海報製作及微影片的拍攝，相當多元。八組教案融入國家檔案資源，兼具跨領域、跨學科設計特色，難能可貴的是，這些教案都在教師們的設計安排下，在課堂間實際操作，甚至調整之後繼續在其他班級操演。檔案局與技高社會領域中心為了讓這些研發教師成果被看見，遂於 5 月 23 日在檔案局辦理國家檔案教案成果發表會。

　　在成果發表會上，八組教師對教案內容、國家檔案應用，以及入校實際授課情況，透過投影片報告形式，搭配提問對答、影片錄製、海報展示，讓與會者快速瞭解教案核心內容，各組教案簡述如下：

　　第一組，「金瓜石線與金銅礦的『錢』世『金』生」：由臺北市立松山高級商業家事職業學校地理科教師廖再春、新北市私立時雨高級中學公民科教師王佳安設計，融入從「檔案時光盒」的 1946 年臺灣省鐵路公路圖、

1953 年臺灣地質圖，讓學生閱讀「檔案樂活情報」第 61 期「長河淌淌．流金爍爍—臺金公司的金銅歲月」、第 174 期「阿根納造船廠的歷史風華」，掌握相關知識。時雨中學就在金瓜石，課程規劃讓學生擔任金瓜石行銷大使，選擇過往水湳洞、深澳、八斗子、八尺門四個車站，導入礦城聚落特色，拍攝微影片宣傳金瓜石，希望透過網路帶動當地觀光產業。

第二組，「煤礦工人生活與非虛構寫作」：由新北市立雙溪高級中學公民科邱俐瑜教師、臺北市立內湖高級工業職業學校國文科陳婉嫈教師合作，兩人不約而同觀察執教學校附近都有過往煤礦產業遺跡，約定踏查新北市猴硐煤礦博物園區，訪問煤礦工人過往採礦作業與生活遭遇而萌生興趣。之後，經調閱檔案局的戰後猴硐地區礦工租賃土地、瑞三煤礦災變等案，決定透過文本記錄、人物採訪、國家檔案，讓學生從工人、歷史視角來觀察猴硐煤礦工人的日常作業，走進煤礦工人生活圈，也從公民科人權關懷角度，關心工人勞動權益。

第三組，「風華一時出磺坑，跟著古道尋油去」：由國立竹南高級中學公民科教師郭品禎、永誠學校財團法人臺中市大明高級中等學校地理科教師陳盈蓁聯手，從日常生活結合 SDGs 聯合國永續發展議題與石化產品，融入 19 項議題中環境教育、能源教育及戶外教育與國家檔案紀錄，探索素有亞洲第一號油井—出磺坑。兩位老師在課程中，導入國家檔案有關戰後開發出磺坑的紀錄與地質圖像資料，並且安排學生實地踏查，走訪臺灣油礦陳列館與出磺坑古道，融入數位科技闖關活動，引領學生思考地方文化再創等議題。

第四組，「探尋臺灣樟腦王國 再造資產活化」：由國立大湖高級農工職業學校公民科教師張哲維與臺中市立臺中工業高級中等學校歷史科教師李焄溙兩人攜手合作，教導學生探查國家檔案資源，應用樟腦相關紀錄，從臺灣歷史與產業發展的視角，探索樟腦事業發展，結合公民科探索的議題，思

考中部產業活動與文化創生之間的關聯性，並帶領學生透過數位媒體應用考察歷史現場，思索如何將文化資產活化與再造，成為地方新特色。

第五組，「樂聲再現：穿越時空樂生相會」：是新北市立丹鳳高級中學歷史科教師蔡宗憲、私立天主教恆毅高級中學公民科教師羅欣予共同合作，兩所學校都在新北市新莊區，都位於省道台一線，即以當地具代表性的樂生療養院為標的，課程藉由實際踏查、口述資料，對應國家檔案與相關文獻，重現樂生療養院院民的生命故事。兩位教師引領新莊區學生認識在地漢生醫療人權園區，瞭解其在臺灣公共衛生史上扮演的角色，並透過行動倡議短劇，焦點討論法（ORID）海報共創，以模擬新聞播報，讓學子們省思醫療人權的核心價值。

第六組，「那些『番』薯教會我的事」：是國立金門高級中學地理科蔡慧瓊老師、國立光復高級商工職業學校歷史科李美惠老師跨越地域的本島與外島合作研發的教案，藉外來番薯在地化歷程，透過「知番薯」、「種番薯」、「說番薯」及「用番薯」等主題，探究不同時期番薯扮演的角色，並結合地理觀察，找出有關番薯地域與街道名稱，探索番薯與地方產業連結，再透過番薯諺語，解析時代背景。以閱讀理解、事實排序、空間分析、觀點轉譯等等教學策略產出個人學習歷程海報，讓學生重新認識這曾經乘載臺灣經濟發展重要的庶民美食。

第七組，「學生好行上學『趣』」：是高雄市高雄高級商業職業學校地理科高淑郁老師、臺中市私立嶺東高級中學歷史科藍馨怡老師跨校協同設計。從學校連結學生通勤方式，引導學生查找資料，繪製圖表分析，從日治到戰後通勤個案觀察交通如何促進區域及產業發展，並搭配國家檔案，認識教育政策對於學生通勤方式的影響。特別的是，課程中也讓學生採訪家裡的長輩，繪製不同年代通勤時空地圖，觀察不同年代裡學生通勤、交通方式演變，及其與區域經濟發展、教育政策的關聯性。

　　第八組，「三重、蘆洲與水共舞」：是新北市三民高級中學地理科賴淑娟老師、新北市立三重高級商工職業學校國文科湯愛芳及張錦婷老師跨領域合作研發。三位老師所處學校位於淡水河附近曾遭受嚴重水患的三重與蘆洲，帶領學生從水文化與韌性城市視角切入，運用國家檔案，認識三重與蘆洲地名與水源文化環境，探尋水的治理、水與建築、信仰與文學。從空間角度思考、分析與解釋地方水文化外，還透過社區的實際走讀，探索隱藏巷弄水文化，並訪談居民發掘水文化地景變化，引導學生繪製主題地圖，分享探索成果，思考如何面對氣候變遷可能帶來的水文環境變化及衝擊。

➤ 8主題 & 17位研發老師

金瓜石線與金銅礦的
「錢」世「金」生
廖再春 地理老師、王佳安 公民老師

煤礦工人生活與非虛構寫作
邱俐瑜 公民老師
陳婉蓁 國文老師

風華一時出礦坑
跟著古道尋油去
郭品禎 公民老師、陳盈蓁 地理老師

探尋台灣樟腦王國再造資產活化
張哲維 公民老師
李焄漆 歷史老師

樂「聲」再現
穿越時空樂生相會
蔡宗憲 歷史老師
羅欣予 公民老師

那些「番」薯教會我的事
蔡慧瓊 地理老師
李美惠 歷史老師

學生好行上學「趣」
高淑郁 地理老師
藍馨怡 歷史老師

三重、蘆洲與水共舞
賴淑娟 地理老師
湯愛芳 國文老師、張錦婷 國文老師

　　總之，在檔案局與社會領域推動中心合作下，國家檔案融入教案研發成果豐碩，而這 8 份以國家檔案為核心的教案，其成果也置於「檔案教學支援網」之教學延伸項目下方的：國家檔案融入高中教案成果，提供其他有興趣的教師下載參考，也歡迎各界教師多加參考及運用檔案資源，讓國家檔案成為教學現場的真實教材。

五、餘論

　　多年來，檔案局貼近教育部新課綱教學內涵，挑選和編輯國家檔案素材於「檔案支援教學網」，期許在教學現場的老師們能夠零距離使用。與社會領域推動中心結盟，在多次參訪活動後開辦工作坊，展開教材研發的新階段，讓老師實際運用檔案局的檔案資源，融入教案設計，透過不同角度解讀檔案內容，引發更多討論。積累八組跨領域、跨科目、不同主題特色的教案，也透過老師引導學生建立與國家記憶的連結，激發學生對檔案自主學習使用的想像與創意，以完成學生學習歷程檔案。

　　檔案局持續建構「檔案支援教學網」新主題、新內容，2023 年 9 月起與高雄市政府教育局國民教育輔導團高中團、國家運動訓練中心課程計畫小組持續推展「國家檔案教案研發工作坊」，並將於 2024 年 5 月 25 日在高雄教育節進行成果發表，希冀產出更多豐富有趣的教案內容，提供各界教師參考，未來也能夠如同研發教案成果，應用國家檔案融入課程設計，以及帶領學生善用國家記憶，在檔案的輔助下探究臺灣多元社會的演進，關注全球性議題並思索未來的發展。

史學應用 · 探究實作

一起來探究—歷史、公民 與表藝結合的白恐教案

林奇龍
桃園市立桃園高級中學歷史科教師

一、前言：成立共同激盪的教師社群

　　我是桃園高中的歷史老師，是在高中端的第一線，直接面對著 108 課綱的變革。基本上，桃園高中是 108 課綱的前導學校，以我為例子，那時候因為要實施 108 課綱，就一直在絞盡腦汁該怎麼樣可以改進歷史教學的課程，畢竟 108 課綱跟以前的課綱的是有一點不太一樣，以前可能是老師只能講授教科書，可是 108 課綱裡面有一個非常重要的一堂課程叫做「歷史探究與實作」，所以我們就一直在思索這個課程該怎麼做，那時候我們在思索的時候，因為畢竟以我們個人之力能力有限，如果想要用自己的力量來做一些改變，可能會比較吃力，所以我們在桃園高中裡面，我們以歷史科為主，我們七位歷史老師先成立一個社群，我們以社群為中心先來思考我們該

怎麼樣做，所以先成立了一個叫「研史團」，然後在這個教師社群裡面，我們歷史科教師們共同來思考說我們要給學生些什麼樣的課程。

除此之外，108 課綱也多了一些課程，如：彈性課程、多元選修等這些課程。基本上這些課程可以讓我們採取帶學生出去走讀的上課方式，跳脫以往只能待在教室情境的學習，我們也以學生能力為導向，積極設計跨領域的課程。所以我們就結合了不同科的老師，有國文老師、有英文老師，還有社會科的、自然科都有，包含數學科的都有，就將想參與的教師範圍擴大，於是我們又成立了一個「深耕創課」的跨域社群。當初桃高是 108 課綱一個前導學校，我們就希望說是不是可以思考一些課程，變得是一種跨科的，結合校內不同領域的老師們一起來思考 108 課綱如何讓桃高可以走得更穩、更好。

接著我今天要說的是我們學校另外一個教師社群「愛課心」（取自英文 ACTION 的諧音梗），這個社群一開始參與的教師人數更多，基本上是更大的社群，而且裡面大家共同集思廣益，我今天來說的就是這個社群的東西，這個是由我們三科，歷史、公民跟表藝三科老師一起設計的教案。

二、過往歷史課的教學經驗

先簡要說明我個人的教學經歷。我自己本身是歷史出身的，剛出來教書的時候，之前在私立學校，在桃園有一間叫新興高中，那一間的學校的學生基本上學習成就不像桃高學生這麼好，所以學生基本上比較沒有什麼問題，就跟他講說我們現在要上課，我們要上什麼，然後他在下面就是很認真的聽講、很認真的畫線，他回去之後很努力的背，然後看到成績的時候也是我不願面對的真相還是得面對，他的成績通常大概都只有 60 分左右，然後我們就很努力的加油，很努力的補課，叫他們背背背……新興高中的學生比

較不會問問題，可是後來我轉到桃園高中，桃高的學生就會說背這個幹嘛？當我在上課的時候學生比較放鬆，有的坐在下面睡覺，或是歷史課他坐在下面看看他的物理、算他的數學、背他的英文，這種事我想高中老師們應該都不陌生吧！然後如果叫他起來的時候，他就會講下節要考試，所以，我應該說他認真嗎？還是我應該馬上維持教師的小小尊嚴告訴他說不要看？其實有時候我跟學生講的時候，他就會講，我現在不看的話等一下考不好不行啦。當然，這是他們自己做的選擇，在他們的自由意識的選擇之下，其實身為歷史教師的我又該怎麼做呢？有時候我都會有一點困惑。

　　當桃高學生直接問我為什麼要學歷史？我想既然是桃高，那就要跟我以前的學校講的不一樣，以前在新興高中不用講那麼多，「你就背、你就考好一點就這樣，將來就有希望……」，我畫了一個很大的餅給新興的學生。可是當桃高的學生也問說為什麼要讀歷史？我這時候想說不宜用之前那一套說法，我們要提升我們歷史老師的素質，我就把卡爾（Edward Hallett Carr1892~1982）搬出來了，「歷史是歷史家與事實之間不斷交互作用的過程，現在和過去之間永無終止的對話」，但通常學生的反應：「屁啦！我聽你在對話」、「那是不是我們現在學這個東西過一陣子就不見了啊？！」眼看這樣回答不行，那我就拿出高中課本那一套「過去發生的事就是歷史」，可是我們歷史是文字的，所以有一些是被記錄下來，藉由這些紀錄下來的我們可以進入到另外一層，基本上這層是由學院內或者是中研院那些學者、學術界的人他們繼續去研究，這個稱之為「史學」。我們講這一套，學生會說：「你又拿課本那一套來呼嚨我」。為了要告訴學生為什麼要學歷史，後來我找了很久，最後用戴寶村老師的話：「歷史是人類群體社會由過去到現在共同經驗累積的紀錄，每一個社會的成員共創、共享、共同傳承」，並說明歷史老師現在就是在擔任傳承的那一個人。這樣一說他們大概稍微可以接受，可是還是會有些學生冒出一句：「干卿底事」，我只能再補充說明：「人跟地是結合的，這個歷史、這個文化不會憑空而來」。

另外，我在教書的時候學生常常會反映中國史是不用讀的，甚至他們會很反感，覺得那個跟我沒有關係，學生或許會讀臺灣史，或許會念世界史，可是中國史他們普遍有排斥的心態。所以教到了第二冊（中國史）的時後，108 課綱以前中國史的分量又多，趕課又趕不完的時候，真的實在是就大家都很痛苦，所以那時候告訴學生，我後來找的是王仲孚老師的東西，那時候就會跟學生講，歷史認同的先決條件是要保留歷史記憶，不管你認為你自己是哪一個部分，失憶的民族就沒有辦法產生民族認同，所以保留歷史記憶是近代國家跟各級學校之中設置歷史課成最主要的目的，我用歷史學大家—王仲孚老師的話語來告訴學生，所以這個歷史記憶是很重要的，所以我們就一起念吧！可是我心裡清楚，其實這樣還是不能夠說服這一批學生。

三、108 課綱的歷史課程與因應之道

108 課綱的歷史課程安排有所變革，高一進來先上臺灣史，再來的話已經沒有中國史，高一下學期將中國史擴大成為東亞史，高二有世界史與歷史探究與實作課程。基本上，我們科裡面把歷史探究與實作課擺在高二上學期，大部分的學校也好像是擺在高二上學期，當然有些學校擺在高二下學期。

我們來看一下歷史科探究與實作，依據課綱說明「本課程是要從具體的案例之中，透過相關歷史資料的閱讀、整理、分析，學習什麼是史料、歷史事實如何建構的以及歷史解釋是怎麼形成的，探究歷史敘述中的觀點以及所產生的爭議。」簡單的說一下，這是 108 課綱新的課程，當時我們在初期討論的時候（研史團的時候），我們幾個歷史老師的想法覺得這就好像寫小論文，所以我們的想法就是朝向著指導學生寫小論文的方向發展，我們大概就是讓學生分組寫專題。專題成果該如何呈現，我們區分了一個動態跟靜態的展示，靜態的基本上是海報展，動態就是各組依據小論文，可以做成

PPT，然後接著讓各組可以上臺去發表，整個課程的規劃，學生除了可以爬梳一些資料，把它寫完整之外，可以去論述，然後上臺表達他們自己的觀點是非常重要的。

因為 108 課綱基本上教育部是希望建立一個終身學習者，歷史探究與實作對我們來說的話，因為那時候是說沒有課本，所以我們基本上都必須要思索，我們就開始要去思考課程要怎麼樣設計，我們才以教師社群為中心，然後大家互相形成一個資源體系，然後互為夥伴，然後開始發展我們的課程。我們第一次的時候我們所做的是臺北市水利設施隨都市發展的轉變，他們在講的自來水的部分，下水道的部分，這是他們寫完了他們的報告之後，我還要求他們這組再做出海報，基本上海報我們後來都會在我們學校公開展出，我們特別找了一個走廊的空間，所以讓大家來看，然後這個就是學長姐做這些，讓學弟妹可以有學習的典範。

接著是高二的探究與實作，基本上是一組成員，然後他們上臺去論述，你們這一組做了些什麼，這邊也要特別感謝一下就是政大臺史所的林果顯所長，當時除了桃高自己學校的老師之外，我們也請了政大臺史所的老師，就是有專家學者、教授們進來，然後跟我們一起評比，選出了一些相當優秀的作品。可是在這個之後呢，我們開始去想不是每個學生都對歷史有興趣，有學習成就很好的，面對歷史這一科目，他們基本上是擺爛的態度，當然有老師會說高二的時候不是都已經選組了？對，可是他們的志向並不是要讀歷史系，他們想的是我要讀法律，我要讀商學院，所以這會有一些衝突的部分。

教師社群，我們其實是先成立研史團後來又成立愛課心這樣的一個社群。因為我們希望是知識不僅只是單一學科知識，希望他可以變成是一種能量，就我們歷史科，就我們研史團來說，我們每次所想的都是歷史，我們跳脫不了我們的本位主義，該怎麼辦？我們擴大成全校，各科老師大家一起來，然後大家一個拉一個進來。可是在當時有一些老師是採取比較靜觀其變

的態度，像一些積極性夠的這種就比較願意就參加了。正因為如此，所以愛課心初期我們是放在教師增能上，現實上當一堆老師過來之後，大家七嘴八舌，到底要怎麼樣？我們也搞不太清楚，所以我們就開始教師增能，在這過程之中，我們會請一些老師或者是一些專家學者來到我們學校，甚至是我們自己去多參加各種研習。然後中程的話，我們是尋找跨科的課程建構力，在這個部分來講的話，其實吃了很多的苦頭，因為每一科都有它自己的本位主義，有些老師比較堅持他們自己的看法，說坦白一點，基本上愛課心社群跨科的建構力有時候是很難凝聚的。遠程的話，其實就是留下來的人，我們基本上就希望我們是大家教學上助力的夥伴，整體來說教師社群給了我們非常大的力量，在面對 108 課綱那種惶惶不知所以然的狀況之下，教師社群真的給了我很大的力量。

我們的愛課心社群，107 學年的時候成立的，因為 108 課綱要實施，在那之前我們學校是前導學校，所以我們就成立了愛課心教師社群，然後研習我們也比較強調的是人權研習，因我自己本身是研究戰後歷史的部分，所以對這一塊是比較有興趣，當然剛好也是符合 108 課綱社會領綱議題融入的部分。

過程中，我們一度也興起規劃「島嶼的集體記憶」課程，當時那個島記課程是非常夯的，我們一群人集體去外面參加相關研習，回來開始要設計教案，因為要設計教案才發現有些難處，以此為發想，最後我們幾位老師就又成立了深根創課社群。簡單的說是這樣，當時 108 學年度的時候碰巧遇到香港反送中運動的衝擊，有老師就提議在校內設置連儂牆以為聲援，因為這議題跟公民科做了一個非常深切的連結，中間我們幾個老師會互相的觀摩，去看一下你怎麼樣去講香港的雨傘革命的一些問題。

後來還是以愛課心社群為中心，並且利用暑假的時候去參加了臺灣應用劇場發展中心的培訓，為什麼參加這個培訓？是因為我們學校裡面是有舞

蹈班的，所以我們有表演藝術老師，而表演藝術老師跟我們講說，既然大家都還摸不著頭緒，想破頭都是那個樣子，所以建議我們去參加這個培訓或許會有想法也說不定。於是我跟一個公民老師還有表藝老師，我們三個就說好，最後就變成我們三個去參加培訓。109 學年度的時候我們就繼續跨科共備，110 學年的時候我們開始去會看劇場的演出，並且繼續做我們的教案研發與持續共備。

　　講一下臺灣應用劇場，這個是賴淑雅老師，我們當時去參加的時候是暑期，連續三天都關在那個地方，我們就跟他講說我們桃高人比較多，然後談了一下，最後臺灣應用劇場是以桃園高中為研習場地，因為桃高有表演藝術的教室，又有舞蹈班，所以我們的場地相較之下也還 ok。我們這一組 5人，剛好是新竹高中的公民老師、大湖農工的輔導老師、桃高三個人，我是歷史老師，還有公民老師跟表演藝術老師，我們五個就形成了一組，我們希望建構出一份我們三所學校都可以實施的教案，後來我們選定的是以新竹高中的周賢農，白恐時期的老前輩，就以他的故事為發引，而且剛好周賢農他的人也還健在，還記得那時候的事。雖然教案是歷史探究與實作，基本上就是把公民的討論與表演藝術的東西給拉進來。

　　接下來就是我們整個教案的部分。原本我們歷史課這邊，我希望的話就是可以找人權博物館的，因為國家人權博物館一直著力在戰後人權這個部分。其實我們三個人基本上也去參加過國家人權博物館所舉辦的白恐的一些課程，那時候的課程我記得先是在景美人權園區上完課之後，我們拉車到那個馬場町，最後再到六張犁那個地方去。當時去六張犁的時候非常震撼，影響所及我們還設計了一個類似的教案。可是後來在討論的時候，就有老師提及在景美人權園區關的那個監牢裡面，可能是有些老師的磁場的問題，他們覺得那個地方非常的不好，再加上覺得說如果把學生拉去那個場景模擬，要他們在監牢寫最後的一封遺書，這可能怕家長會抗議，而且小孩好好的你居然叫他寫最後的一封遺書，擔心會拖累教務主任或校長接不完的（抗議）

電話，為了不造成學校的困擾，所以我們就放棄了。除此之外，在設計教案的時候，常常會因為一個老師的一些堅持跟一些想法，我們為了要揉和，所以我們有時候是整個教案瞬間就廢掉，我們重新構思另一份教案。講坦白一點，這個過程真的很累，我只能這樣說，自己一個人可能可以走得很快，可是如果要走久遠的話，真的教師社群給了很大的幫忙。

接著談是公民老師，因為我們討論的是人權教育、轉型正義，這部份我們歷史可以提供文本、提供史料，可是公民老師可以提供什麼？他可以引導學生進行討論，他們也擅長帶學生討論。我常常在想歷史科我們可以提供文章，但是我們有時候提供的東西學生不見得想要看，所以我們就會提供一些照片或史料激發他們興趣。但公民科老師不是，他就現狀一步一步引導你去討論。我們開始在設計教案的時候，我們是以選擇與責任作為我們這個教案最重要的核心議題，所以公民老師就會依此去引導討論。接著再來就是把學生帶入情境，這方面輔導（老師）比較重要的是同理心，表藝（老師）這部份也很強。其實我們真的遇到好多好多的困境，而且其他老師也都覺得我們幾個不曉得在幹嘛，我們常常是假日我們沒事也聚在一起，不管是大湖農工，還是新竹中學的老師，我們就約在桃園火車站附近，我們就找一個咖啡廳一坐就是一整天，大家一起共備。有時候突然想到一些什麼，我們就趕緊把它加上去，有時候覺得不妥又整個推翻掉。這個過程之中，我其實有一點堅持，若是這個東西跟歷史事實不合，這不是周賢農的故事，問他的老師也不是這樣，我就會堅持史實。不過表藝老師會告訴我，劇本本來就是虛構的，本來就是似真似假，但是我還是會有我的倔強，甚至曾經脫口而出不然我退出好了，反正整個教案產出的過程是非常的不堪回首的，也因為這樣，所以我們有一種患難與共的感情。

接著是我們的教學流程，教師說故事這個是我（歷史）負責的，因為這個環節如果處理不好的話，不能把學生帶進來（課程），學生會覺得這堂課他就開始爛在那個地方。之後我們會拿出百寶箱，百寶箱是戲劇的一個手

法，然後旁述默劇也是很重要的一環，這兩個基本上我是把它合在一起看。就我的說法，當你在那邊講的時候，我們桃園高中曾經有個老師你知道嗎？他是從廣東過來的客家人，學生就會講為什麼不是福建而是客家人？漢人移民不是說福建最多，我就跟他講說桃竹苗客家人比較多……。然後再拿出一些百寶箱，問學生這個東西你們要不要看？全班就會圍過來，（七嘴八舌）那什麼東西啊，就引發他們的好奇心……，之後就一一把百寶箱物件拿出來，那些物件全部都是虛假的。回憶在我學教育學理論的時候，說什麼認知、技能還有情意對不對？其實在以前我們教歷史的時候，學生頂多是認知、技能而已，基本上哪有什麼情意，不過我覺得百寶箱、旁述默劇會讓學生完全進入到情境裡面，所以我覺得在推廣不管是二二八或白恐這樣的教案的時候，若是說把戲劇這一塊的東西引進你的教案裡面會是相當的棒。接著再來就是最後一個公民老師帶的，牆上的角色。我說故事的時候我有三個版本，是不同的東西，其中一個版本因為前一陣子桃高 80 週年校慶，他們其實在 10 年前的時候，70 週年校慶的時候，他們先埋下了一個時空膠囊，80 年的時候開封，我就用這個東西做開頭，然後就告訴學生百寶箱的東西。等到校慶過了之後，我們就只好用校史的版本，以學校的歷史圖片為連結，第三個版本是以桃高的奇人異事，桃高曾經發生過一些什麼事情，學生都很想知道，而且他們會說這個我聽過了，我說我講另外一個給你聽，其實是真假虛構的。

我們的百寶箱（介紹百寶箱內容物）是我們的成員謝文茹老師，她所捐出她的翡翠耳環，我們故意把它凹成這樣，多心疼，我們把這個翡翠耳環在那邊磨，學生一拿到的時候，老師這個是真的假的，這個粗粗的？我則說歲月的痕跡。這張是照片，這是假的，故意把它撕掉一角，他們覺得這一角顯得非常的不自然，學生會主動討論，這個有可能是故意的，然後我們就會引導是故意的嗎？還是你針對正常的東西在被搶走的時候你硬把他搶回來？然後這張是社會主義大同盟，我們去虛構了一個社會主義大同盟誓詞，請學

生跟著唸，有些人會整個熱血澎派。當時還有一個他是白恐時期……這東西是從中國大陸那邊過來找他爸爸的墳墓，我們當時想到就把它加進去了，再問學生，他爸爸到底是匪諜，還是愛國義士？他爸爸能算是中華人民共和國的義士嗎？在當時來說的話，這個時期的左派青年大部分是比較認同中華人民共和國，所以我們當時做的白寶箱，我們當時虛構的這個人物叫黎文亮，這是我們虛構的東西。那因為有上一 part 就是來找爸爸，我們想要建構一個問題，你如何去評價一個人？你說他是匪諜嗎？可是在中華人民共和國他卻是愛國義士，我們想要去加強這個東西，我們又把補償條例放進來。這是我們虛構的日記，這本日記應該是喝了不少咖啡……（紙張的斑駁感）

　　從日記我們拉出來六篇，讓他們分做六組，一個班三十六人左右，每組大概是六個學生，他們還要演戲。最後這個是牆上的角色，是公民老師帶的討論，各組開始去寫說你覺得這個人的內心是怎麼樣？他的外表是什麼？你可以看他，他覺得他的外表是不服從命令的，外人看他可能是個叛徒，可是在內心來講的話他們會覺得說他卻是有一個不一樣的價值認定，基本上學生所寫的東西不一樣，這是旁述默劇。

四、結語：

　　教師夥伴是我們最大的能量，我們就請一些老師，然後我們跨科、跨域、跨校，教學經驗一起共享，我們融入到教學裡面，然後開始公開觀課，我們公開觀課到目前為止，就這個我們應該已經經歷好多場了，五～六場絕對跑不掉，每一次公開觀課之後，甚至上完課我們都希望觀課的老師給我們一些意見，讓我們可以更精進，面對 108 課綱的變局，我們其實大概是以教師社群的共備來因應的。

　　學生所寫的東西，有人會覺得他（黎文亮）是烈士，有人覺得以國民

黨看他是匪諜，中共會看他是夥伴，但是現在的國民黨不知道怎麼看？學生會說中共認為他是烈士，因為我們有一張圖片是八寶山公墓，學生自然會寫烈士。另外這些是他們的一些回饋單，有些學生認為他們是忠於自己的信仰，但是是共產黨員，還有推己及人的，還有認為（黎文亮）長得像徐志摩的，重點不是學生畫得好不好看，是他們在討論的時候隱隱浮現出來課程設計的核心—選擇與責任。

其實在教學的過程之中，學生們都很聰明，所以每一次他們的回饋，讓我們每一場的觀摩或每一次的教學完畢之後，我們三個老師的共同的討論之中，我們覺得不一樣的學生、不一樣的班級、不一樣的主題，（學生）給我們不一樣的東西，所以我覺得每次對我們來講都是全新的體驗。大體而言，簡單的說一下，108 課綱的出現，讓我們的歷史教學有可以有更多的教學活動的設計，歷史教育可以跳脫以往教學的方式，可以有更多的可能性。

史學應用 · 探究實作

桃園飲食文化指南
實作專題

蘇健倫

桃園市立壽山高中教師

　　我是桃園市立壽山高中的歷史老師蘇健倫，在這邊要先勉勵：如果你還是大學生或研究生，唸歷史是非常有用的。

　　以我自己為例：一開始，原本應該要當一位國文老師——絕對不是因為不想改作文所以才讀歷史的，而是覺得可以了解事物的來龍去脈是非常快樂的過程，才會去就讀清大歷史所。碩士生涯期間，在黃寬重教授的訓練下，我有了比較嚴謹的治史方法，也影響著我的教學態度。後來，考上桃園市立壽山高中後，注意到許多學生認為歷史只是一個背的科目，即使我們經過史學訓練，知道歷史其實是一個有邏輯、有方法的學科，但也必須先引起學生的動機才能讓他們打從心底想要好好地讀歷史。因此，決定再去攻讀第二個碩士——國立臺灣科技大學應用科技所碩士班，致力於將歷史的專業知識轉

化成遊戲化教學模式，也同步學習設計桌遊的技能，並學會檢測學生的學習成效、心流狀態、活動焦慮、學習動機。

　　任教高中期間，由於長期參與公私協力的產官學合作行動方案，也很想了解是否有可能再進一步讓我們的高中生甚至是大學生、研究生可以發揮他們的文史訓練專長，透過提案的方式讓自己的專業知識以文創作品形式出版，然後再回饋給社會、各級學校、各個社區，讓大家都喜歡歷史 ﹣﹣ 這就是我的終極關懷。由於我自己本身很喜歡玩桌遊，也有一些相關的桌遊設計，便以此為例列舉幾個面向提供各位參考。

　　現今各個學校進行課程設計的模式，呈現著多元化且跨領域的發展趨勢。例如：林奇龍老師就是我們桃園的好夥伴，他們用跨科社群的方式，透過表演、劇本產出課程，非常生動有趣！有些學校的強項是有聲書、繪本，像我們桃園市立樂善國小的夥伴，就帶著小學生去做龜山磚窯的繪本。有些學校則是用任務包的方式去做出實境解謎的空間尋寶，例如宜蘭的羅東高中，也以此獲得了教學卓越銀質獎。民間也有一個非常厲害的工作室，名為「城市尋寶」，以 App 結合手機功能、歷史地景、文本閱讀，將淡水、鶯歌、臺中舊城區等地的故事以遊戲的模式串聯，讓社會大眾對歷史有感。有些學校則發展了數位遊戲、AR、VR 等，在推動新興科技的課程設計上日新月異。

　　我自己本身在桃園市立壽山高中是帶著高中職生去進行桌遊的設計與出版。透過鷹架引導，最終讓我們的學生把課堂作業透過產官學合作與公私協力模式出版，從 2015 年到 2021 年已經讓我們的高中職生出版了 10 套的桌遊，分別是：《臺灣啪啪走》（泰宇出版）、《臺灣戰佔讚》（泰宇出版）、《臺灣封神榜》（南一出版）、《臺灣美食通》（創新出版）、《臺灣登科考》（創新出版）、《臺灣進香團》（龍騰出版）、《尖山寶藏》（桃園市政府文化局出版）、《磚神》（桃園市龜山區公所出版）、《疫地球生》（行政院法務部行政執行署桃園分署、技術型高中社會領域推動中心出版）、《眷味永

流傳》（信義房屋、拓凱教育基金會出版）。

　　那麼，這跟我今天報告的主題飲食文化有什麼關係呢？我先問大家一個簡單的問題：這三天剛好是學測，很多人在考前都會去拜文昌帝君，請問要準備什麼東西去拜文昌帝君才能獲得保佑呢？第二個問題是：到現在為止，很多考生還是會習慣去孔廟拜拜，我覺得這也無可厚非，但孔子他算不算是神明呢？「子不語怪力亂神。」但如果你真的要去拜他的話，要準備什麼東西呢？束脩，也就是肉乾，然後再去拜他，可能的孔子心情好一點才會保祐你。諸如此類的這些東西，設計《臺灣登科考》桌遊的學生同學都必須先去研讀歷史、整理資料，才有辦法產出，這就是一款有關民間信仰與供品結合的文創作品。

　　還有兩個產官學合作的成功案例是《尖山寶藏》與《磚神》。《尖山寶藏》是桃園市政府文化局委託桃園市立壽山高中團隊研發的桌遊，指導老師是楊朝勝、蘇健倫，設計者是葉洛瀅、陳雅筑、李佳萱、董明玉四位學生。大家一定會覺得說：大園尖山考古遺址這種已經幾千年前的文物是怎麼遊戲化呢？在我們兩位老師的課程裡，從四位學生高二開學時進行培訓，用考古發掘的知識融合在遊戲機制裡設計成一款桌遊，實現以學習者為中心的遊戲式學習模式，如今《尖山寶藏》已經放在橫山藝術館地下一樓的大園尖山考古遺址展館內。《磚神》是桃園市龜山區公所委託桃園市立壽山高中團隊研發的桌遊，指導老師是楊朝勝、蘇健倫，設計者是李承穎、王婗、楊千菜、許哲鵬四位學生，曾獲得德國紅點設計獎的殊榮。我們知道：前陣子有關於龜山磚窯遺址是否要拆除的議題，區公所因為不便涉入地方上的爭議，就委託我們先把無形文化資產與知識傳承下去，所以，我們就帶著學生去研讀磚窯資料，然後把它做成桌遊，用卡牌化的方式先推廣到整個龜山地區的小學、中學、高中，然後再舉辦跨校大賽，讓大家都知道原來我們龜山有許多磚窯廠，尤其是八卦窯。透過這種實作的方式，最主要的目的就是希望讓大家知道唸歷史是有用的，也就是說能成為設計的靈魂。

　　在我們學校，除了有高中部以外，還有國貿科、廣設科、應英科與體育班，我曾經一年同時教高一普通班與體育班、高二社會組、國貿科、廣設科、應英科。其中，我必須要去思考一件事情是：職科統測是不考歷史的。所以，當我們一直在強調知識很重要時，卻難以獲得相對的回應。我常常會跟我們職科的同學說：我知道大家不是不認真、不用功，而是因為你們覺得這些知識對你們「現在」來說沒有「急迫性」。於是，如何讓他們上課的時候不要想睡覺？動手做就對了！當他們開始動手做時，要去查資料、要融會貫通，就自然知道我們歷史的訓練會發揮在哪裡。

　　再進一步，我們希望發揮更大的影響力，於是會去找企業社會責任的相關比賽，例如信義房屋全民社造計畫，這個計畫分為小學組、國中組、高中組、大專組、社會組、個人組。我們歷史系的強項本來就是在文案，假設可以把知識透過這樣的方式（不管是什麼樣的型態，不一定是要做桌遊，你可以做其他的東西）獲得經費然後去實現的話，就能擴大社會影響力，也就會有越來越多人認同唸歷史是有出路的。

　　再進一步，我們因為也有受到政府的關注，包含桃園市政府文化局以及龜山區公所，加上許多學校因為認同我們的表現，而比較少聽說過招生危機。其實，少子化不是只有大學會遇到，我們高中在這方面也很焦慮。但是，我們早一步將這些課程的成果分享給周邊的國中、國小，還邀請他們入校體驗我們獲得出版的桌遊後，也把這些經驗傳承到周遭的大學，例如：銘傳大學、長庚科技大學，都曾找我們合作 USR 計畫；中央大學歷史所更是我一直非常感謝的學校，因為也是我長期合作與交流的夥伴，今天也是在我們皮國立所長的邀請下才能夠來到這個地方跟大家分享。締結這種多元夥伴關係，成了讓文科有突破的重要的條件。

　　在我們訓練我們的高中生去參加比賽時，通過後也會有一定程度的獎金或是獎助金。例如：我們出版的第十套桌遊《眷味永流傳》。如果要把它

印製出來，光是印製費 500 套就要 107,100 元。你可能會說：那印 100 套可不可以？大概是 97,500 元。其實，開模就是一個固定的數字，不如印製足量還比較划算。所以，如果你要實現課堂上的報告、文集、繪本、桌遊得以出版，大概就要有心理準備：必須要有一筆資金。這筆資金現在已經可以透過具備社會企業責任的單位提案，例如：拓凱實業公司、信義房屋。我想，同學們或老師們都可以去查詢看看。

　　也有另一種模式就是去寫計畫爭取政府支持，我們覺得很慶幸的是：在這些專業的研究部分，有我們中央大學歷史所在做全面的調查，我們要想的只是如何去應用。無論是透過教具箱還是桌遊，都能讓更多人去認識這些專業的知識。所以，跨域合作就變成了是現在的一個新形態。

　　從 2016 年開始，我每年都在關注全國票選最無聊的縣市。從 2016 年桃園市被票選為全國最無聊的縣市 8881 票，過了兩年又成長了 200 票，也就是 9081 票。這到底是誰投出來的呢？我經過了普查後證實了一件事情：我們桃園的學生多半都認為桃園最無聊、桃園沒有地方可以去。如果真的要問他們說平常都去哪裡？通常都會回答：新光三越、遠東百貨、統領百貨、威尼斯影城、大江購物中心、臺茂。假設一個縣市確實只剩下了這些購物中心、百貨公司，真的很可惜，因為就沒有故事了。所以，我們在課程要開始去推動前，必須讓學生們對在地有感，也就是「有溫度的課程」。

　　於是，我會借用這個模式，相信大家都非常熟悉，是什麼呢？米其林美食旅遊指南。在去年，有一件非常轟動的事情，就是臺北、臺中、臺南、高雄都有獲得評選，對不對？大家知道嗎？我們新北跟桃園都還沒有在裡面。所以，這表示我們是美食沙漠嗎？好像不是吧，我們應該有一些具有代表性的、只有在我們桃園才吃得到的，而且背後還有很多故事的飲食文化。假設不講豆干的話，你們會想到什麼？米干，就是滇緬料理。其實，我們可以借鏡其他縣市的成功經驗，包含了在「必比登」裡最多的臺南，到處都

是美食，很多的老店家其實都有報導，這些都會成為我在課堂裡的題材。米其林美食旅遊指南的票選方式與眾不同，到現在為止臺灣也只有一個三星餐廳，可是這並不代表說，一定要得到星等才表示他的故事值得被書寫下來。而是這些既有的成功模式、百年的傳承，都會成為我們的課堂裡非常重要的養分。

　　再下一步，我們就要讓學生去進行議題的選擇，這裡就融合了有關地方創生跟社區總體營造的概念。要先讓我們的同學去思考：你要如何去發掘所謂的在地 DNA，也就是說從文化、記憶跟產業裡去搜尋題目。我們確實在高中端這個部分最辛苦的一件事情就是要如何去找到主題，我聽到許多前輩學者在史學玩應用論壇分享後，就更加確信：透過這樣的論壇不斷交流，都能讓每一個人在未來無論是教學還是研究上都能更上一層樓。我從 103 學年時就開始帶著學生去寫小論文，這大概是我們高中端最常見的一種產出。我們的議題不受限龜山區，從中壢、新屋、桃園、龜山、大園、大溪等都一個個去探索。我發現真的就是越找在地的議題，被評等的等第會越高。目前為止我總共指導過的小論文是 39 篇，其中 20 篇特優、9 篇優等、10 篇甲等，那 20 篇特優裡就有 14 篇都跟我們桃園有關，而且普通科研究出來的特優小論文還會再進一步變成是職科同學產出成教具、教材的養分，研究成果是有意義的。

　　回到今天的報告專題：桃園飲食文化，大致有六大體系，以下最主要報告的是眷村料理跟滇緬料理這兩大區塊。在開始之前，我會先讓他們用「ORID」來思考：什麼是客觀事實？什麼是主觀感受？比如說我們的同學可能是基於胡鬧或者是覺得這樣子很好玩，就說桃園很無聊、桃園都沒什麼好吃的、桃園任何一個故事都是沒有特別的意義。這些其實都是主觀感受。我必須先去區分說：不然你們先講一下在桃園或龜山看見什麼，注意，我只是要你看見什麼，我沒有要你評論，然後等到把這些東西列出來後，再告訴我你的評論是什麼？再來就是我們在某一個地方看到了很多燒餅店、饅頭

店，或者是米干、米線，它代表的是什麼意義？因為飲食跟人群的移動是有關聯性的，也就是我們要進入歷史的聯想這個部分。下一個步驟就是你要怎麼行動？你可不可以當一個地方的參與者？把你的故鄉變得有趣？也許我們到現在為止都還是全國最無聊的縣市，但是等到你上大學的時候，你想要邀請其他縣市的朋友來以前唸高中的桃園來玩，結果其他縣市的同學都說：「不要！桃園最無聊！全國排名第一無聊的就你們桃園！而且無聊的票數還是其他全國縣市加起來的總和！」這樣你還能夠覺得很開心嗎？如果答案為否，我們就要帶他們去某些場域裡結合這些議題探索。很幸運的我們桃園市立壽山高中鄰近的憲光二村，是電視劇《光陰的故事》的拍攝場景。在退輔會跟榮民榮眷基金會還有桃園市政府的合作之下，也成立了中華民國眷村資源中心，去年已經辦理了第一屆村里村外全國眷村的論文甄選，所以這個地方提供了非常深厚的學術研究基礎。

　　我舉其中的一個教案、三門課為例。一開始，要先做一個廣義的介紹，告訴大家到底我們桃園的飲食有什麼文化？其實有人曾經統計過桃園的族群分布，跟其他全國各縣市相比相對來說是比較平均的，所以也形成了每一個不同族群的飲食文化，在桃園各區都分別有一些比較密集、群聚的現象。再來就是運用我們學生已經設計出版的桌遊，讓他們去體驗思考，例如：使用我們第四款出版的桌遊《臺灣美食通》，這是創新出版社委託我們桃園市立壽山高中出版的桌遊，指導老師是蘇健倫，設計者是王靖、周昕儀、許安琪、陳妍芯、趙妡、鍾宜芰六位學生，後來我特地將《臺灣美食通》的桌遊運用方式寫進技術型高中歷史課本，擴大它的影響力，內容包含如何引導學生蒐集飲食文化資料的活動流程。除了他們耳熟能詳的小吃以外，在小吃裡可不可以在桃園找到哪家名店？有沒有什麼故事？可能屬於哪個族群？有什麼食材？再書寫故事、錄製影片，讓學生們搜尋生活周遭可能的議題，也就是 108 課綱所說的素養：「生活情境」。

　　再切入到有關眷村的部分。我們學校剛好位於三個不同的眷村聚落，

於是也會帶領他們去做實地訪查，運用既有的資源來。就像憲光二村已經製作了門牌的故事 QR code，可以掃描聽到許多眷村故事，以及原居民平常吃的料理。另外在我們其中一個眷村聚落的旁邊，有一家店它叫「后街蔥燒餅」，蔥燒餅長這個樣子，裡面的蔥非常飽滿，然後你看這個是老闆在排蔥的樣子，非常地厚實。新聞上曾寫到：老闆說他其實不是外省子弟，當初開在眷村聚落旁邊的時候，常常會在店的附近看到只有咬了一口然後丟掉的蔥燒餅，他就覺得很挫敗，因為很明顯就是丟掉。但是他不服輸，還是堅持地做下去，結果後來發現他店門口附近咬了一口的蔥燒餅越來越少了——絕對不是因為流浪狗變多了，而是因為這是眷村的老伯伯用他身體力行的經驗來磨練老闆，告訴你先前做的真的還沒辦法在眷村的周邊立足，但現在越來越好吃就被認同了，所以到現在為止都還在陸光新城旁。

有了這些例子的經驗後，我們就要讓學生進入所謂的商業簡報評估，也就是「SWOT」分析。要讓學生明白一件事：如果要參加提案比賽，也要去評估計劃是否有可行性？評估完後，還要身體力行，所以我會安排其中一種作業是錄影，錄一段對選定議題的介紹。眷村的飲食不單單只是飲食，同時涉及到的就是我們剛剛所提到的人群的移動，還有它的空間。例如：這組製作「桃園中壢忠貞新村」導覽影片的應用英語科同學們就很厲害！他們在這一堂課非常認真投入，並且把作業做成了導覽影片，就可以再回應到地方。當桃園所有的學生們都熱衷於報導當地歷史的時候，就能形成一股風潮，就不會有人認為唸歷史是沒有用的。

最後舉我們出版的第十套桌遊《眷味永流傳》為例。這是向拓凱教育基金會、信義房屋募資出版的桌遊，指導老師是蘇健倫、郭芷君、朱韋燦，編輯團隊是薛芮昀、許瀞予、潘柏翰、呂承澔、賴駿宇、黃日美、連曜輝、邱韋智、翁煒凱與視覺設計者詹依真等十位學生，機制設計者是蘇健倫。

我們將眷村家常菜變成卡牌化後，讓玩家可以瞭解食材不同的組成，

進一步願意去找尋這些眷村家常菜,然後再把這些故事書寫下來,再一篇篇貼在佈告欄去進行評選,最後再由教師總體回顧,這樣就是一個三堂課的課程。假設有一些學生在過程中引起興趣,願意在放學後主動留下來,從五點培訓到九點,這就是因為我們的學生已經進入到高度的認同跟心流。甚至,後來我們做成了行動教育箱,前進國立臺灣歷史博物館舉辦的人群的移動展演競賽,將桃園的眷村故事告訴其他縣市的民眾,也曾獲邀參加桃園眷村文化節,向市長報告我們的成果。我們的期許是:將影響力擴大到一整個社區甚至是一整個桃園市,再進一步變成是全國的大串聯。因為,桌遊與教具箱的擴散性是很高的。後來,我們將學生們所製作的眷村飲食展陳列在憲光二村做特展,既是回饋社會,也是雙向良好互動。

　　我所期待的是:拉起產官學夥伴的手讓社會大眾知道人文精神是社會非常重要的價值。當然,如果能進一步讓每個人都能安身立命,就是一個最好的發展。

02

歷史田野
地方實踐

歷史田野 ・ 地方實踐

千禧年後的桃園學：
國立中央大學的地方學角色扮演

鄭政誠
國立中央大學歷史研究所教授
桃園學研究中心主任

　　我是中央大學歷史所鄭政誠，現在除了是中大歷史所的教授外，還兼任中大的桃園學研究中心主任。2023 年剛好是我們中大歷史所創所 30 週年，所以我想把這個中大歷史所，還包括我們學校的客家學院在最近這二、三十年來，對於整個桃園地方學的發展與著力，跟大家做一些介紹。

　　我先從戰後到 1990 年的桃園學研究發展狀況跟大家報告起，然後再介紹我們中大桃園學的研究歷程與地方學接軌的策略與模式，接著是中大桃園學研究中心的成立與作為，到最後的地方學開展。我覺得「地方學是甚麼？」這個議題蠻重要的，因為很多人會問我說什麼是地方學？地方如何產生地方學？地方如何與地方學合作？又如何去轉譯地方學知識等等？我覺得這個部分也是大家應該要好好思考的一塊。

　　我先來簡單說明一下，今天報告的主要範圍，就是說整個臺灣對於地方學的認知，或者是大家所講的轉譯、應用該如何處理的問題。事實上整個臺灣社會對於地方學的開展，基本上都是在政府解嚴之後，因為大家對於地方鄉土想要有更多的認識，也希望有更多的關懷與作為，然後不管是新資料的出土，各種研究成果的出現，抑或是社區大學的發展與定位，當然也包括政府公部門相關單位的設立等等，這些都有助於地方學與各界或各種學科的接軌，也跟現今的歷史學發展相關，所以這種新出現的動能，便對地方學的發展做出了很大的跨越。

　　我們中央大學在 1993 年成立了歷史所，之後也設立了客家研究中心、客家 學院，樹立了一個非常好的地方學口碑，之後在 2017 年教育部才向大學端要求善盡社會責任，即是所謂的 USR(University Social Responsibility)。大家都很清楚，很多高等教育機構在進行地方學，事實上多是因為承接了 USR 這個部分，才開始進入到地方，我覺得雖然啟動得有點晚，但畢竟也是一個很好的觸發點。有關戰後初期的桃園學發展，從歷來的研究成果中，大致可發現到多是地理學者所為，我們可以看到從 1950 年代開始，相關桃園的研究多是地理學的論著，有一部分也是出自於地方文史工作者，因為他們對自己的家鄉更有感懷，雖然產出的成果可能不是那麼具有學術性，但這些產出對於地方學的接軌是非常重要的。之後在 1990 年代，開始有一些政府公部門的計畫成果出現了，也包括「文化資產保存法」的修訂等等，所以文資領域的部分也涵蓋進來了。

　　就我們中大的桃園學研究來看的話，確實也很值得標舉，大家知道在國立政治大學跟國立臺灣師範大學二校在設立臺灣史研究所以前，全臺最厲害的臺灣史研究高教機構，應該就是在我們中央大學了，光看歷史所的師資你就嚇一跳，基本上這些重量級的臺灣史師資幾乎全被網羅到我們中大來，這當中包括我們創所的所長賴澤涵老師，他是這個二二八事件與白色恐怖調查報告的總主筆，還有專攻臺灣海洋史、產業史與志書編纂的戴寶村老師，

專攻政治社會史與日治臺灣史的張勝彥老師，還有已經退休的康豹老師，他在宗教社會史的研究領域也享有盛名。這些都是我們早期的師資，相當堅強。也因為要兼顧課程的多元性，所以我們又禮聘了非常多臺灣史的兼任老師，包括曹永和老師 (1920-2014)、王世慶老師 (1928-2011)、張炎憲老師 (1947-2014)、吳文星老師、許雪姬老師、朱德蘭老師等，所以臺灣史的師資是非常充分的。2003 年因為我們新設立一個碩士在職專班，又陸續增聘師資，包括在移墾、民間信仰與客家研究非常享有盛名的吳學明老師，專攻臺灣經濟史與米糧研究的李力庸老師以及個人。至 2019 年又因為新設文學院學士班，加以部分老師退休，所以我們又陸續新聘了蔣竹山老師、皮國立老師跟陳家豪老師，其實就是在這樣一個新舊的傳承中再去銜接。

　　我剛剛也跟大家提到我們中大還有客家研究中心與客家學院，這個是全臺首創，所以事實上我們也做了非常多桃園在地的客家研究，這當然也能充實我們中大的地方學產能。我覺得非常重要的一件事就是說，我們要轉譯也好，應用也罷，事實上要有一個基底，也就是說要有研究的能量，就像輔大歷史系蕭道中主任剛剛所提到的，若沒有好的研究能量，事實上你沒辦法去做那個轉譯。我們中央歷史所僅是一個獨立研究所，沒有大學部，也沒有博士班，但是我們這二、三十年來的研究生，卻寫了非常多有關於桃園研究的論著，除了是學生的興趣，當然也是老師引導的結果，希望能跟在地接軌，藉此達到相乘的效果。

　　怎麼去跟地方學接軌，又怎麼去做一些轉譯跟應用，我想最好的方式之一，或是說最根本的策略就是跟地方志書接軌，我想早期大家都是用這種方式來進行地方學。就桃園市而言，自 2022 年開始，市府又重新啟動桃園市十三個區的區志編纂，每年都要做三種志書，我們皮國立所長團隊是接大園區志，我的團隊接楊梅區志，另外，文化大學歷史系團隊則是接八德區志，所以我們已經包了 2022 年的三個了，2023 年還有三個，即中壢、新屋及龜山區，也都有團隊承接了，我想這是與地方學接軌的好方式之一。

　　我們也修纂過在 2010 年所出版的《新修桃園縣志》，當然，我們中大歷史所師生在 2004 年更曾編纂出版過《大溪鎮志》，所以說我們很早就跟地方學有所接軌，這之後也包括我擔任總纂，在 2014 年所出版的《續修桃園市志》。我曾經盤點過桃園在戰後至 2014 年改制為直轄市之前所出版的志書數量，包括縣志與鄉鎮市志在內，總共有 32 種，雖然中大歷史所只編纂過 3 種，看起來不怎麼厲害，但同一團隊能承攬桃園縣的 3 種志書，這也只有我們而已。雖然不是很多，但是大家都知道志書編纂不是那麼容易，歷程多有痛苦與艱難，所以能完成這等使命跟任務，也著實不易。

　　第二個我要提出的就是地方文獻刊物的創辦，2016 年《桃園文獻》的創刊是我們非常覺得引以為傲的一件事，相較於宜蘭、臺南、金門這些文化

表 1：戰後桃園縣（市）各年代地方志書出版數量與百分比

年代	縣志	鄉鎮市志	合計	百分比 (%)
1961-1970	2	-	2	6.25
1971-1980	-	3	3	9.38
1981-1990	1	4	5	15.63
1991-2000	-	7	7	21.87
2001-2010	1	6	7	21.87
2011-2016*	-	8	8	25.00
總計	4	28	32	100.00

* 說明：《續修蘆竹市志》在 2016 年 4 月出版，為桃園縣轄市時期最晚出版之地方志書，唯該書內容仍僅記載至 2014 年改制為直轄市之前。資料來源：筆者自行整理而成。

城市，他們很早就有記錄當地文獻成果的刊物，但是桃園卻沒有，這非常可惜。所以桃園市政府在 2014 年底改制為直轄市的時候，文化局就委託我們中大歷史所來承辦。《桃園文獻》的創刊從無到有，可說是我們一點一滴積累的成果，甚至整個刊物的風格、內容、各種項目等，事實上都是我們訂下來的。現在已出刊到第 16 期，大部分都是我們中大歷史所的老師來擔任主編，甚至說曾經在這邊任教的戴寶村老師與曾經是本所研究生的陳志豪老師

表 2：《桃園文獻》各期專題、主編與出版時間一覽

期別	專題	主編（服務單位與職稱）	出版時間
1	開發與經濟	李力庸（中央大學歷史所教授）	2016.3
2	社會與生活	李力庸	2016.9
3	環境與文化	李力庸	2017.3
4	政治與族群	戴寶村（吳三連臺灣史料基金會秘書長）	2017.9
5	交通與建設	戴寶村	2018.3
6	宗教與信仰	戴寶村	2018.9
7	學校與教育	詹素娟（中研院臺史所副研究員）	2019.3
8	文化資產	戴寶村	2019.9
9	建州百年	鄭政誠（中央大學歷史所教授）	2020.3
10	文學與人生	李瑞騰（中央大學中文系教授）	2020.10
11	家族史 I	洪健榮（臺北大學歷史系教授）	2021.3
12	家族史 II	洪健榮	2021.9
13	公衛與醫療史	皮國立（中央大學歷史所副教授）	2022.3
14	觀光與休閒	林玫君（臺灣師範大學教務長）	2022.9
15	人口與移動	陳志豪（臺灣師範大學臺史所副教授）	2023.3
16	飲食與文化	蔣竹山（中央大學歷史所副教授）	2023.9

資料來源：依《桃園文獻》各期資料整理而得。

也都擔任過，當然，臺北大學海山學中心主任洪健榮老師也擔任過。能跟各個不同單位的教師結合，共同成就這個《桃園文獻》，其實也是我們的榮幸。

今天在做各種地方學的轉譯，事實上單靠一己之力已不可得，因為不可能有這麼多機會與經費去做這些事情，通常是承接公部門的計劃案。其實從 1990 年開始，我們中大歷史所就已經承接非常多地方政府公部門的案子，比如說早期戴寶村老師的「龍潭聖蹟亭」(1995)、「走尋南崁地名歷史」(1997) 及「說古到今話桃園」(2000) 等。李力庸老師也做出不少貢獻，如「石門水庫與桃園地區社會經濟變遷」(2011-2013)、「農田水利會會史編纂暨史料調查」(2009-2010) 等。此外，還有皮國立老師的「大園航空城遷徙故事蒐集」(2020)，個人的「大溪李金興家族生命史」(2021)，都共同為桃園地區的文化資產、文物調查與文化記憶而努力過。當然，我們中大的客家研究也很多，尤其是我們吳學明老師擔任過客家研究中心主任，所以也做了非常多有關客家歷史文化方面的記述，尤其是在移墾、族群與伯公信仰方面，大家都可以拿來參考，我想這都是可以來強化今天所講的主題，即轉譯、實用與應用。

再來就是我們常常看到學術研討會，地方學研討會的內容當然不光只是純學術課題，我們發現到近年來這種地方學研討會已更趨多元，不只是歷史學，還加入各個領域、各個社會科學界，舉辦單位也不僅是大學端，諸如在地的社區大學、文史工作團體，甚或是地方政府等，也共同參與強化這些內容。確實有一些在地事物知識，不為我們這些學界人士所知道，所以透過地方人士的參與，是非常好的一件事情。最早桃園學研討會的舉辦應該是在 2002 年，那時候由還在萬能科技大學任教的李力庸老師負責，之後因為轉職到我們中大歷史所，所以就嫁接到我們中大來。比如說 2016 年的「天光雲影：桃園地方社會」研討會、2018 年的「經緯桃園：2018 桃園學研討會」、2020 年的「物、空間與歷史記憶」，與 2022 年的「航空城文化與軍事記憶」研討會等，都是由我們中大歷史所來承辦或協辦。從這幾屆的研討會續

辦，我們可以看到，其實桃園學研討會已經不再是一個傳統與純粹學術研究的場域，它的課題更加多元，甚至說因為高中歷史課綱中的實作與素養導向需求，一些高中老師也開始來強化這個地方學的探究，所以地方學已經可以讓那個學術研究能量更下達到地方，甚或到初、中等教育機構。

接下來就是介紹 2010 年我們學校所成立的桃園學研究中心，我們這個中心主要是做一些基礎實證研究、教育推廣、文化走讀跟論壇講座等。桃園學研究中心的使命就是將這些學術研究成果做一些轉譯跟推廣，這幾年都是在做這些事情，包括承接政府公部門的案子，如高中歷史課綱的系列講座、廟宇與地方社會、地方志書的編纂、城市論壇與老城區踏查等，事實上也非

圖 1：共饗藝術：臺灣藝術史的光與影專題系列講座海報
資料來源：國立中央大學桃園學研究中心提供。

常多元。比如這是 2020 年 10 月到該年底，由我們中心所舉辦的臺灣藝術史講座，總共找了 13 位專家學者來談臺灣藝術史，其實我們學歷史的對藝術史不太熟悉，但藝術史實在很有趣，我覺得未來歷史都應該跟藝術結合。由於這些演講相當精采，我覺得不應該講完就算了，所以就跟文化局要點經費出版，最後把它變成一本演講集，讓大家能夠繼續留存閱讀。

其次，我們也會把一些相關桃園的研究成果，透過新書發表會來呈現，比如說我們皮國立老師所做大溪在地醫療人員口述訪談，就透過專書發表會來宣傳。我們也曾經出版過有關桃園閩南文化的論文集，並舉辦過新書發表會。現今各個少數族群因長期遭受忽略，所以政府也開始設立相關權責單位

圖 2：移轉與質化：桃園閩南文化論集新書發表會海報
資料來源：國立中央大學桃園學研究中心提供。

進行協助與創發，如原委會、客委會等，但相較之下，之前的閩南族群，原本的優勢文化好像開始被忽略，有人認為需要重新振作，所以也開始強調閩南文化的重要性與特殊性，但問題是，因為各族群文化的長期融合，至今實在不容易找到真正屬於閩南文化的核心特質。為解決這個問題，我們還是找了不少專家學者，從移墾、族群、水利、商業、生命禮俗、飲食、音樂、藝術等各個領域去探討閩南文化的特質與重要內容，然後才有這本論集的產出與新書發表會。

再來，就是臺灣史的系列講座，因為近來年教育部推動 108 課綱，重視中學生的素養導向，因此如何將既有的課堂知識內容加深加廣，探究與實

圖 3：歷史課綱中的臺灣史系列講座海報
資料來源：國立中央大學桃園學研究中心提供。

作課程又該如何處理，很多家長、學生甚或是老師都無所適從，所以我們找了臺灣史學界的一些老師共同來做線上教學，因為當時疫情的關係無法實體面對面交流，所以我們就辦了很多場線上講座，從荷蘭、西班牙、鄭氏、清領、日治一直到戰後，編成多個主題來分享給老師、學生與家長，就是盡量扣合整個課綱，展現更多的教學知識內容與旨趣。

我們這個中心也辦了一些校外的文史踏查，當然因地緣之便，我們的踏查區域還是以桃園市各區為主，比如說桃園、大溪、蘆竹與大園區。其中如桃園區，全臺對於桃園區的歷史都不太熟悉，因為桃園一直介於新竹跟臺北之間，大家常常途經，感覺卻很陌生，其實桃園是非常重要的移墾地，族群多元且互動更為激烈，如閩粵械鬥，可惜文資建築留存不多，日式建築幾乎不存，所以我們在 2022 年底舉辦了這個桃園老城區的踏查活動，雖然很多建物都不存，但還是透過老照片與地圖等材料，讓參與者懷舊與想像一下過去的場景。

下面這個比較特殊，在我們桃園學研究中心的外牆，或許大家也可以學一下，我們去找了一個藝術家寧芮潔小姐，請他來做一個外牆彩繪。在經過調查研究後，寧小姐把相關桃園的重要地景給畫了出來，花了差不多一個禮拜的時間，把中壢大時鐘、桃園機場、觀音白沙岬燈塔、大溪武道館與大溪橋等建物，繪在牆上而形成「桃園意象」。此外，我們中心也曾經做過地方家族的研究，比如說這個大溪李騰芳家族。在 2023 年的時候，大溪木藝生態博物館曾經舉辦過以這個家族人物為主的特展，這個展覽的前置規畫就是由我來執行，現在在大溪李騰芳古宅的右側護龍展區還在展覽中，大家有機會也可以去看一看，我就是利用文獻材料與口述訪談來建構這個家族部分族人的生命史。這個家族的祭祖活動，就是三獻禮，也非常有內涵，用古禮古音來呈現，事實上桃園學中心就是希望能多跟這類的地方事物與歷史文化接軌。

圖 4：藝術家寧芮潔小姐在中大桃園學研究中心外牆所繪製的桃園意象
資料來源：國立中央大學桃園學研究中心提供。

　　另外一個例子，大家都知道臺灣的廟宇非常的多，有些廟宇非常有趣，他們其實想要做一些地方文化的推展，然後以廟為中心來看跟地方社會的關聯性，所以這個桃園南崁五福宮的陳宗賢主任委員，非常有文化 sense，他就請我找一些專家學者來編寫這座廟跟地方社會的連動。我想很少有宮廟主事者願意這樣做，大家通常只會去吹捧這座廟宇的神明有多靈驗，廟宇的歷史有多悠久等，但他們卻希望能編寫這座廟宇與地方開發、族群、社會、經濟等各種關聯的歷史，所以我們就編寫了一本關於五福宮發展的專書，叫做《南崁源始：五福宮六甲子的地方巡禮》。新書發表會的時候，廟方還邀請明華園歌仔戲來表演，這本書在 2023 年的時候也獲得國史館臺灣文獻館推廣地方性書刊優良的獎勵。

　　接下來是關於這個方志的啟動，我們也舉辦過多場區志的地方座談會，我想未來如果大家做地方志的時候，這一塊也可以跟大家來分享交流，就是

圖 5：《南崁源始》一書編寫團隊與桃園市長鄭文燦及五福宮廟方人員合影

資料來源：國立中央大學桃園學研究中心提供。

圖 6：雙城論壇所有與會人員合影

資料來源：國立中央大學桃園學研究中心提供。

說要先舉辦一些座談，才能了解地方的需求與他們重視的議題，比如說他們最在意的內容是什麼，如此才能方便後續區志的編纂。

我們桃園學研究中心也曾經跟臺灣大眾史學協會合辦了一場關於南崁與大溪的雙城論壇，我覺得地方上的這些耆老或是說地方上之前的首長或民意代表，雖然說他們已經退休了，但是對地方事務還是非常了解，所以我們就請了前大溪鎮長林熺達先生跟五福宮主委陳宗賢先生，他也是之前的蘆竹鄉長，分別來講述關於南崁跟大溪的往事，也就是兩個城市的論壇，之後還去南崁與大園參訪，並觀看南崁溪出海口的變化。

最後我要跟大家講的是，我個人覺得這個是非常重要、非講不可的部分，就是地方學的發展或者是這種應用、演繹要達到什麼樣的程度。中央研究院臺灣史研究所前所長許雪姬老師曾經提出六大指標，就是用是否有「定期舉辦研討會」、「出版文化叢書」、「發行代表性刊物」、「開設地方學學程」、「開辦地方學研習營」與「展開村史纂修」等六個面向，來做為評量發展的指標。若是符合四項以上指標者，就可稱之為是穩定發展階段。但若依此標準，則全臺各地很多地方學其實都還只是在萌芽而已，像我們的桃園學因為還沒有後三項的啟動，即地方學學程、研習營的開辦與村史的纂修，所以嚴格講起來，還不能算是穩定發展。

東華大學歷史系有一個畢業的碩士生叫張筑喻，他在 2014 年的碩士論文中也曾經把臺灣各地的地方學做過一個整理，到底他們都發展到什麼程度，雖然這是他十年前的碩士論文，現在已經過了十年，變化應該非常大，但仍不失為參考指標。我們可從中發現有些地方的地方學發展得很不錯，當然宜蘭、新竹、臺南、金門、澎湖都不用講，本身就具有文化古都的氣息，所以這些地方的地方學都發展得很好，馬上達標。但我們桃園學卻差強人意，大概只有兩、三項符合，所以有待加強，但有些很老字號的地方學，好像也不見得都是符合六項，所以我們還是要繼續努力。

表 3：臺灣各地地方學發展內容一覽

地方學	起始年	研討會	叢書	刊物	學程	研習營	村史
宜蘭學	1992	●	●	●	●	●	●
新竹學	1996	◎	●	●	●	◎	●
淡水學	1998	●	◎	●	◎	◎	◎
屏東學	2000	◎	●	●	●	◎	●
基隆學	2000	◎	●	◎	●	●	●
馬祖學	2001	●	●	◎	◎	◎	●
金門學	2001	●	●	●	●	◎	●
澎湖學	2001	●	●	●	●	●	●
雲林學	2001	●	●	●	●	◎	●
北投學	2002	●	●	●	●	●	●
高雄學	2002	●	●	●	●	◎	●
南瀛學	2003	●	●	●	●	◎	●
彰化學	2003	●	●	●	●	◎	●
苗栗學	2004	●	●	●	●	◎	●
臺北學	2004	●	●	●	●	◎	●
嘉義學	2005	●	●	●	◎	◎	●
臺中學	2005	●	●	●	●	◎	●
花蓮學	2006	●	●	◎	◎	◎	●
臺東學	2008	●	●	●	●	◎	●
南投學	2008	●	●	◎	◎	◎	●
桃園學	2008	◎	●	◎	●	◎	●

說明：●代表符合，◎代表不顯著
資料來源：張筑喻，〈戰後臺灣「地方學」的發展〉，國立東華大學歷史學系碩士論文，2014 年，頁 76。

　　目前整個地方學所面臨的困境就是，其實這個之前的國史館館長張炎憲老師，已經提到非常多怎麼去跟這個地方學接軌的問題，但其實不管大家怎麼樣傾全力，還是要有地方政府的大力支持，這樣才能夠建立起地方學的特色，然後再進行一些比較、研究，最終形成真正的地方學。現今擔任二二八事件紀念基金會執行長與史明文物館館長的藍士博曾經在某回研討會上，問起這個地方學是什麼，要怎麼去做一個 expression，要怎麼去做解釋。大家今天都喜歡做轉譯沒有錯，應用也沒有錯，但是我覺得地方學應該要先架構起從下而上，分別是學知、學能與學派的這三種領域，方能再談下去。

　　第一層叫做「學知」（Academic Knowledge），這個部分需要大量的實證研究，借助這些一手材料跟研究成果，才能夠做為轉譯的底，或是說一個轉換 transfer，如各種轉譯、教學、宣傳與推廣等，其實都是轉換，我把它叫做 Transfer and Practice，就是一個「學能」，但是學能這種東西，我們說巧婦難為無米之炊，你的 practice 在呈現之前不能沒有 knowledge，如果沒有學知，事實上你就沒辦法做出學能的東西出來，所以我覺得這一塊非常重要。今天桃園學的產出如果沒有之前數十年的實證研究成果打底，你今天要怎麼做？各地也是如此，如果你沒有之前的基底研究，你要怎麼做？你做不出來，即便做出來也是非常虛，不夠扎實，也不夠動人，更不用說要形成商品或創造產業。

　　現今大家都非常強調學能這一塊沒有錯，因為這一塊比較吸金，比較好做，比較容易招生，我認為這都沒有錯，這也是未來我們歷史學抑或是大眾史學要去強化的部分，但是千萬不要忘記學知這一塊，因為你沒有學知，不可能會有學能這一塊，也只有學知與學能的結合，最後才能演變為「學派」（Local Specification）。各地的地方學都要標誌你的重要特色是什麼？如果你跟其他的地方學沒有什麼兩樣，這叫什麼地方學？所以你要有特色，那什麼是特色，就是要你從這個學知、學能去發展出地方學的特色而成為學派，

這很重要。

所以對於地方學的解讀，我覺得應該還是要從這個三層架構去強化，第一層是屬於 knowledge 的部分，各地的地方學都應該有很好的實證研究，無論是學者、研究生、中小學老師抑或是地方文史工作者，大家都可以來做這種實證研究。今天碩、博士論文內容的產出，雖然已不限於傳統的模式與策略，但我發現其實大部分還是在做傳統學術論文的書寫，當然未來轉譯的部分會慢慢增加，但是你會發現轉譯的東西如果沒有那種大量的學術研究做基底，事實上你還是做不出很好的作品，你說你要勝出，但你要如何勝出？我們歷史學跟其他學科怎麼拼搏，人家拍那個紀錄片拍得多好，但我們卻不太會拍紀錄片，所以你的強項是什麼？當然，我覺得其實也不要忘了本，就是在轉譯之前需要有好的基底，你比人家強的就是學知這一塊，所以你才有辦法做轉譯或者提供素材、成果，讓別人做轉譯。

至於在學能部分，這個要更聚焦於敘述、實務面與技術面的操作，也就是對各種產出要有非常強的發想與跨界，而不是只有像學術研究這種解讀與分析能力而已。大家都可以透過各種合作，用各種方式去塑造與呈現，當然這也需要技巧。說實在，要直接從學知轉譯成學能，還要能夠被大家所推崇、喜愛，也不是那麼容易。舉文創商品為例，你看為什麼全臺灣幾乎都一樣，你去過的各種文創市集，從北到南、從西到東，怎麼大家賣的商品都一樣，因為它沒有故事性，不但沒故事性，可能還缺乏好的設計。只有當你都具備這些要素的時候，你才可以創造出很好的商品，但是我們都缺乏這一塊，會設計的他不會講故事，會講故事的他不會設計，所以這怎麼去做跨界的結合，我想這個也是非常重要。還有，現在大家知道市面上比較強銷、比較熱賣的書，都是那些經過轉譯的作品，這些轉譯的作品實際上可能找了另一個寫手來寫，但他也要透過先前的研究，才能把它做成一個更精細、文字更簡練的轉譯，這樣才會受到大家的推崇與注意，這一部分也是我們走專業歷史路線的人應該要去學習與面對的地方。當然，我們也應該放寬心胸，跟

各個學科領域相結合，大家截長補短，因為現今這個世界已不再是單打獨鬥的時代，我們應該就各自的強項來做結合。

　　最後就是這個「學派」的問題，今天你不管講什麼樣的地方學，通常都會被大家詬病說，你這個〇〇學有什麼特色，如果像放煙火一樣，迸裂光芒一下之後就沒有了，這樣要怎麼去做出一個學派。當然我覺得這個學派不是短時間能夠達成的，像宜蘭、臺南、金門這種文化古都，對歷史文化的保存都非常用心，發展至今也都超越百年，他們其實積累了非常多的材料，我想這是一個很好的典範，全臺灣各地之後若有機會都要向這幾個地方學來學習。期待未來大家可以相互學習交流，讓我們歷史學的發展能夠更接地氣，也更能兼顧各種實證與演繹，不管是在整個學知、學能或學派部分，都能夠獲得非常大的一個改善，當然這還是需要大家的群策群力。

歷史田野 · 地方實踐

取徑地方文化—
滾雪球般的教學實踐

莊淑瓊
國立嘉義大學應用歷史學系副教授

對地方的信念

　　個人重覆的日常形成生活模式，眾多人共同存取的生活樣態既是文化的符號表徵，更是其內涵；有因協定認同，也有約定俗成，同中存異異中存同。我把文化簡約描述，也想表達文化有其整體性同質性，也有其差異性多樣性，而文化的形成是不斷的選擇與價值判斷 - 個人的選擇與社會的選擇。我不是生活大師，也許沒辦法說得清楚所有事物運作的道理，但對一般人生活方式的選擇感到好奇，包括他們的信念或無信念，雖然知道基於這種興趣的探究將是無窮無盡無了時。隨著文化的發展，在歷史的洪流中，一干眾人的集體經驗不會僅僅是時間河的流沙，如 Bourdieu 所言，個人行動的習性雖然是「被社會結構結構化」（structured structure），反之同時也會「將社會結構結構化」（structuring structure）。我深信基於文化理解的地方行

動力量是解決眾多地方問題的關鍵，一眾地方問題有解，整個社會的大問題就得到解方。相信這是社區總體營造政策的起始，是地方創生政策的基本假設。我關注地方文化，是興趣，也基於情感，更是教學實踐行動的信念，就是想帶學生從最日常最在地的生活中體察現在，理解過去，分解層層的文化內容，經過思考、辯證、選擇，實踐價值走向未來。當然，這也並不容易。

知識與現實生活的距離

談地方學建構，是熟悉的課題，但我打算跳出這個「主流」，以一個大學教師的日常開始，聊一聊計畫與教學融合的個人經驗，以及學生們在其間的學習需求與歷程。大學老師談計畫毫無懸念會聯想到國科會研究計畫，本文中所稱計畫則泛指非國科會研究計畫之其他產官學合作計畫。我曾在一個校級的會議中，被會議主席質問，「做這些計畫是為了個人？為了系所？還是為了學校？」這在當下有些愕然，但絕對是有意思的起問，值得認真想想做計畫到底所為何來。後來我開始回想自己教學生涯第一個跟地方發展相關的計畫，是為什麼而產生。仔細想來，有些計畫具有里程碑的角色，至少對個人的研究方向而言。

從日常說起吧。前幾天夜半時分仍然挑燈夜戰，這應該也是眾多大學教師的日常。半夜不睡覺，其實是在寫計畫，但是被孩子打斷。在少子化的浪尖上，我對於這個社會勉力做出增加人口的貢獻。是個高中生，跟我大腦開發方向不太一樣的理工直男。他走過來看我還在工作，就問我說「你最近很忙」？我回「是，就是寫計畫」。他說「我想問你幾個問題」，接著就是我們之間的對話。

N：你寫計畫是學校規定你要寫的嗎？

M：沒有，不是，我自己想這麼做。

N：所以你可以自由決定你要不要寫？

M：是啊。出於自由意志。

N：你寫這些計畫，做這些計畫平常很忙？

M：對。

N：你有因做這些計畫賺到比較多的錢嗎？

M：微不足道，計畫主持費很少。

N：你有因此改變你的生活品質嗎？

M：眼下顯然並沒有，而且還降低了生活品質，因為我做這些事情，花在家裡事務的時間變少了，可以照顧你跟照顧爸爸的時間減少，所以很多工作必須要由你們來 share；我們見面的時間、談話的時間也減少，我的休息與休閒都大量減少，甚至嚴重的不足，所以某種程度來說我的生活品質變差。

N：好，那我認為你在走跟資本主義相反的道路。你可以自由進出、你可以自己決定，但你做這些事卻並沒有比較有錢。我算了一下我那個補習班老師，他一個月少不了幾十萬以上，你能力這麼好，一個月卻只有這樣的收入（不知道他什麼時候去 google 大學老師的收入）。你應該可以去教補習班啊。

M：大學老師在外兼職有相應的規範，我不能去教補習班。

N：那你可以 quit your job。

M：不行。

N：賺錢這件事情上面你跟他相去這麼遠，你這麼有能力，產值卻比他低。你為什麼不考慮直接 quit your job 或是做其他的啊？再來呢你又沒有提高生活品質，對於這個 Adam Smith 的資本主義來說，就是要提高產值，而且要連帶的提升生活品質對不對？

M：若是純粹從「所得」面而言，你沒說錯。我的收入是遠比你的補習老師低很多。但我做的是教育，教育是累積社會資本、有長期的外部效益。

N：我補習老師也是做教育啊，他也是累積社會資本。

M：好了，兩點了，你應該要去睡了，你再不去睡我就要考慮重新配置資源，可能會影響到你的零用錢或是什麼的。

N：好吧，我也睏了。

這是我們之前不久的對話。當然也還有後續。

這段對話應會讓許多老師也很有感。教學這麼多年，頗有一些領悟。不做計畫照樣可以好好的教學，只是我們有時並不為任何特定目的而作為，純粹因著一股熱情、一種社會責任的使命感，沒有價格的。在美國當學生時，修社區發展的課，看到許多頹敗沒落即將消失的社區很是震撼，城鄉發展的不均與衍生問題烙印在腦海。回國後因緣際會，與非營利組織的伙伴們因共識與理想走進社區營造，才真正把教學落實在與地方的連結上。從此不僅展開道地的在地生活，親身以社會參與的行動驗證論述，安排校內課程透過教

學帶領學生感受文化驅動，認識社區，瞭解社區意識及認同，在課堂的理論之外，引導學生真切的感受社區的脈動並以行動落實對地方的關懷。

從第一個計畫開始，就跟社區、跟在地產生非常多的連結，等一下要講的就是這些連結如何融入教學，學生如何因著計畫得到更多的刺激，有更多的看見，更多元的學習，超乎所求所想。

問題意識融入課程

必須誠實的說，高中畢業離開家鄉，大學畢業離開臺灣，剛從美國回來的時候，很不喜歡到傳統市場，甚至認為這些市場還能繼續存在簡直不可思議。家裡不遠處有個傳統市場，短短一條路前後不到 400 公尺長的街廓式集市，一條狹窄的道路兩旁佈滿攤商，每天都有大量人潮穿梭在市場內。市場內魚菜肉飾品衣褲家居用品等應有盡有，生氣蓬勃，攤商叫賣聲與各類食物的味道，本來也都是傳統市場的標幟。只是逛市場的人與人間摩肩擦踵，我著實不喜歡那種被陌生人在狹窄環境內無意產生的身體碰撞。但最糟糕的還不在這個過近的社會距離，而是機車充斥整條街道，任意停放或迨速不熄火，大量機車穿梭在滿滿是人的集市內毫不客氣地排放廢氣，客觀上其實是個十分劣質的購物環境。常在想，有些攤商在市場內已經三、四十年，每天吸入的機車排放廢氣量不知對身體造成多麼嚴重的傷害。騎機車進入市場的人，可能對聯合國倡議的零碳排完全無知或無感。我一直放在心裡的問題是：「才 400 公尺不到，走路逛市場有這麼難嗎？」這當然關乎公民素養。從這 400 公尺路段拉出來的傳統市場的經濟、社會以及環境課題後來也成了教學的教材，學生學習看見問題，由生活出發，現地觀察體驗，蒐集資料，提出解決問題的方案，傳統市場成為我們課程內實務操練的標的場域之一。

話說多數的時候，買菜與民生用品我都去大賣場，覺得購物就是要在

商品排放整齊，購物動線清楚明確、購物環境乾淨整潔兼顧空氣品質的地方才能從容採購。初始很排斥進傳統市場，但畢竟是自己的風土，幾年之後也逐漸放寬標準，用老在地的身份與心態走市場，感受老建築的生機、跟老闆聊上兩句人情、在市場內感受人的溫度，雖然這種文化心境總是敵不過市場內失序的交通以及幾乎讓人窒息的廢氣。這一些改變跟我們因計畫的緣由真正進入社區有很大的關聯性，我覺知自己的改變，當然不是屈從於現狀不思批判，而是觀察角度更多元，並且再次驗證個人習性及作為與在地文化相互作用影響。那個時候在縣市地方跑來跑去，跟社區之間有非常多接觸的機會，接庶民生活的地氣，對教師走出校園連結地方有更深的體悟。大學一向是學術發展人才培育的殿堂，若能以專業協助地方解決發展的問題，更能體現大學的社會責任。

回到剛提到地方學的建構，透過計畫我們穿梭於社區間，協力地方社群組織，在社區開授賦能培力課程，也在校內開授相關課程，設計創新方案並進行實作。其實嘉義大學在協力地方治理的實踐歷程起步很早，也一直並未缺席。這每一個計畫的執行，都不斷地累積建構地方的知識系統。只是，不同系院各做各的，常缺乏彼此間的橫向聯繫與整合，一直到學校成立社會責任實踐辦公室，才進一步將跨院系的各類地方相關計畫整合，進行知識間的串流。

應用實作—與地方共享學習資源與成果

過往，除了我等在人文社會相關院系由歷史文化與政策的研究路徑切入，在地方進行問題診斷及社區資源盤點相關，我們也會因應需求邀請其他院系教師協助及參與。地方學的建構，基本上是跨域無齡的。嘉義大學有歷史悠久的農學院與近年來特別受歡迎的獸醫學院。農院眾科系，在協助社區進行景觀風貌、環境改造或食農教育時，常扮演地方智庫的角色，雖然與人

文社會切入的角度不同，關注的重點不一，但同樣在形塑屬於這個地方的文化，建構地方學。

　　舉例，像嘉義的番路鄉柿子產量是非常大的，根據嘉義縣政府文觀局的資料，番路鄉一年水柿的產量高達 3200 公噸以上，佔全國產量七、八成。番路鄉柿子種類很多，開發的商品種類也多，每年為果農帶來數億商機。除了食物之外，柿子在生活上還有什麼用途呢？社區開發各種食物商品外，還做了什麼？他們做柿染，把柿子削下來不要的皮以浸泡發酵的方式做成柿漆柿染的原料。這並不是現代人才懂的方法，而是古人生活的智慧。我們帶學生從歷史與文化觀看中國與日本將柿子做成染液與柿漆的工法及應用，也從工藝視角觀看廣受日本人喜愛的漆器如何在番路鄉下坑社區由工藝匠師產製。我們把來自不同系所的學生帶到柿子園內，讓果農為同學講解柿子的品種、栽種與採收，接著帶同學到農會柿餅工廠看柿子如何在人工與機器的配搭下變身成可口又被認為帶有養生功能的柿餅。但不僅如此，接下來我們安排同學聽社區工藝師解說柿漆與柿染的製作與使用，聽社區規劃師述說他們如何安排從農場到餐桌的觀光遊程、如何使用在地原本被拿來生火烤甕窯雞的龍眼木經過木工裁切做為漆器的胎體，爾後以天然柿漆反覆塗敷製成極具美感的工藝品或食器，再乘裝社區風味餐點，裝飾以國小學童們實作的柿染布簾，秉持社區營造的精神，推動食農教育，推廣社區柿美學工藝，創造旅遊深度，帶入觀光人潮促進消費，以商業模式為地方創生。

　　做柿染液要存置等發酵，發酵後的柿染液其實氣味難聞，帶學生去體驗柿染，社規師都會提醒同學們要面對不受歡迎的氣味。社區表明他們曾從日本進口柿染材料，但價格數倍起跳，為節省成本選擇製程中忍耐，忍一下就過了。刺鼻的氣味激發尋求解決問題的動機，找上生科院生化系就教有否去除異味的方法，接著便是媒合與實驗，而經過柿染體驗的學生們，將成為共同參與者。古人生活有天工開物的智慧，如今的世代有日新月異的科技。地方居民的生活型態、環境資源各異，需求也因此不同，能解決他們問題的

人可以是跨領域科系的專業，但凡進到地方，便是參與生活方式的改變，共同建構與論述地方系統知識，這是我的觀點。

　　在學校裡，教師可以分配到的資源有限，想要突破現狀，帶學生大山大海的去，行走市井巷弄感受地方文化的力量，透過計畫整合資源才有可能。帶學生進入社區，見識自己的生活圈之外的場域，透過五感體驗、理解及同理，並且練習從一般習以為常的生活去思考怎麼樣才能不一般。經過在地工作者解說，學生們才知道番路鄉下坑社區的染布與漆器都不是一開始預設的產出，而是在生活中看到循環經濟的必要與可能。中埔鄉石硦社區紅瓦貓也是，意識到友善環境的必要以及所在山村的困境，為滿山坡檳榔樹的中埔鄉重塑再生美學及產業價值，為檳榔華麗轉身，也為地方開展創生契機。我們期待學生在學時多接受地方文化刺激，透過探索體驗認識在地；為自己建立一套檢視社區的概念架構，甚至是指標系統，學習根據架構進行資源盤點及資料蒐集；培養觀察的敏銳度，操練發展問題意識，鍛鍊提案實作能力，學習創新思考，熟悉團隊合作；懂得尋求連結，開發募集以及整合各界資源，包含政府部門、企業以及非營利組織。

持續滾動的教學實踐

　　與政府社區政策的發展同行，我們由社區營造計畫帶學生走進社區。曾經有一個深度參與的學生，畢業後在地方政府服替代役，部門長官對他一個大學畢業生竟然對社區政策及相關計畫與計畫執行如此熟捻感到意外，該學生在服役期間協助相關業務頗得倚重。事後聽他講述這段奇遇，臉上盡顯光彩。爾後我們從社區走進地方文化館及博物館。文化部地方文化館計畫延續社區總體營造理念分為三期。一期的計畫目標在增加民眾使用文化資源的機會與管道，強化文化參與，整合在地資源，使文化館成為文化活動及產業連結的網絡節點。二期將地方文化館定位成生活圈內提供文化服務的據點及

整合地方文化資源的平臺。三期則是整合博物館及地方文化館,並設定「民眾參與及文化平權」、「促進地方文化資源整體發展」、「推動博物館事業多元發展」、「強化博物館專業功能」、「建立地方文化事業永續經營機制」等政策目標。

隨著逐漸建立的觀察社區的概念架構,學生們參與地方文化館計畫時能更快的理解文化館的形成及被期待的政策角色,能較快速掌握文化館的地方特色,認識館藏、發現館舍困境問題,並參與解方討論。在規劃文化生活圈時,學生們對於圈域劃分的考量,已經會將各區塊人口、生活特性、環境資源、文化設施、無形文化資產、老建築、節慶等元素納入,輔以課堂習得的 GIS 工具,蒐集資料套疊分析。其後於博物館合作計畫歷程中,能以對地方文化館的先備知識,理解博物館系統及在地知識網絡整合的重要性。學生們在國立故宮博物院南部院區實習期間,經實習培訓,由南故宮為核心館所,連結地方文化館或美術館等,參與博物館館內及其與地方文化館主題遊程規劃,並為全國中小學學生到院參觀提供遊程相關服務。

與博物館的合作計畫給學生許多跨領域的養分,我們把人才培育場域從校園延伸至博物館及地方,跨越地理的疆界;認識文物的過去與現在,生產及修復,隨文物跨越時代的分界;以博雅通識的視野,將博物館學習與實地訓練的機會開放給各領域的學生,激盪創發,跨越學用的框架。透過校內開授通識課程讓全校所有系所的學生都有機會參與,同時得到學校與博物館的學習資源。修課學生通過課程考核後得申請實習,實習學生多為歷史系、中文系、視覺藝術系的學生,也有獸醫系、木質材料與設計系、數位設計系、行銷系學生等。該計畫有系統地引導學生認識文化資產及其維護,也透過社區營造,讓計畫參與學生理解地方文化的獨特性與多元性,連結博物館與社區產業,製造共榮情感,思考文化產業的在地方創新。

社區參與是博物館教育的重要助力,青年學生參與社區,與社區形成

伙伴關係，為博物館與社區的共榮發展融入青年觀點與視野。博物館也是公共與社區的空間，對社區的助益包括能吸引遊客增加地方社區經濟收益、透過參觀展示與各類教育活動可提高居民生活與休憩品質，甚至可藉此凝聚社區向心力，促進社會文化的理解與和諧。而地方及社區則不僅能透過人力與組織資源提供義工及各類服務，並能延展故宮博物館學習場域，促進青年學生對在地特有文史的認識與關懷，進一步成為青年在地參與的行動所在，加乘博物館教育的推廣。透過文化探索，以青年學生的跨域專長、創意及熱情在地行動。

　　應用歷史系的學生們基於自身的史學知識，加上對社區事物的認識與對地方文化特色的掌握，已能整合資源規劃遊程並安排導覽解說，以文化為介接，目前正定點為全國青年提供地方深度走讀服務。而我們也將此成果回饋融入校內認識在地的嘉義巡禮課程。與此同時，也有學生在教師的鼓勵與支持下，爭取擔任故宮校園大使，號召本系與跨系學生組成團隊，帶全校師生走進歷史江南書畫翰墨空間，同時策辦當代茶文化時尚與藝術饗宴，並安排體驗嘉義在地懸絲偶戲地方美學。以行動博物館的概念成功結合在地文化實踐推廣。

　　透過教學，我們一直在培養學生對地方的關懷意識與社會實踐力，引導讀歷史的同學學習將課本的內容知識轉化為行動知識。在這個過程中，我們持續想方設法激發學生的好奇心，讓他們直視自己的直覺，不斷刷新對社區的認知，願意接受更多挑戰，思考創新、可以合作與競爭，能夠評估及反思。我們期待這樣的學習歷程不僅幫助學生自我成長，在文化的路徑上，既能因此驅動地方創生永續發展，也在校內建立另款典範教學模式，透過教育履行大學社會責任。

歷史田野 · 地方實踐

從大園到大溪：
地方學實作教我們的事

皮國立

國立中央大學歷史研究所副教授兼所長

　　各位讀者朋友大家好，我今天給大家帶來的講題是「從大園到大溪：地方學實作教我們的事」。其實今天談這樣的講題，個人是感到誠惶誠恐的，因為我可以和大家坦白，我是研究生命醫療史和疾病史的學者，我的探討對象是歷史上的病毒、細菌，以及感覺史，包括虛弱、陽痿、腎虧的身體感，並關心一些中西結合、中西匯通方面的歷史，其實跟所謂的「地方學」都沒有什麼關係。然後，我的老師輩們，包括我修過的課，例如呂實強、李國祁、管東貴、王爾敏、呂芳上等恩師傳授給我的知識，令我受益無窮，那一代的學者做學問的功夫都相當扎實，不過，他們都沒有教我這些工作該如何進行，更不可能去敦促我思索「史學」實際操作與應用的問題。所以，我其實是抱著謙虛和學習的心態來進行這些工作，如果我們談「應用」卻依舊把自己鎖在學術象牙塔內，不肯出去外面的世界闖一闖，那麼「史學」這門學問

的生機何在？這幾年我都一直在反思這件事。以下所談的內容，不敢說有什麼了不起的高深學問，但至少可以把這幾年的學習心得和讀者們報告一下。

這幾年，大約從 2020 年到 2023 年，當然都要感謝本書的另一位主編楊善堯教授，他一直「陷害」我做這些事情，其實沒什麼錢，又要一直出去跑田野、曬太陽，非常辛苦，有機會再和大家匯報，箇中酸甜苦辣難以用有限的筆墨來形容。楊教授創立了一個「喆閎人文工作室」，去承接一些政府的文史調查案，我們兩人都是正統歷史系所出身，所以就運用歷史學的方法，實際應用到解決文史調查中所遇到的困難，並完成公、私部門的各種要求，這大概是這幾年我所經歷的「史學玩應用」。從 2020 年開始，我們一開始就是關注國家航空城的文化記憶、歷史保存問題，然後中間有做一些小案子，例如大園地區的「杵尾仔古井列冊追蹤案」，還有兩個航空城的相關計畫，我們在這個幾年內總共寫了 600 筆國文庫的資料，還成功舉辦 2022年桃園學研討會，會後並順利出版論文集。另外，就是大溪耆老的口述訪談，我在這篇文章中也會略作交代。本文主要就是希望把一些經驗跟方法和大家介紹，如果大家以後在操作地方學田野調查、口述歷史或實際撰寫文字時，都可以從這篇將實際經驗化成文字的應用方法內，吸取一些經驗。至於其他進行的一些研究案，我已在導言中交代，此處就不展開。

首先就是圍繞著航空城為核心的各種計畫。其實，我對航空城一開始真的不了解，就覺得是一個口號叫「航空城」，它位於桃園的大園區，但因為這個「城」還沒建起來，所以一開始外地人並不關心。前桃園市長鄭文燦下對航空城計畫非常重視，不過他離開以前，航空城都還沒完全拆遷，當然也就還沒有建好。航空城從 2009 年就已經有國際機場的發展條例，簡單的就是說要把臺灣的國際機場擴大，像讀者若有到過香港的赤臘角機場，那個腹地之大，大到如果你走錯登機口，那可真是要叫人坐車載你過去另外一邊搭機。臺灣為了發展經濟和轉口貿易，必須要擴建機場和跑道，進行全面規劃。而臺灣在整個東亞地區，不論是到日本、韓國或到中國大陸、香港等地，

其實都很近，兩個半小時以內都能夠抵達，所以臺灣擁有得天獨厚的優勢，但是我們機場範圍狹窄，人群和貨物的吞吐量不夠，所以必須重新思考，加以規劃和建設。2011 年，行政院核定「機場綱要計畫」，到 2012 年正式宣布啟動航空城計畫，準備運用都市計畫的方式來調整機場周邊的土地利用，簡單的說就是請當地的民眾先離開，移除劃定區域內的地上建物，以進行新的第三跑道、航廈並重建周邊之商業、居住設施，構想就是這麼簡單。但是其困難點就在，民主國家要叫人民離開他居住的地方，是一件非常困難的事情，所以 2023 年初已啟動拆遷，現在 (2024) 如果大家到航空城的區域內，已經可以看到很多人都離開了，整個區域就是一片很空蕩、荒涼的景象。

一同參加第二屆「史學玩應用」論壇的李立劭導演，他也在這塊區域拍了一部紀錄片《記憶家園》，紀錄這整個航空城的文化，李導演是運用影像來紀錄的，是一件非常棒的事，不同專長的人，都來到這塊區域，貢獻他的心力，我想人文歷史學者能做的，也就是努力幫在地人保存歷史和記憶吧。航空城區域內的建物將陸續在 2024 年拆遷完畢，但我覺得應該會拖一點時間，可能要到 2025 年才可能會搬完。回到最初，其實桃園市政府都會辦理各種航空城區段徵收計畫的相關說明會，簡單的說大概有一萬兩千戶家庭必須離開他們居住的地方，到別的地方生活，我知道有些住戶就搬遷至鄰近的觀音區或新屋區。然而，他們的歲月、他們的歷史，就因此而斷裂了。若從地圖上來看，桃園航空城位於臺灣北部、桃園市的北側，靠近臺灣海峽的一大片長條形土地，未來都將成為第三跑道的範圍，其他區域，也會被相繼開發為航空產業區、經貿展覽園區、生活機能區等小區塊，而在拆遷範圍內的國小、國中和宗教設施（宮廟、道壇、佛寺），未來全部都會拆除，他們可能會往南邊移，南邊有一個很重要的區塊，稱為「前桃園空軍基地」（後來成為桃園海軍基地），這一塊基地裡頭，未來就會有很多生活區跟宗教區在內，不過 2023 年 5 月時，一度有政治人物表明要重建空軍基地，以因應兩岸緊張的情勢，不過我個人認為是不可能的，已經決定好的事，改來改去，

況且已有不少在地居民因航空城計畫而搬遷，若要轉成軍事用途，不知又要掀起多少政治波瀾，這些政策的問題，我們暫時不探討。

　　桃園市政府文化局很有心，當時就提出一些計畫，希望找學者去把當地民眾的故事，和當地的一些歷史好好的書寫出來，當時的文化局局長莊秀美其實就是大園人，她的先生也是桃園市在地很有名的邱垂貞前立委。所以我們去報告要承接案子時，莊局長就非常犀利的詢問很多問題。而對我來說，其實到 2020 年才第一次走到那種政府標案的場合，我以前從來沒有經歷過。當時，莊局長就是主持人，她就是一副你們到底了不了解航空城這裡面的人？他們經歷了什麼事？他們從桃園國際機場在蓋的時候就已經被迫遷徙過一次，國家對他們很不公平，現在要請你們來把他們的故事寫出來。那當下，壓力突然變得很大，因為我不是在隨便寫一個故事，把註腳弄一弄，提出創見就好；我即將乘載的是要把他們的歷史留下來的那種壓力，而審查人可能不只是專家、文化局官員而已，還有幾萬名在地群眾，都會瞪大眼睛看著你如何書寫他們的故事。好吧，我們就這樣開始做這個計畫，後來我們出了一本書，讀者有空可以參看，書名叫做《憶載航空城》(2022)，裡面匯集了我們蒐集的故事和田野調查的成果，這是一段很不容易的過程；出書前沒有人理你在做什麼，書一出版，就會有在地人士跳出來說：「你們為什麼沒寫到我？」我覺得不能這樣指責歷史學者，哪有一本著作可以面面俱到？應該是請公部門支持專業學者再去書寫第二本才對。當然，可以理解在地人士的心情，他們也很熱情的期待自己的歷史定位和記憶保留，既然如此，史學的應用價值就出現了，它是被需要的，只是平常沒有人把它引導出來而已。

　　大家有空可以去看看現場，或至少在網路上搜尋一些圖片、影片，看看航空城搬遷的樣子，就會感到相當震撼。空蕩蕩的房子，冷清的街道，一度被堆滿家具和廢棄物的走廊，花了許久的時間才能清運乾淨。居民們正在搬遷或已經搬遷，物品、回憶正在流失，當史學家踏進這樣的場域，將如何

我在大園區沙崙里沙崙魚池旁進行田調的情況

開始你的寫作、紀錄工作？我們剛進到一個場域、走入地方，首先就是要看地方志，那一本本縣市誌、鄉、鎮、區誌等資料，都是我們的基本素材，現在甚至許多史家認為傳統的「地方誌」應該算是「史料」，可謂呼應的它在實際應用上的價值。不過，拆遷民眾的故事，幾乎都不會出現在地方誌內，因為普通住民的故事通常不會被寫進地方誌內；地方誌通常是把在地資料整理後，將把系統化地書寫出來，包括每個地方最重要的政事、經濟、族群、宗教等等分項，而一般方志都有人物誌或人物篇，但這類文章也很少有記載小人物的故事，而這也是航空城相關文史調查案最難處理的地方。桃園市政府文化局希望我們去做的，不是去抄錄舊有《大園鄉誌》內的故事，所以方志用處不大，因為你要寫的是在地普通人的故事。

我們當時就想說，要怎麼寫這些故事呢？資料在哪裡？歷史學者的「應用史學」實踐，就是丟了一個工作給你，你要把裡面的歷史脈絡通通整理出

來。我們一開始就想到官方資料，這是我們以前可能被訓練最多的地方，包括檔案、公文、國史館、臺灣文獻館、國家發展委員會檔案管理局內有沒有相關的檔案？新聞局、官方照片有沒有？各類的函件公告有沒有？結果我們蒐集到一些檔案和資料，要進行報告的時候，就被文化局局長「打槍」，她說這些都是官方的資料，這部分應該要減少；我可以理解局長的意思，就是逼迫在地小老百姓搬遷的人都是這些官員，他們的檔案和資料，是沒有真正血肉和溫度的，到底有沒有小老百姓的聲音值得被記錄？那些在地民眾的聲音，你們為什麼沒有去注意一下？這下可好，接下書寫的國家記憶庫素材和地方學專書，都要強調這個部分，那麼，該怎麼辦呢？

　　第一個最直接的方法，當然就是口述訪談，直接去採集在地人的故事。因為我們沒有檔案、沒有資料，所以你一定要去做大量的口述訪談，創造你的資料，不然你不知道故事要從哪裡來；第二個就是影音記錄，不過這個我們就沒有做，因為文化局需要更專業的，如果我們去拍攝，我覺得不夠專業，像李立劭導演是專門做影音記錄的，就有他的專業性，所以我們這個部分沒有特別做，只有拍一些照片。做什麼就要像什麼，我們會認為歷史學者可以發展影像敘事或拍紀錄片，但那有些不切實際，不是修了幾堂課就會拍紀錄片，要達到專業並非一朝一夕之功，所以我就曾呼籲，要發展影視的應用史學，必須要專任的師資、多樣性的課程與檢覈成果的方式，歷史學者才能真正「出師」，以現有國內各大學歷史系所的師資而論，不可能做到這一點。再來，就是老照片的蒐集，當時文化局希望我們去找民眾的老照片，我覺得很困難，你跟一位陌生在地民眾說，請他把珍貴的老照片交出來，而又不能給他任何酬勞，這件事本身就很困難。他會覺得你另有所圖，或者會將照片拿去進行不法的勾當，畢竟老照片還是牽涉個人或家人隱私的；更何況，以前的人照片也很少，你現在和一般人說，請他拿出他阿公、阿嬤那一代的照片，他就覺得你很奇怪，而且我們也沒有錢去蒐購，那麼只有一個辦法，就是要去和當地民眾搏感情，到最後才請他提供老照片，請注意，「搏感情」

本身就是一件耗時耗力的工作，一般躲在研究室寫作的學者是不會去進行的，可是你接下這工作，為了生產出底層民眾的知識，就要「上山下鄉」，勤跑基層。就算要到老照片，也還有一個大問題，大家看過很多老照片對不對？眾多老照片冊、老照片的展覽，其實你根本都不知道那些老照片裡面在講什麼，只感覺它很有歷史感；它底下通常有一個標題，其實你根本不知道裡面的故事，你拿了一張老照片去問那個老照片的擁有者，他自己有時都講不出來，大部分是這樣子的狀況，所以你必須選出有故事的照片來寫，這是一件非常困難的事，我們當時就是去收很多老照片，然後試著將小人物的故事寫出來。

再來就是要蒐集各種廟誌或廟宇的慶典紀念冊，還有在地各級學校所出版的紀念冊或校慶專刊，要探究地方史，要從教育單位的出版品或是從廟宇的歷史中，得到一些有用的地方史知識，所以這部分的文件資料我們都會

我們團隊在大園區後厝里的一間麵包店進行訪談時，
麵包店老闆楊詠盛先生拿出的珍藏的老照片並與我們逐張說明照片背後的故事。

去搜。再來就是不屬於地方的資料庫，或者是報紙資料庫有時候也可以找到一些有用的資訊，比如說我們用臺灣智慧新聞網或各種報紙資料庫，鍵入「大園」、「機場」等關鍵字，接著將所有找到的新聞都瀏覽一次，大概可以發現，當地能夠登上全國新聞版面的，大概就是幾個重大事件，一個就是航空新聞，包括大園空難或機場建設前後所發生的事件，都可以找到相關報導。再來就是汙染，因為大園有一個特殊工業區，北邊有林口火力發電廠，北風一吹，整個大園、觀音一帶全部都是 pm2.5，植物全部死掉，這些都會登上新聞，那這個東西可以寫。你就要開始去收集資料，把你的收集資料的觸手抓出去，去慢慢抓資料。

　　有關地方訪談的經驗，也可以跟讀者分享，我們談到口述歷史，現在方法論的文章或專書非常多，但其實我讀大學那個年代並沒有經過什麼口述歷史訓練，我以前讀書的時候是沒有教口述歷史的，當時很多教授（其實現在也一樣）都認為口述歷史不具「學術性」，而「學術性不足」一語，常常是排除異己或不同學派的好辦法，抱持這樣心態的學者，做不出接地氣研究，也無法深入底層社會生活，還是好好活在雲端就好。我曾在 2016 年發表一篇文章，我就有跟同學分享，用口述歷史寫一篇文章，寫蔣介石跟他的兒子蔣經國身邊的侍從人員怎麼看他們，寫出來以後那個評審意見真是兩極化，第一篇評論說這篇切入視角非常好，從來沒有人用口述歷史來建構如此看待歷史人物之觀點，大家對所謂「偉人」的認識，完全是跟我們過去史料上看到的不一樣。另外一位審查人則說，主要用口述歷史來寫一篇文章，是值得懷疑的，也就是說，口述歷史資料不足以成為歷史，所以一篇同意刊登、一篇則認為應該退稿，幸好主編大發慈悲，然後送第三審的時候說可以刊登，最後也順利刊出來。所以，其中一位委員是很不認同口述歷史的，真實性值得懷疑，那都是口述者自己講的。但是，如果你研究地方史，若拋棄口述歷史這個辦法，你幾乎不能做，因為沒有史料。

　　另外，我們在當地其實訪談大部分是老人，我覺得和老人溝通，需要

更多耐心；你要跟他交心，要叫他把資料拿出來、故事說出來，有一定的難度。和一位在地老人講，我們現在要幫你做「口述歷史」，他幾乎聽不懂，什麼叫「口述歷史」？我回應說，就是說講你的歷史。老人傻笑著說，我怎麼會有歷史，秦始皇、漢武帝有歷史，我沒有歷史。那怎麼辦呢？就說請你「講故事」，這樣他就聽懂了，一通百通。而有些老人也不太會講故事，就是陳述他一輩子都在努力工作，從早到晚，工作滿 40 年就退休。一下話斷了接不上去，主訪者就要開始引導他，那接下來就怎麼樣、怎麼樣，擬一些在地的話題和他聊，當然，你可以運用是先擬好的「問題訪綱」來操作，不過，若一次要訪談多位老人，則效果比較差，而且底層的人物和所謂幫大人物做口述訪談完全不同，底層又加高齡，很多連訪綱都不會仔細看，端看主訪者的臨場反應。透過這樣的過程，我學到一個很重要的經驗，其實我覺得歷史系的學生不是只要訓練找資料，他還要學著跟人家溝通，我覺得很多歷史系的學生反而是不太善於講話或問一個好的問題，我們過去的訓練，就是你就乖乖蹲在檔案館、圖書館給我坐一整天，好好讀書讀檔案，寫出一篇像樣的文章；可是當我們沒有訓練歷史系的學生去跟人家接觸的時候，你接觸人家、和人家對話的時候，甚至受訪者有時候會罵你，你要怎麼樣去回應他？或者是你要怎麼樣去把受訪者有限的資料給挖掘出來？其實這是很難的，要透過訓練和實際操作，簡單說就是多操作訪問，多訪問就會累積很多經驗，很難用讀文章或看書的方式自學，要走出去和人接觸，方為得到應用史學方法之捷徑。

　　關於訪談的行前準備，簡單的說就是你也要認識一下當地的一些狀況，包括地理環境，還有一些重要的教育單位，大事記、著名人物、景點聚落，對這些問題有一個基本了解後，你才能去擬一個好的問題大綱，能夠問到核心的重點，以助你可以迅速完成後端的寫作。而且，每一位地方人士可能根據你的問題大綱，他會講出不一樣的故事，你還要再順著他的回應再去問其他相關的問題，這個是要在多次訪談中才會獲得的「能力」，我覺得這些是

歷史系學生可以多訓練的基本功。最後就是調整心態，你可能會被罵、可能得不到東西；可能你訪問了一整天都沒有什麼成果，要知道這不是對「大人物」的訪談，民眾並沒有自覺他一定要被寫入歷史，所以他可能會直接拒絕你或給你臉色看，這些都不是操作「大人物」訪談所能學到的經驗。此外，認識在地人或是熟悉當地的人物關係，非常重要，當地耆老一位牽一位，一位介紹一位，這樣訪談成效就會出來，所以我覺得這些都是花時間的事；你要去跟當地的人搏感情，常常出現在他們的生活中，讓他們感到熟悉。或是避免他們負面的口耳相傳，說這些訪談的人很討厭、不專業，所以在地方接觸人、事、物時，在口語、禮數上務必周到一些。我們在地方調查的時候，在地的里長看到我們，就會跑去和文化局（官方）的人員說，那個誰誰誰、什麼團隊的教授都有來走動，他們真的「都有在做事」。這個跟選舉就很像，平常你都沒有出現，選舉的時候「要選票」對不對？門兒都沒有。地方農村感情緊密，消息互通迅速，所以好事壞事都能傳得很快，要多加留意，這樣才能更順利地的把資料蒐集起來。

　　接下來的技巧，就是複製相同的經驗。有些地方居民不願意講，你就可以引導、試探性的回應，很多前面的人已經講過了某些事了，您可以補充一下嗎？那前面的人都講過了，甚至他們還認識，於是這位惜話如金的受訪者就打開話匣子，侃侃而談了。可以利用先前受訪者提供的資訊，因為你在訪談過程中，也越來越了解這個地方，你又可以藉由別人的話或已熟知的地方知識繼續問他，就可以問到更多資訊，重複的事情就不用再問了。最後就是認識熟識的店家很重要，一些在地有名的店，通常很了解附近的狀況，或是透過里長、里幹事、社區發展協會等在地相關人士，再認識、拜訪當地得耆老；或者是直接到他們聚集的地方去訪談他們，我覺得都能學到很多。我也是後來才發現，以前都沒有注意到，透過這幾次的訪談，我才發現老年男性和老年女性是會分開來聚集的，老年的兩性，通常不會聚集在一起聊天喝茶，老年男性會在一起聊天、賭博、練肖話；老年女性則會聚集在一起討論家務，有時抱怨一下家人，總之感覺就是不太一樣，所以我們就分批去大

量的進行訪談,再看哪些人覺得可以深入訪談。

　　像是我們到大園區海口里,就在當時海口里鄭清木里長的引介下到了一個大樹底下蓋的鐵皮屋,我們的團隊跟公所的人,就請當地老人全部出來,而這個地方聚集的就是以老年女性居多。然後,團隊就一位一位訪問,請她們把照片拿出來,這是件很困難的事,一定要準備一些伴手禮,我們就是準備蛋糕餐盒,老人們知道接受訪談可以拿到蛋糕,大家就逐漸聚集過來了;而團隊既然花了一些經費,當然也要多做一點事,由於這些老人都是在地人,家就在附近,所以我們就請她們去把老照片或資料拿過來,我們當場訪談,重要資料或照片則立刻予以掃描,因為你若要把老照片或史料「借回去」,不是那麼容易,當場處理,老人們也比較安心。在這樣的過程中,你可能要多去幾次跟他們搏感情,不然要問到有意義、有趣的故事,真是不容易。而這個地方是老年女性聚集的地方,有意思的是老年男性也會突然出現,就是來找他們的老婆,回家煮飯,聽說接受訪談有蛋糕可以拿,於是碰

我在大園區海口里樹仔腳鐵皮屋(現已拆除)進行耆老訪談

巧就走過來、碰巧就接受訪談，如此一來，口述訪談人物和故事就會非常豐富，逐漸倒吃甘蔗、事半功倍了。

　　再來就是講幾個失敗的例子，當然就是田野時遇到的挫折。第一個就是訪談當地的老照相館，因為當時要老照片作為詮釋工具，這個做地方政府標案最痛苦的就是你要符合標規，我們接的標案，就是要你的每一個故事都要配一張照片，於是就要去收集大量的老照片。當時我們就想，老照片一定是照相館最多，我們就去辦訪在地照相館，結果年輕一代的店主說，爸爸過世以後所有的老照片都丟掉了，什麼都沒有剩；很遺憾的，這個照相館就是即使它歷史悠久，你也收不到老照片，當然也有可能他沒有去找，但也很難去強迫或質疑人家，蒐集資料有時是運氣問題。另外一個例子是，我們跟中原大學合作，找了非常多的學生一起去當地進行訪談，把在地居民的聲音收集起來，因為國家文化記憶庫可以有聲音資材，可是學生做的沒有很成功，我們可以理解，因為你叫學生單獨去跟一位在地陌生人訪談，「請你訴說自己或在地的歷史」，這個問題其實是很困難的，學生不知道要找誰，找到的老人，有時溝通又沒有共通話語，訪談就會變得很困難。所以，我們當時就是幫學生媒合，直接到當地里民活動中心（或長照關懷據點）讓他們去訪談老人，很多學生若不經由這個方式前往，失敗的案例就非常多，學生到最後連基本訪談都沒有完成，因為如果訪談不到什麼內容，必須要有完整的資訊才能書寫，不然沒辦法，零碎資訊難成歷史文章。

　　另外我們做個一個應用史學小案子，也非常有意思。就是當時接到一件委託的小案子，說是在前大園空軍基地內有一口小井，這口井是怎麼來的？它有沒有文資的價值？要去把它寫出來，並賦予故事性。原來提報的民眾說它是一口清代的井，但沒有任何證據，他說是清代就是清代，怎麼證明它「是或是不是」清代的井？成了這個案子的大考驗。我先找了一些探討古井的書籍，稍微比對一下，有了一些材質和型制的概念後，接著就開始丈量井的大小、深淺等等資訊，就差沒有跳下去而已。這口井旁邊都是鵝軟石，

旁邊石頭上面糊著水泥。我觀察到，八德區有一口葉家古井，也具有百年歷史，跟這口井有點像，可能是清代的。但基地內的這口井很大，我又看到臺南的一些建材相同的古井，臺南的井很少用鵝卵石當建材，多用磚頭，所以一對照就發現不對，施工方法對不上。位於大園區的這口井很大，但當地清代的井都很小，屬於民用，所以和基地內的這口大井絕對不一樣，我們開始對它的年代和用途產生了各種懷疑，那怎麼辦呢？還是需要驗證。於是我們團隊就用 GIS 的臺灣古地圖系統來進行不同年代套疊之比對，日治時期這口井的位置叫杵尾仔，旁邊就有一個大埤塘。問題來了，一個埤塘旁邊有一口井，周邊都是農田，這樣合理嗎？理應不太合理，如果井是用於灌溉，旁邊都是農田，沒有民居，竟然埤塘旁邊還有一口井，是不合理的，所以我覺得事有蹊蹺。於是再套疊其他的年代不同的地圖，大概到了 1920 年，一就是埤塘旁邊有一口超大的井，還是不合理。而且日治時期的地圖上，「井」會用特別的符號標記出來，但幾份地圖上都沒有標記，顯見當時並沒有這口井存在；而調閱當時地籍資料，基地在興建徵收時，土地擁有者在補償清冊上也沒有「井」需要補償（戰後徵收一口井補助 300 元，需要造冊），於是證實了，即便在日治時期，這口井也是不存在的。

我在前空軍桃園基地內的杵尾仔古井進行田野調查

　　不過，線索也停留在這，因為我們翻了戰後國軍徵收該地的檔案與地圖，仍未看到這口井，那它到底何時才佇立於該處？正當「案情」陷入膠著時，線索往往在其他地方出現轉機。當時我們正好在訪談曾在基地工作的維修中隊王閩雄中隊長，就是在基地擔任後勤工作的，我們拿古井的照片給他看，他說那口井就是他們舊營房旁邊的井，是用來洗黑貓中隊 U2 偵查機的水井，於是綜合前述資料的判斷，我們證實了這口井不是清代建構的，是戰後才出現的水井，所以即便是在地人提報的文化資產，年代也可能是錯誤的，這些都要靠史家以史學應用之各種技巧來加以解惑，真相方得撥雲見日。不過小插曲是，若是這口井不是清代而是戰後的，那麼它還有文資價值必須列冊管理嗎？幸好，我們在與文化局文資科商議後，認為這口井既然是用來為黑貓中隊 U2 偵查機洗滌之設施，則應該繼續與以列冊保護，未來航空城即便拆遷萬千房舍，這口井依舊會留下來，見證該地曾經發生的歷史。撰寫這份結案和另一份當地的調查報告「桃園市大園區沙崙陣地列冊追蹤案

我們團隊在大溪普濟堂訪談與調查藥籤

我們團隊與大溪高中合作舉辦的《溪醫：捕捉大溪傳統醫藥從業人員的身影》新書發表會

建物基礎調查研究」，都學到非常多細節，因為審查人不是歷史背景，他們認為歷史學者寫的東西都很像學術論文，但文資評估報告重視的不是研究，而是評估，要把文資法拿出來看，合不合歷史建物？還是歷史景觀？這都啟發了我想到「史學文字」要往應用呈現來進行思考，就必須改變只重視論文形式之書寫，研究不能只有單一形式，必須思索轉而和公、私部門合作，甚至是跨領域協同，共同完成目標，才能將史學應用的價值予以擴張，這也是個人邊做邊學所得到的小小經驗。

最後講大溪的田調和訪談經驗，由於時間限制，大部分的內容我們已經出版成了《溪醫：捕捉大溪傳統醫藥從業人員的身影》一書，就不在本文談太多內容。這個案子，我們訪談了很多人物，大溪最主要的田調經驗，就是去訪談這些老藥房的時候，我們順道搜了很多醫書資料。因為訪談的對象主要是老藥房和宮廟，他們有很多老的醫書或藥籤，就必須加以注意並蒐集。個人認為，在做田野調查、口述訪談的時候，各種家譜資料、醫書、藥籤，或受訪者家中所藏的文獻資料，都可以一起收，主要是運用掃描或拍照，

原件還可以還給主人，比較不會引起受訪者不必要的戒心；這些資料不一定馬上用得著，但以後會有很多幫助，可以做很多事。例如，弘記藥房的徐金川老先生，就保存著他父親徐堯讓在日治時期學習中醫的醫書；這些醫書很多都是清代出版的，代表當時日治時期漢醫的學習資源仍依靠清代出版的各類醫書。

另外，我們在訪談時也經歷慘痛的經驗，我們訪談一間大溪西藥房，但是這一篇卻沒有放在我們的書裡面，為什麼呢？因為該位受訪者講得又精采又生動，她講了不少藥商怎麼樣招待各地藥房店主出國玩的故事，回饋給他們很多錢，她看了逐字稿以後大發脾氣，說這個不能寫，寫出來會害她被告，堅持不能刊出來，還把我們臭罵一頓，於是這篇就作廢了，我們雖然有強調這只是逐字稿，可以拿掉她認為不適宜的部分，但她還是堅持不願意刊出，一翻兩瞪眼，天要下雨，無法可管，只好認栽。

最後則是談一下大溪普濟堂的訪談故事，這是大溪最有名的廟宇之一，它廟裡面就有藥籤，這是我最感興趣的，後來我們把這些藥籤掃描以後，並書寫介紹文字，普濟堂廟方卻說這樣有危險。總幹事表示，我把藥籤拿給你們看，你們出書了，結果人家衛生局來查我這廟中的藥籤，最後藥籤被沒收，那要怎麼辦？所以堅持不肯刊出，後來到最後，我是去臺北大龍峒保安宮內去拍保生大帝的藥籤，告訴他，保安宮內的藥籤是公開拿出來放的，還印成一本給信眾參考，廟方並無開藥行為，那屬於信仰範疇，衛生單位不可能干涉，普濟堂的總幹事聽了以後才說可以刊出，所以不管是田野調查或口述訪談，都會遇到許多突發的狀況，必須靠溝通協調來化解歧見，我想這些也是史家的技藝吧。正是世事洞明皆學問，人情練達即文章，只會寫學術論文，是不可能學會應用的；這個時代的史學家要走出去，面向社會和人群，才有可能將史學推向應用層次，而對我們所處的社會和時代產生真實之貢獻。

新北市新莊區土地公廟田野調查：
課程教學與實務分享

許毓良

天主教輔仁大學歷史學系教授

　　我要分享主題是我在輔仁大學進修部十五年的史學方法教學經驗，最主要內容是土地公廟的田野調查，我想把教學心得，還有教學成果，透過本文跟大家一起分享。

　　我是 96 學年度，就是 2007 年的時候來到輔大進修部任教直到今天，除了第一個學年度，96 學年度，史學方法課程沒有要求同學進行土地公廟的田野調查之外，從第二個學年—97 學年度，也就是 2008 年直到今年，差不多有 14、15 年時間，累積了大概十幾年教學成果。史學方法課程當中，對於淡水河西側、大漢溪西側重要的土地公廟，特別是之前為臺北縣，現在為新北市，人口分布重要的行政區，進行土地公廟的田野調查。第一個必定是新莊，因為輔仁大學就在新莊，而且新莊在整個淡水河流域的開發史過程中，就是很重要的一個聚落，也是一個河港，所以第一個當然先選擇新莊。

第二個是三重，完成之後就是蘆洲，這是配合捷運路線的安排，2010 年蘆洲線先行開通，之後新莊線也開通。因此新莊、三重、蘆洲發展可以連成一氣。這三個行政區完成之後，大概從四、五年前到今年，———學年度進行泰山與樹林田野調查，因為泰山與樹林兩個行政區都跟新莊連在一起，等於說這五個行政區，也就是淡水河西側最重要的五個行政區，都串連在一起了。課程進行超過 13 年、14 年，這算是一個長時期的觀察。

　　我在教學上面的動機，要先報告一下。史學方法大部分的課程，我想在其他的學校應該都是同樣操作，像我以前在中興大學歷史系的時候也是如此。開課老師都會要求同學們，在這個學年度要寫一篇合乎學術規範的文章。它是史學方法訓練的基本工，可是我在進修部歷史系任教，對於進修部同學來說，傳統史學方法要求，不一定適合開課的需要。因為大部分進修部的同學，白天都在上班工作，所以晚上在校園的時間很少，差不多只有二至四小時。所以用另外一種方法，也是所謂的分組，透過分組的方式，讓教學上有不同成果的展現。

　　再者是課程特色，因為我本身是臺灣史研究專攻，所以我想發揮自己的專業，再配合開課的需要。這就成為史學方法課程中，頗算是特色的內容。再加上土地公廟的田野調查，史方訓練是借鏡社會科學，特別是人類學的理論。我把如此理論套用在田野調查，成為史學方法上課主要內容。我想不管從老師，或者是學生立場而言，都算是一種嘗試。但最重要的還是區域變遷，我們把眼光放大一下，新北市區域變遷有一個重要的問題點，它讓新莊土地公廟田野調查，成為史學方法的授課內容有意義的事情。其實 15 年前我已經預想到，捷運會帶來一些改變。也就是說淡水河西側的區域社會，一定會造成很大的變化。值得注意到底是什麼改變呢？我們看一下過去、現在與未來，新莊會有四、五條捷運路線，這都是規劃當中。新莊線、蘆洲線、機場線與環狀線已經通車，它所帶來的結果，是外移人口增加，還有產業結構改變。它對於區域社會發展會造成很大的衝擊，更何況再加上捷運萬大線，大

概五年之後通車，它的前半段已經快要做好了，從植物園到土城，數年後就會從土城到達新莊迴龍。新莊出現這麼多新的交通路線，必定對區域社會造成影響，再加上行政區調整，從臺北縣升格為臺北市，地方政府的年度預算一定增加。它變成直轄市，年度預算增加之後，下轄行政區的區域規劃一定比臺北縣時期更具規模。在這具有規模的計畫中，我想從都市計畫—新造鎮就可以很清楚看到。

新莊大致上有三個重要的新造鎮區域—新莊副都心、頭前重劃區、（輔大鄰近）塭仔圳重劃區。民間宗教信仰在過程中也有改變。所以 15 年前我剛進輔大專任時，對於史學方法開課設計，其實就有預想 15 年之後地方發展的一些變化。我也可以拿昔日照片，也就是 15 年前我拍攝的照片，或者我要求同學們田野調查拍攝的照片，比對現在土地公廟民間信仰發展就很不一樣了。

今天的專題針對新莊，至於三重、蘆洲、泰山、樹林區的田野調查教學，我想日後有機會的話再報告。新莊土地公廟的田野調查以九年的時間完成。九年當中完成這個 49 座祠廟（有重複或陰廟），這當中有一座是神壇。過程中也有一些沒有注意到的細節，所謂沒有注意到細節，就是土地公廟選擇對象，刻板想法都認為是一件很簡單事情。反正主神就是土地公，本廟就是土地公廟。當然我在開課過程當中，我也是直線條認為。教學第一線現場來看，要找尋土地公廟還不簡單？可是實際進行才發覺並非如此。因為過程當中，有主客觀的問題。

臺灣人很喜歡拜廟，可是對於自己所拜宮廟裡面的主神到底是誰，拜了十幾年還不清楚、不知道，現實有這問題存在。所以同學們進行土地公廟對象尋找，剛開始報上訪查宮廟，我不疑有他，咸認為這就是土地公廟沒有問題。結果一個學期快要結束的時候，進行到後面才知道原來不是土地公廟，它是陰廟。我就問同學說為什麼會找到陰廟？他們說信徒告訴這是土地

公廟，但是沒想到做到最後才知道是陰廟。因為該廟主神是有應公，它就是陰廟。那也也沒辦法了，第一學期都要過了，不可能撤掉另外找尋新的對象。只能硬著頭皮做下去，卻也有意想不到收穫，正可以把陰廟的信仰與土地公廟對照。

第二個問題就是重複進行，也就是同一個土地公廟上個學年做一次，下個學年再做一次。這種重複結果，若說浪費時間也不見得。我發現雖然是重複調查，但第一個學年所訪查部分內容與第二個學年比較，不同的報導人所說的竟然有出入。舉個例子像建廟時間，上個學年報導人所提到的內容跟下個學年重新再做一次，結果就不一樣。雖然差個二、三年，或者是一、二年，但就是誤差。

新莊是整個新北市地區，人口數目僅次於板橋的行政區，約有 42 萬人。所以「平均」來看，約一萬人有一間土地公廟。或許大家覺得這沒什麼，但從數量而言已經很多。數量多是一回事，最重要是它的歷史悠久。從九個學年調查來看，發現到新莊土地公廟在歷史淵源上不簡單，而且與清代開發史高度重疊。18 世紀建立的就有 10 間土地公廟，每一間的歷史已有兩百多年。19 世紀更有 12 間土地公廟，這兩個階段數目為 22 間土地公廟佔總數一半。日治時期興建的就比較少。戰後發展已經超過日治時期五十年，事實上已近 80 年（1945-2022），戰後興建的有 16 間，扣除重複田調或陰廟，新莊區總數有 41 間土地公廟。它們的背後都有一些故事，所謂不起眼的小廟，背後的故事都很引人入勝。

新莊從 17 世紀開墾到今天為止，我們可以看到形成數個重要的聚落。第一個是新莊老街，它也是河港，第二個是頭前庄，第三個是中港厝，第四個是柏子林（瓊林），第五個是西盛，這都是古老的地名，都是超過三百年以上古老的地名。第六個是營盤，就是輔仁大學附近，新北市新莊區的營盤里。第七就是坤角，這已經很接近桃園龜山，第八個是十八份坑。整個新莊

開發史過程當中，保留最重要的八個地名，也是八個聚落。然而現在新莊人不是這樣看待。因為我們具有歷史專業，所以很喜歡以數百年的時間討論，由遠到近來談它的脈絡。可是當地人不會如此。他們很簡單就是分成兩個區塊—上新莊、下新莊。二區分野界線是新樹路，即是新莊到樹林的公路，新樹路的東側稱上新莊，是為新莊開發過程比較早地區，亦是比較重要的地方，人口分布也較為集中的地方。下新莊包括輔仁大學都屬於該區，越往桃園市的方向，都被函括於下新莊。現在新莊當地人是這樣看待，並不是開發史過程中八個重要聚落。然而從地方行政來看，不管是臺北縣新莊市時代，或者是新北市新莊區時代，地方政府都有發展上的規劃。它們不從上新莊、下新莊的角度，更不從歷史角度來看。它直接從產業的角度來看，就是官方的角度、地方政府的角度來看。它有五個地方—新莊老街稱興直，頭前仍稱頭前，中港厝稱中港，營盤就是把營盤里與福營里周遭合起來，稱為福營。西盛稱後西，因為有個里被稱為後港里，再加上西盛里，簡稱後西。從這幾個區域進行土地公廟田野調查，瞭解它的民間宗教信仰，如此範圍劃定仍有意義，特別是繞境。土地公誕辰或是宮慶廟慶，都會有繞境的活動，路線大多依循前述三種劃分區域的範圍。

18 世紀最早的新莊土地公廟分布，可以分成兩大地區。第一個最重要是新莊老街，新莊開發史的核心區域。此處土地公廟有四座，如果把老街附近的兩座納入，那就是六座。所以十座 18 世紀出現土地公廟，有超過二分之一是在新莊老街或周遭地區，其餘的三座在丹鳳。新莊地方我覺得很有趣，因為我還沒有來輔大任教的時候，我其實比較少來三重、新莊。我之前認為丹鳳遠離新莊老街核心區，再加上這裡都是丘陵，所以在開發史的過程當中，不是很重要。沒想到從土地公廟分布來看，此區里名—丹鳳、雙鳳、龍鳳、祥鳳，都是清代老地名丹鳳的範圍。若以丹鳳地區土地公廟數目而言，它是新莊土地公廟分布第二多的地方，僅次於新莊老街。教學相長我整理出重要的結果。然而它是如何分布？從地圖的分佈來看，可以很清楚發現，

新莊老街與周遭的六座土地公廟。老街四座土地公廟—文德里新莊福德祠、全安里全安宮、文德里厚德宮、興漢里潮江寺福德祠。老街周遭二座土地公廟—忠孝里慈福宮、恆安里中港厝福德祠。再加上丹鳳的三座—龍鳳里合興宮與萬善公祠、雙鳳里福正宮、丹鳳里樟腦寮土地公廟，這就是 18 世紀差不多三百年前，當時土地公廟分布。至於田調還發現一座古老土地公廟—福興里興珍宮，號稱五股最古老的土地公廟。讀者可能覺得奇怪，五股最古老的土地公廟怎麼會在新莊？，現在興珍宮所在行政區屬於新莊，其旁接著行政區是五股，興珍宮已經從五股搬遷到新莊。大概是 20 世紀末、21 世紀初的時候，五股要擴建工業區，遂遷移非常具有歷史的興珍宮至新莊。所以興珍宮雖然很古老，也有三百多年歷史，但跟新莊開發史沒有直接關係。然而它今天屬於新莊區，所以也就算是新莊的土地公廟。

　　19 世紀新莊土地公廟分布四大地區—中港、丹鳳、頭前、西盛、瓊林，可以發現從核心地區的新莊老街往外擴充。丹鳳土地公廟興建仍然持續，前述提及此處是土地公廟重要分布區域。反觀新莊老街的土地公廟，到了 19 世紀興建數量沒那麼多。日治時期的新莊土地公廟的發展緩步進行，找到的三座土地公廟，第一座位於丹鳳，第二個位於福營，就是輔仁大學中正路大門，正對面福營土地公廟。本廟位於營盤里，所在地是清代海山汛，我來到輔大專任的時候，我一直誤以為它是清代遺留的土地公廟。結果同學進行田調才發現不是，而且土地公廟建立緣由是土地公神像水災飄流過來，當地人士把土地公神尊撿起來供奉。第三個位於頭前。可是到了戰後就要注意，土地公廟興建數目有 16 個，高度集中在下新莊。也就是說進入到 20 世紀中期，1945 年之後，整個新莊發展在上新莊已經飽和，所以下新莊在 1950 年代以後成為輕工業分布重要地方。中南部外移人口如果要住在臺北縣，有很多個選擇。若來到新莊就是往下新莊移動，因此 20 世紀中後期，當地就興建了 13 座土地公廟。戰後上新莊，只興建三座土地公廟而已。

　　這是從歷史脈絡來看，數量上的成長跟它的分佈，最主要討論四個問

題：第一個是宮廟與信徒的關係，這是區域社會中人跟人關係的連結。所謂人跟人關係的連結，即是透過民間信仰的祭祀圈作為一個平臺，作為一個機制，作為一個人際關係連結重要基礎。第二個信徒與信徒的關係。這在中南部有很多案例，他們透過神明會的組成劃定信仰圈，可是在工商業比較高度發達的北部地區，特別是臺北市就很少神明會，新北市則要看地方所在。所謂信徒與信徒關係，透過田野調查發現，新莊土地公廟神明會運作，仍有個案，但它不是一個普遍性的現象。第三個是寺廟與寺廟的關係。新莊的土地公廟幾乎沒有分香，因為它們都很古老，所以創立的時候沒有分香。但仍有進香的活動，特別跟中南部一些土地公廟，或是一些大廟去做廟際的聯誼，這也是課程中討論的重點。第四個是政府與寺廟的關係，2000 年以前這種關係是屬於上對下，就是所謂的管理，所以寺廟很怕公權力介入，關鍵是宮廟不喜歡被查帳。可是從 2000 年之後情況漸漸改變，為了旅遊觀光上的需要，地方常會舉行文化祭活動，很自然會把民間信仰與旅遊觀光作結合。例如新北市中和區土地公文化祭，或者是新北市媽祖文化節。亦有擴大劃主辦，如北臺灣媽祖文化節。

　　歷史學的研究方法有五個─史料解讀、口述歷史、田野調查、量化統計、理論模式。前面的三個方法是最重要。雖然課程內容為土地公廟田野調查，它是課程核心，可是歷史學的老本行─史料解讀並沒有偏廢，在整個學習當中，它還是被嚴格要求。第二個是口述歷史，此法操作起來面臨什麼樣問題？課程中我交給學生們制式化問卷，口述對象包括廟公、管理委員會、信徒、店家、住戶，還有里長。特別是里長，因為前述報導人比較貼近農業社會作息，但是里長就不太一樣，里長貼近工商業社會變化。臺北縣時期進入到新北市時代，就慢慢變成高度的工商業化，新莊未來 20 年一定朝都會發展，特別是捷運路線全部連成一氣。所以里長作為行政體系最基本的執行者，他跟土地公廟也是最基層的民間信仰就會有結合─選舉，土地公廟祭祀圈形成的人際平臺，搖身一變就是一個輔選機器，不過這個又是另外一個問題了。

歷史田野 · 地方實踐

史學訓練與
口述田野調查

鄭巧君
國家發展委員會檔案管理局協同研究員

　　史學訓練對於在田調上的幫助，最主要是時代背景的建構，以及相關事項的查證。進行田調之前必須先瞭解當地歷史背景，包括人物傳記、當地學校沿革、鄉野故事等。

　　這次分享的經驗以桃園市文化局的航空城遷徙故事蒐集案為例，所謂的時代背景，就是要瞭解大園地區的遷徙過程大部份集中在農業轉入工業的 1960 年代末期，以及 1970 年代開始全面工業化的時代，因此要知道這段時期臺灣整體的經濟狀況、教育程度、大事紀等。接著，從地方志來瞭解該地的風土民情、鄉野故事，這些背景知識的建構，皆有助於進行田調口訪。當地的學校或許也會有大事紀、校史，也都可納進背景建構。由於當地的大事、或是著名的人物，是該地區民眾共同的記憶，提前瞭解是對受訪者基本的尊重。當地著名人物也可以請里長介紹，一個接一個、慢慢問出來，形成

當地的人物故事的脈絡。此外，非常建議在口訪之前，在當地繞一繞、走一走，不僅有助於加深從書面資料獲得的資訊，而當受訪者提到附近的建物、地理景觀時，也能馬上有所聯結及回應。

具備當地的背景知識之後，就可以開始擬定訪問大綱。航空城遷徙故事蒐集案的目標很明確：了解竹圍、海口、沙崙、後厝、圳頭這五個里的發展過程，最重要的是桃園機場興建前後對當地造成什麼影響，目標明確、再加上先行調查的資料，就能夠擬定大綱方向。另外，史學訓練奠基於大量且多元的閱讀，在看了如此多的事件及人性之後，進而培養出同理心，而同理心是田調時必備的要點，唯有同理受訪者，才能來到受訪者口述的那個時期、體會當時的氛圍、進行更多的挖掘、寫出深刻的故事。

航空城遷徙故事蒐集案是桃園市文化局的案子，我們團隊先和大園區公所接洽，由區公所代為接洽各里里長，因為里長才是最貼近當地的人，因此還算順利和當地民眾有所聯結。進行口訪的對象以長者居多，因為訪談的時間多在週間白天的長者聚點，此時中壯年人口通常在上班、或是在外地工作，週末才會回來，所以中壯年受訪者較少。航空城遷徙故事蒐集案除了要採集航空城地區過去的生活經驗，還希望能採集該地才有的故事，此部份也可從學校挖掘，因為幾乎每個里都有小學，可提供校史和老照片，雖然照片相對比較集中在校園內，不過搭配學校裡的資深老師或員工，也能挖掘出許多精彩的在地故事。

航空城遷徙故事蒐集案著重在竹圍、海口、沙崙、後厝和圳頭里，該地區的宗教信仰主要是王爺信仰，通常有關王爺的故事都很精采，再加上廟宇也是該地民眾常去的場所之一，因此可藉由廟方人員建構出另一條人際網路。在地里民習慣的聚集地點，也可經由里長來得知這方面的訊息，經由里長的介紹，得知兩處當地長輩們平時會去的聊天場所，前往訪問、進而收穫了相當豐富的訪談內容。其中有位長輩的家門永遠敞開，因為他希望鄰居朋

友們隨時都可以進來聊天，即便颱風天也是如此。街上的老雜貨店、農藥行、老藥局也可以挖寶，看起來有點年代感的店家，通常都很有故事。至於住家，考量他人隱私與進行訪談的安全性，反而較少去，只有少數透過朋友介紹才會特地去拜訪。

口訪的裝備其實很簡便，只需要有大綱、錄音設備、筆記工具即可，除非有錄影的需求，才要特別準備錄影設備。口訪前要確定錄音設備可以運作，以方便日後整稿，訪問時和伙伴互相提醒訪問內容及方向，才不會有所遺漏或偏題。偏題也不見得不好，因為有時會有意料之外的故事，但若方向差距太大，建議還是回到原本規劃的大綱，以方便掌控時間及進度。訪問時，可以適時展現先前蒐集到的資料，例如已訪談過哪些人物、得到哪些訊息或老照片等。訪問其他民眾時，拿出之前蒐集到的照片，再詢問是否有類似的照片，不僅能讓受訪者比較能瞭解要提供哪方面的資訊，也能拉近與受訪者的距離。

另外，授權書的簽署是一大難題，因為如果受訪者不願意提供授權，所有蒐集到的資料便都無法使用，即使里長有向受訪的長輩們說明口訪是為了政府的案子，但一開始老人家們仍不願意提供授權，因為對他們而言，提供地址、電話、身分證字號這類個資，似乎有風險，這是可以理解的。但經由團隊多次解釋、再三保證，簽署的目的也在保障他們的權益，長輩們理解後多半都願意簽署授權書。繳交期中報告書後，多預留了幾本紙本的期中報告書，後期訪問便直接拿報告書向受訪者說明故事蒐集案的目的及未來可能的成果，因此在後期所接觸到的受訪者都很樂意簽署授權書，因為他們知道自己的故事即將要被看見，他的名字、故事將來在網路上是找得到的，他的子孫也可以看得到，如此一來便能增加受訪者提供授權的意願。

訪談的過程中遇到的困難之一，對我而言是語言的問題，我的臺語能力較弱，經過這次上百位長者的訪談洗禮後，功力大增，不過日後若遇上客

語，或是新住民語言，語言還是一個很大的挑戰。此外還有認知和習慣問題，受訪者可能無法提供具體說明，甚至提供了錯誤的訊息，這都必須仰賴史學訓練，查證所採集到的故事內容，除了個人的生命故事，與大眾有關的基本上都可以查詢。另外，複製相同經驗很重要，意思是受訪者提及當地的地理環境之後，我盡量也到該地踏查，對地景有所印象，下次再來訪問時即可多出一些共通話題，進而產生連結。

以彭江祥牧場為例，大園曾經是酪農業的重點發展區域，但是目前只剩下一家酪農業者，我和一起搭檔口訪的學妹在當地繞了許多次都找不到這間牧場，卻意外在路上碰到一位大哥，他趕著一大群牛在馬路上走，趕緊將他攔下詢問這群牛的來歷，這位大哥說這群牛是寵物，他僅是受雇來「牧牛」，我便將這件事放在心上。後來我終於找到當地的牧場，在訪問牧場主人時，得知這群牛確實是養來當寵物，原因是當地的養豬戶因為養豬造成污染但未處理，導致被罰無法繼續養豬，所以養豬的空間閒置了，養豬戶的主人乾脆改養牛，最後牛生牛就成了現在的一群牛，經由這樣的連結就知道當地的農家因為養豬問題而產生了新的養牛活動。

口述田野調查，除了應用史學訓練之外，「傾聽」的能力也很重要，能讓受訪者感到他是被傾聽的、被理解的，說出來的生命故事會更精采、更動人。

03

歷史文化
地方創生

人與物件的連結—
航空城大海社區的文化創生之路

何彩滿

中原大學通識教育中心副教授

一、為什麼我們需要談人與物件—物件之用，活過的證明

　　我本身是學社會學的，社會學跟歷史學有很多相似處，而其中一個相似的地方，是有共同的焦慮，就是不知道社會學或歷史學可以做甚麼用？我的老師經常說：「無用之用乃大用也」，這個「大用」也許可以暫時解決不知道社會學有甚麼用的焦慮感。但今天我發現參加「史學玩應用」這個論壇的歷史學者，有個更遠大的目標—史學可以應用，這個目標史學界已經在實踐，歷史學的用處可以做出版、影像記憶與產學應用，還可以營利等等，感覺歷史學比社會學更活潑，令人敬佩。我深受法國年鑑學派布勞岱的影響，他認為，最好用來體現歷史學的這個學科詞已經被「社會學」占用，這正說明，兩個學科彼此得以互相交流學習之處。

　　今天我要分享的主題是〈人與物件的連結─航空城大海社區的文化創生之路〉，這個講題的企圖心，呈現了我們希望能夠透過物件做文化創生。物件這詞在社會學或目前的社會設計領域裡非常夯，臺灣的鄭陸霖老師或是西方學者 Bauman 都在談「物件」。物，用英文來講是「things」，日文即是「もの」(mono)，為了準備這個講題，我請我們的專案助理提供跟計畫相關的物件給我，結果我發現他當時提供的物件，幾乎都沒法用在今天的演講上，原因就是這些物件並沒有註明出處，沒有來源說明，就無法使用它，特別是在歷史學家面前；也因為沒有出處，物件也無法用來做文化創生。幸好，優秀的助理很快就補足了物件的出處資訊。

　　這裡我想先從我們對待事物 (things) 的角度談人和物的連結。過去社會學的左派對於「物」是持批判的態度，尤其是消費行為。但今天從社會設計的面向，可以開始從另一個角度，來去談物品跟我們的關係。在現今的日常生活中，我們很難脫離和物的關係，或是時間更往前一點，人類文明的初始，就是拿起「工具」(物) 的那一刻。而把時間放在此刻，我今天來，我的穿著打扮，都在告訴大家，我想展現一個甚麼樣的自己，所以這些物品都在體現使用者的個性，雖然它其實已經是由資本主義生產體系所鼓勵你消費而製造出來的。但與此同時，也不是隨便消費的，因為每一次的揀選物件，也同時在 locate（定位）使用者我和物品的關係，「我」和世界的關係，「我」重新安置這個物件在私人領域。在此，容我挪用鄭陸霖老師所舉的例子來向各位解釋，當我們預備買一臺洗衣機前，不光是考量功能好壞，我們往往會先開始假想它的存在與家裡的位置，我們丈量空間，動作行為的秩序、使用習慣等來進行空間分配，以「自我」為中心來安置物件。因此物件不再是單單只是它本身，它體現了人與人的關係，我們會想到這洗衣機是誰在用它？媽媽用、爸爸用，小孩子會用嗎？等等問題再來規劃物件與人使用的動線。再舉一個我的律師朋友為例，剛剛成為父親的他就跟我提過，他提問，廚房洗手檯等高度究竟是怎麼設計出來的？是不是以女性為假想使用者，而以女

性平均身高丈量設計出來的？這高度對身為男性的他，使用起來非常辛苦，在廚房洗手作羹湯或是幫嬰兒洗澡後，每每這些行為都讓身為男性的他，身體特別感到腰痠背痛。這是物件跟人類身體的真實體驗。究竟是誰在設計這些物件？物件設計的好，人與物件融合為一體，我們幾乎要忘了它的存在，又譬如一副恰到好處的老花眼鏡之於人的眼睛，戴上它，微縮影片也可以看得清清楚楚了，尤其對於有點年紀的學者來說，這太重要了，延長我們做學術研究的年限。好的物件可以實現自我，甚至是自我的延伸（an extension of you）。我們因此可以暫時忘掉左派對於物件與消費的批判，而給予物件一個該有的位置。

我們其實被物件滲透地很深，遑論我們正迎向四大騎士（GAFA）主宰的未來，包括 Google、Amazon、Facebook、Apple 這四項發明，深刻地滲透到我們日常生活中，既恐怖卻又無法脫離。我們甚至利用穿戴這些物件來監測自己。以睡眠為例，從醫生來的權威告訴我們，睡眠品質如何其實某種程度也是主觀的判定，但現在我們仰賴 Apple Watch 告訴我們昨晚睡得如何。體重計、血糖計等等這些物件都被拿來測量並提升自己。當然，物件也體現我們跟自己的關係，擬人化自己的車子，給它取個小名，也因為念舊的緣故不常換車，於是車子的里程，有它的使用軌跡，同時成為我們生命的里程。身上的兩雙腳可以帶我們走多遠呢？車子的發明，人車一體，我們駕馭它，它也乘載我們，超出體能範圍，可以到達更遠的地方，探索世界。這個自我延伸的車子得定時保養，厲害的修車廠技師或老闆，很容易從車子的磨損，看出開車人的習慣。

如果物件是這樣，我們是否也會考慮到空間形塑出來的人也體現出城市與人的性格？一個三坪大的空間住了五口人，跟一個三十坪大的空間住了五口人，我們可以想像這些人所形成的空間感與時間分配應該也是截然不同。因為工作的緣故，我曾在香港居住過五六年，常常懷疑窘迫的居住空間，怎麼可能擠下一家數口人外加一個菲律賓來的家庭幫傭。寸土寸金的空間，

彷彿只留給商業與市場，不容許「閒雜人」逗留。觀光客逛累了，遍尋不著可以坐下來歇腿的長凳，若想稍微休息，還是得進去店家叫杯飲料消費才可能。接下來，我們就要談到城市這個空間的性格。每當我們談到紐約、倫敦，上海或北京，我們腦海中會浮現這些城市的性格，及住在這些空間的人是怎麼樣的性格呢？甚至所謂的天龍國，天龍國人的性格又是怎樣呢？我們也許覺得臺灣的城市很醜，而在這麼醜的城市底下居住的人卻又成為「最美的風景」？城市的性格難道不展現出我們集體形貌甚至性格來嗎？

二、城市如何永續，文化如何創生

　　城市究竟要如何永續？文化究竟如何創生？接著，我還會談一下我們的計畫。在此，我要借用布希亞的話，「要成為消費對象之前，物必須先成為一個符號」。成為符號意味著帶有意義，每當我們揀選物品，我們揀選的是物品的意義本身。我們透過物件來實現自我，完成自我。城市空間上的物件，是否展現著城市如何興起，空間上人與人互動的軌跡呢？聯合國 SDGs 的第 11 個目標裡對於城市必須 Sustainable，而這個詞彙在中文有「永續」之意。那麼，中英兩個詞是否具有同樣的意思？在此我不全唸出來目標內容，只強調聯合國在此處提到的一段："creating green public spaces and improving urban planning and management in participatory and inclusive ways"。可惜的是，其實，在臺灣的我們往往並不注重 green，也不重視 public space。歐洲城市的發展歷史告訴我們，public space 經常指的是廣場 (plaza)，它可能與市場是同樣的意思，但隨著發展型態，也是公共議題形成與住民成為市民（公民)citizen 發生的場所。當然這些概念與思維，都是從西方與現代化經驗傳到亞洲。我們如果要尋找較為相似地，可能廟宇、廟會，比較能夠是人與人橫向連結的所在，有些關於集體或「公共」的討論也許也是發生在這裡。

　　聯合國的這些永續目標更多地也許不是針對已開發國家，而經常是指開發中國家。當桃園升格為直轄市後，開始出現許多大型都市計畫，例如桃園的體育園區，想要設計一個讓一萬個人可以使用的體育園區，但這些都市計畫在少子化後，還有必要嗎？再仔細一看體育園區的規劃，真正做為體育園區的比例是比較少的，大半還是被規劃為商業與住宅區，很多成為罐頭都市計畫，包括航空城也是如此。開發中國家的這些都市計畫，經常往成為 megacity 的方向規畫，但這些建設造成許多貧民窟出現，而這也是我們在進行這個計畫時所觀察到的。規劃之前，這些區域往往是弱勢團體居住的地方，一旦成為都市更新的範圍，會有光鮮亮麗的一面，但弱勢的這些人會往哪裡去呢？urban planning 後，居民的集體搬遷，讓過去的人際紐帶連帶消失無蹤，人徹底的原子化。

　　聯合國的目標提到建設的空間必須是 participatory，空間必須是讓人願意投入、感到被包容的，而且沒有人被排除在外的，試想臺灣在思考 sustainable city 時是否考慮過這些？因此，我認為要不就是破壞式的創新 -- 把舊有的破壞了，可是產生了新的形式，抑或是破壞性的創造—只有破壞沒有帶來創新，這是我今天想和各位分享，並且拋出一些問題與大家一起思考。一旦成功就是創生，失敗則是創傷。

　　「創生」這個詞本身也是借自日本。沒有一個東西是可以創造的，因為城市並不是從無生有，而是從「有」再成為「另一個『有』」。那麼，舊有的「有」要如何處置？每一次的 urban planning 都是國家強力的介入，介入後當地的居民因為沒有史學訓練，並不在乎城市的歷史，只在乎搬走後可以得到多少補償金，一旦國家補償不足以讓他們搬到另一個地方開始，立即成為居民最大的憂慮。這實在令人感到憂心。

　　我家本身也有類似的故事，我父親的手因火災燒傷，儘管如此，他憑己之力成立了一間自己的工廠。突然間，工廠所在的土地要被徵收了，在他

罹癌過世前，當時我還是個大學生，那一天，我回到家，工廠前有怪手挖土機，父親在挖土機前站得挺直，他竟然這麼勇敢，要親自目睹他一手所創立的工廠如何被夷為平地。我開始思考，什麼才是我父親活著的證明？正是透過工廠這個物件，而今物件已不復存在。C Wright Mills 挑戰讀者，個人的焦慮經常體現的是社會結構中的共通問題。城市的永續，對那些致力於追求發展的國家而言，是真正的挑戰。

物件符號，縱向連結了過去的歷史，橫向則體現了人與人的關係，呈現的是立體的時間與空間。我曾拜訪過日本四國的高松，他們的丸龜商場，有一塊地是由百十四銀行高松支店所提供，商場會在一個角落立個小小的石碑說明這土地的原有者；我也在日本東京的街道看過，可能只是人行道旁，小小的石碑上寫著一些當時當地發生的歷史事件。我們可以共同思考，除了口述史之外，是否有其他方法能夠呈現人們互動的過程？日本瀨戶內海的藝術季，吸引了很多人潮，某種程度回應了地方創生的想像，但也有另一種批評的聲音指出，人潮只是人來，卻沒有「留下來」，很多地方依然是高齡少子化的正在凋零中。這地方創生的要求實在很高，要求人進來以外，更要求能夠帶動人口增長！

以開發中國家而言，或是對臺灣來說，城市的規劃幾乎少不了國家與資本家的手，而在國家介入後，怎麼樣的方式可以既讓城市發展，又留下人類生活的足跡，成就真正的社區永續，真是值得我們深思的課題。

三、團結經濟、文化夥伴─桃園大海社區文化創生計畫

時間過得很快，我想很快提一下「團結經濟、文化夥伴─桃園大海社區文化創生」這個計畫，以及進行計畫時遭遇到的波折，後來執行與實踐方面，計畫的困境，因應困境而有的轉彎與修正。

當時桃園尚未升格為直轄市,由國民黨執政的市長提出航空城計畫,此乃最大型的開發計劃。由於李明彥老師曾在陳康國小擔任過替代役,得悉這個國小將被納入航空城計畫,眼見各式農地買賣的大幅廣告掛滿了國小週遭,航空城計畫尚未通過,地產仲介插手更快,房仲比超商多,無人居住的樓房到處林立。原有居民被仲介說服,賣地或是持地待價而沽,弱勢居民則遷移過來。居民與土地的連結斷裂,對於這區域範圍發生的歷史陌生。幾乎是同時,教育部推行「大學社會責任實踐 (University Social Responsibility, USR) 計畫」,聚焦在地連結、人才培育、國際連結等面向及各項議題,期許 USR 計畫在大學社會參與中扮演重要角色與推手,鼓勵大學發揮專業知識,促進在地認同與發展。

我們著手這個計畫的初衷非常單純,明彥因為替代役的經驗,對於社區有著深刻的觀察,他認為大海社區的陳康國小,不單單只是教育的單位,其實也發揮著社區功能,凝聚了家庭與社區。過去因為大海社區是空軍基地駐紮所在,陳康國小曾經有著空軍子弟培育搖籃的輝煌歷史,然而隨著空軍基地遷移,且因為少子化,陳康國小變成只有 50 位學生的小學校,其中有 35 位是弱勢孩童。因此,我們的計畫,就是假設若能保存大園區的陳康國小,社區也就得以保存下來。再加上,航空城計畫當時爭議頗大,我們寄望也許有機會讓陳康國小免於被徵收,於是嘗試寫計畫向教育部說明此地的豐富人文與歷史,並且強調因為日治時期與冷戰時期黑貓中隊駐紮過等等,留下這些包含國小等具有歷史意義的建築與物件,可以成為文化生態的博物館區,另一方面從國際軍事史的角度來看,這裡會是非常有意思的場域,足以跟世界來對話。我們於是朝人文深耕、參與式設計及商業模式開發,計畫內容有三個目標,依序為重組文化脈絡,利用各級學校建立區域自身的文化論述;其次是歷史現場再設計,進行社區圖騰再現,進行物件修復;最後是以在地居民為主體,利用文化符碼,新建文化根基的發展商業模式。

2014 年縣市長政黨輪替後,並沒有讓充滿爭議的航空城計畫停下來,

它仍然照常執行，只是所謂的蛋白與蛋黃區規模範圍略為調整。2016 年前空軍基地設施區被桃園市府指定為市定古蹟，這給我們一點點希望，也許有機會保住陳康國小，讓陳康國小成為文化保存的一部分。那時候，我們提出的 USR 計畫，獲得教育部萌芽期的補助，大家很興奮地，認為我們的計畫方向仍然大有可為，可以朝軍事文化的古蹟規劃與文化保存來進行，社區與國小在航空城計畫推展的同時也能繼續存在。我們訓練中原大學的修課學生，投入文史資料的收集與人物的採訪，尋訪碩果僅存的黑貓中隊成員與教官，有了歷史當背景，商學院與設計學院的學生，一起製作關於認識黑貓中隊歷史的桌遊。我們藉由歷史，「應用」歷史，蒐集照片、口述史，與國防部、文化局合作，創造一個空間讓人願意投入，幾度利用「全國古蹟日」，訓練社區居民、國小孩童成為解說員，在空間與物件中來認識前空軍基地，希望培力居民，建立在地認同以達到社區永續的經營。

記得在我們 USR 計畫第一期的執行過程中，訪視委員曾經給我們的審查意見，他們建議應該在這個場域引進「誠品的商業模式」，這讓我們有點小驚嚇。一方面，有可能教育部的 USR 計畫才剛剛初始，組織部門的運作尚未成熟，政府自己也在經歷嘗試與錯誤時期，訪視委員與書面審查委員的意見經常前後不一致，甚至互相矛盾衝突。另一方面，當時訪視的委員意見反映出他們對於該場域的陌生，這暴露出誠品模式就是他們對「文化創生」的想像，當然，如果能夠賺錢的話更好。

「團結經濟、文化夥伴─桃園大海社區文化創生計畫」很幸運地得到教育部連續兩期以上的補助，然而殘酷的事實是，隨著桃園航空城計畫的推展，社區與陳康國小的搬遷終究無可避免，而在我們執行大海社區的工作時，團隊發現航空城範圍內其他社區也有同樣的困境，於是因應航空城計畫的逐步推進，我們將場域擴大到以大海、後厝、竹圍、圳頭以及沙崙五個里為核心，不論是歷史的詮釋或是地域的創生，都需要跨域協力。我們因此聯合了中央大學、健行等桃園幾所大學、文史出版社，一起進行歷史文化素材

的收集，數位重建歷史現場，成立工作站，希望建立文物捐贈與蒐集的機制與平臺，與各里的里長聯繫，引導市民進行公共參與。

　　隨著國家級航空城計畫的展開，大學社會責任計畫執行的迫遷現場，卻是怵目驚心。眼目所及，非常震撼，留置心頭的廢城圖像，頓生強大的無力感，讓人無比惆悵。你可以想像，一座廟宇因為祝融似乎才剛剛修建整治完，龍柱還等著信徒捐獻，但是神壇所供奉的主神已經不見了嗎？竹圍的福興宮有 160 年的歷史，守護著沿海居民，是大園居民的信仰與生活中心，它以傳統儀式「飛輦轎、過金火」聞名；社區的孩童放學後經常聚集在廟前玩耍，是多人的童年記憶。現在，因為桃園航空城的徵收，「神去廟空」。

　　誠如明彥老師所提到的，我們這計劃最大的挑戰來自國家。竹圍地區約有近四千名居民，隨著每階段的徵收而搬遷，現有的居住環境和生活已經漸漸崩解，市府的官網上寫著，會協助鄰里重建，但是住戶搬遷的時間與地點皆不同，市府從來沒告訴大家，人與人的既有紐帶究竟如何重建？文化創生最重要的兩件事情，第一是文化，它指的是歷史的縱深，第二，創生的關鍵在於人們要能夠橫向連結，我們必須藉由空間來產生人際紐帶，而物件是串聯縱向與橫向的關鍵介面。我們搶救物件，成立工作站，也只是在跟時間與國家賽跑。居民信仰與生活中心的廟宇，如果是社區集體精神與回憶的體現，隨著人散而消失，這真是對於追求聯合國所謂 SDGs 社區永續目標最大的背棄與諷刺。

歷史文化 ・ 地方創生

海山學的 USR 課程連結及其實踐

洪健榮

國立臺北大學歷史學系教授
海山學研究中心主任

如何與「在地」鏈結

　　很榮幸也很高興跟大家分享臺北大學海山學研究中心在近三年的 USR 萌芽期計畫，將我們執行的一些相關經驗分享給大家，也希望能夠在後續計畫的執行過程中獲得大家的指教。

　　我們知道這幾年來，教育部規劃了一連串有關 USR 的計畫，主要是希望大學能夠將地方發展的相關課題，融入到學校的課程教學，透過課程連結地方的問題，來協助地方去解決目前所面臨到的一些現實難題。我們海山學研究中心與人文學院在 2020 年的時候，獲得了教育部補助三年期的 USR 萌芽期計畫，題目是「環抱海山・深耕三峽」，針對學校所在的海山地區，以「北大文化城的創生與活化」作為我們的主要課題，整體範圍是以三峽老街

區、海山地區作為地方學實踐與 USR 落實的重要場域。

　　海山地區包括現在的三峽、鶯歌、樹林、土城、中和、永和與板橋，就是過往在 1920 年代海山郡的行政區域範疇。我們在實際執行的過程中，透過田野調查與相關的訪問，去盤點這幾年來地方社會所面臨到的一些現實問題，基本上將它規劃成幾個部分。核心主軸的部分是針對地方的問題，去設計相關的子計畫來進行因應，包括地方文化資源保存維護所面臨到的困境，我們透過文化導覽培力機制的建置與落實，希望能夠達到大學提供地方文化發展、軌跡記錄與導覽培力的機制，這個部分就變成是我們的子計畫，待會我會逐一跟大家介紹我們各個子計畫執行的情況。

　　第二個部分是學校與社區文化發展聯結的加強，因為臺北大學於西元 2000 年在三峽建校，有很長的一段時間被視為是三峽的「天龍國」，跟社區之間似乎沒有什麼往來，隔了一條復興路好像是兩個世界。所以學校希望透過相關的課程與計畫，將彼此之間有形的圍牆跨越，慢慢形成一個生命共同體；我們透過田調記錄、文化資產的活化與推展，結合地方與大學建立起一個合作發展與創新的共同體，成為一個名副其實的北大文化城。

　　第三個部分是地方傳統產業面臨到轉型的危機，這是我們實際發生的課題，希望能夠透過一些地方創生的概念，或是文化產業推動的巧思，讓大學與地方共好共榮，且由大學成為支援地方的一個穩定力量，這是傳產創生的部分。西元 2010 年我來到臺北大學服務的時候，才知道原來三峽有茶葉，也才知道三峽有五寮筍，還有一些藍染的文化。雖然我過去已經在臺北住了二、三十年，可是對於三峽，在我進入臺北大學之前是非常陌生的。這樣的經驗，後來我跟臺灣史學界的長輩們與朋友們交流的時候，他們其實也有類似的感受。當我把三峽的碧螺春、蜜香紅茶送給他們的時候，他們才第一次知道原來三峽有茶。雖然三峽的茶葉發展曾有一段輝煌的過去，可是在目前臺灣整個茶文化、茶產業的版圖上，好像還未佔有一個應有的地位，這是我們在計畫上所提出來的一些課題。

表 1：計畫執行核心主軸與回應子計畫

核心主軸	實踐子計畫	目　標
地方文化資源保存 維護面對的困境	文化導覽培力機制 的建置與落實	**記錄與研究**— 大學提供地方文化發展軌跡記錄 與導覽培力的機制
學校與社區文化發展 聯結仍需加強	田調記錄與文化資產 的活化與推展	**發展和創新**— 結合地方與大學建立合作發展 與創新的經驗
地方傳統產業 面臨轉型危機	地方特色產業 的蛻變與再生	**協力與共生**— 大學與地方共同發展且由大學 成為支援地方的穩定力量

　　所以包括導覽培力、文資記錄還有傳產創生的部分，我們就把它結合成一個整體計畫，各子計畫課程安排具有相互支援的設計，就是以導覽培力去培養文資記錄的相關人員，文資紀錄本身則提供了導覽培力的文史素材，也提供給傳產創生在實踐過程中的一些人力與巧思，而傳產創生本身也讓文資記錄擁有重要的實踐場域，藉以強化互補互助且相輔相成的跨領域學習成效。三個子計畫表面上是各自運作，事實上是有機地結合在一起，變成是我們在建構及共築北大文化城的三個觸角。在傳產創生裡面，我們知道三峽或是海山地區過往比較知名的如藍染，我們把它視為「藍金」；茶葉的部分，我們把它稱為「綠金」；煤礦產業的部分，我們把它稱為「黑金」，這就是我們所謂的「三金」。在後續的傳產部分，我們會加上一個「紅金」，就是樹林的紅麴文化，所以現在就變成了「四金」。過往執行計畫的時候還沒有將一個部分加進來，就是鶯歌的陶瓷產業，所以現在變成是「四金一陶」，這些是我們在從事地方創生非常重要的資源。

　　我們希望透過實踐參與的過程，讓學校學生能夠因學習而成長，同時社區也因為合作而與高教共榮，大學教育可以跟地方居民產生緊密互助的關係，擺脫過往臺北大學被地方人士諷喻為「三峽天龍國」的刻板形象，消弭

校園圍牆所帶來的空間隔閡，進而構築出一座鏈結校園、北大特區與三峽老街區的北大文化城。這幾年來，北大文化城的概念，慢慢地從觀念變成實際，學校、社區彼此之間的互動已不再是一、二十年前的模樣，大家已逐漸地形成了一個永續共好的共識。

　　整體計畫由本校歷史學系教授兼人文學院陳俊強院長擔任總主持人，統籌規劃全案，負責各子計畫之協調、執行進度追蹤與掌控；由我擔任協同主持人，協助總主持人掌控計畫進度，協調各項子計畫之進行，推動文化與產業之課程與活動。我們團隊裡面有兩位重要人物，就是負責計畫執行的各項庶務，包括本中心專任研究員林佩欣以及專任助理蔡宗穎。左邊照片是我們在去年三月份所辦理的「三峽綠茶季」，右邊這張是在四月份「梅樹月」的時候，我們支援梅樹月的人力，這是我們去年度執行三個子計畫過程中的

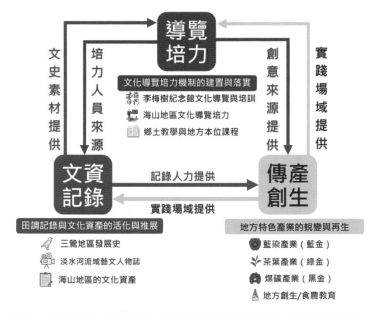

圖 1：「環抱海山・深耕三峽：北大文化城的創生與活化」計畫總架構圖

兩個重要活動。另外，我常說近幾年來執行 USR 計畫的最大感觸是，我們有很多的貴人相助，這是讓計畫能夠順利推動的重要助力，包括在座的林炯任老師，其實是我們團隊核心中的核心，也可以說所有從事三峽、海山地方創生與地方研究的一位重要導師；我們常說他是領航者，很多的 idea 都是從他那邊開發出來的。還有在座的樹林高中雷秀慧老師，那一碗清冰的 ppt 讓我們非常的印象深刻。還有 GIS 大師張智傑老師，是這幾年來我們順利推動 GIS 數位走讀還有三峽生活文化地圖的核心人物。

本文主要是跟大家分享我們這幾年來，大家共同參與 USR 計畫執行的心得感觸，可以在過程中 enjoy 非常多的樂趣所在。

執行策略與課程連結

在執行策略方面，子計畫一「文化導覽培力機制的建置與落實」，我們邀請到李梅樹紀念館的李景文執行長擔任主持人，規劃「李梅樹紀念館專業實習」、「海山地區文化史蹟導覽培力」、「海山地區觀光美語」等相關課程與活動，以提升學生的鄉土關懷與在地認同感。藉由以學術文化單位作為地方智庫，建立在地文化產業發展的輔導機制與資源平臺，培育臺灣本地人才留鄉或返鄉就業與創業，推動地方文化永續發展。特別是李梅樹紀念館，由於國寶級藝術大師李梅樹先生的三位公子目前都是年事已高，紀念館面臨到非常迫切的經營危機問題，就是人力不足還有人員老化的部分。所以學校適時地帶領學生去協助紀念館導覽活動，還有進行一些基本資料的整理，事實上是讓整個紀念館的運作，慢慢地跟學校的課程、教學能夠有所連結，支援館方一些人力運作的同時，也讓學生擁有非常難能可貴的實習空間。我常說臺北大學的學生得天獨厚，因為我們擁有好山、好水，而且還有非常好的資源，有非常多的好人在我們團隊裡面，有國寶級藝術大師紀念館在我們學校旁邊，同時也有東方藝術殿堂三峽祖師廟在我們學校附近，這些

都可以成為學校課程的重要資源。這張照片中可見在李梅樹紀念館的導覽實習期間，學生們的業師由李梅樹紀念館的李景光館長還有李景文執行長來擔任，同時還有知名的博物館策展人王郁品老師來協助課程進行。在文化導覽培力的部分，2016 年起我們陸續辦理大三鶯走路節，主要的規劃者就是在座的林炯任老師，跟我們中心合作，來推動這幾年來的大三鶯走路節，共同走讀海山地區，也逐漸打響了名號，吸引更多的學生、老師與社區居民來參與。這是我們在 2016 年第一次跟三鶯社區大學舉辦的走路節，就是在三峽老街區，大概有七、八百人。2019 年是在大溪，我個人覺得最成功的一次是 2020 年在新莊的大三鶯走路節，受到了各界的注目。不過比較可惜的是，那一年辦完之後，卻碰到新冠疫情的開始，讓我們停辦了一年。今年度又可回到正軌，我們應該就不會考慮到疫情的因素，而來持續走讀海山，在大漢

圖 2：2019 年與 2020 年「大三鶯走路節」海報

溪流域走出一個傳統,這是我們的實踐理念。同時配合走路節的進行,我們有一些導覽培訓課程,讓我們的導覽員具備相關的文史背景,在導覽過程中能有更生動、更深入的一些導覽內容。還有文化講座,是希望參與者對於我們所要走讀的場域有更深入的瞭解,讓走讀的成效能夠更加彰顯。

子計畫二是「田調紀錄與文化資產的活化與推展」,由本校民俗藝術與文化資產研究所林曜同老師來擔任主持人,規劃「海山地區的人文與藝術」、「海山地區的歷史與文化資產」、「三鶯地區發展史」、「淡水河流域藝文人物誌紀錄片製作」等課程,輔以數位人文 GIS 科技、拍攝紀錄片等方式,主要是以記錄、調查與研究為基礎,將文化資產氛圍引進老街商圈與既有觀光模式,以及在地學校的探究與實作課程,希望能夠透過地方學的落實與相關研究成果,作為我們挹注後續地方創生與協助地方解決一些現實問題的知識背景。團隊希望能夠作為一個平臺,凝聚在地關係人口並創造合作,共同重建老街歷史與文化。

子計畫三是「地方特色產業的蛻變與再生」,由本校中國文學系賴賢宗教授擔任主持人。賴老師本身也是一位茶葉達人,他專研佛學、禪學,也把佛學、禪學跟茶文化加以融合。這個子計畫,我們規劃了藍染創意生活設計種子教師營工作坊、茶與經典論壇、在地產業論壇,還有「海山地區的歷史、文化與創生」、「田野調查實務」等課程,特別是「海山地區的歷史、文化與創生」是由林佩欣老師所開設的課程,相關的成品在會場外面有展示一些畫冊,是修課同學們的作品,非常的生動,建立在進入社區場域,去爬梳地方紋理所產出的相關成果。我們希望藉由此計畫,能夠創造地方關係人口、特色商店凝聚力量,達成在地共識;與此同時,也透過文史踏查、影音記錄還有異業結盟等方式,協助在地傳統產業重新打造個人品牌口碑,找到後續發展的可能與方式,從在地出發進而展望國際。

實踐成果與效益評估

接下來跟大家報告我們在海山場域的實踐成果與效益評估，我把它歸納成六個部分：第一個是解決李梅樹紀念館人力困境並協助經營在地藝術文化、培育博物館人才。計畫團隊持續以「專業實習」課程協助館方人力盤點館藏資源、建置資料庫、培訓導覽人員，並以業師協助行銷與推廣，鏈結在地社群共同辦理「梅樹月」。學生在投入李梅樹紀念館的專業實習過程中，一方面是協助館方解決問題，一方面也是培植自己的能力，這就完全符合 USR 本身的精神，人才培育與解決現實問題。還有課程鏈結的部分，將李梅樹紀念館的介紹與推廣納入學校鄉土本位課程與場域活動，加深本校學生對於在地人文美術的體認。我個人覺得透過子計畫一的運作，可以慢慢地找出一個永續經營的方式，讓李梅樹紀念館與臺北大學高等教育結合起來。對學校來說，以大學作為美術推廣平臺，國際知名的重量級畫作增強了校內藝文發展的力度與豐富度；對紀念館來說，李梅樹的畫作能夠在校園環境呈現在更多觀眾眼前，館校彼此之間能夠雙贏，能夠達成相得益彰的發展方向。這是目前正在進行中，館校之間如何能夠更緊密的連結在一起，以共同創造未來的可能性。

第二個是創造產業新生推動三峽綠茶季與樹林紅麴文化產業創生。去年三月份，我們舉辦了第二屆三峽綠茶季活動，讓綠茶季成為地方上一個非常重要的文化創生活動，也可以說是真正打響名號，獲得了產官學界的關注。我們即將在下禮拜二舉行今年度三峽綠茶季的籌備會，今年三月會再推出第三屆綠茶季，敬請大家拭目以待。第二屆因為擴大辦理的關係，吸引到政府機關、媒體還有在地居民的關注，引發了非常多的媒體話題，也讓更多人知道三峽本身有茶，而且有非常重要的、可以說是全臺灣獨一無二的碧螺春、龍井綠茶的傳統。另外，也激發出將三峽茶、藍染產業與鶯歌陶瓷產業結合而成「陶藏茶」的文創巧思，由鶯歌陶瓷博物館推出這項封茶產品。今年度即將要進入第三屆，這是我們系列活動的部分，在去年度舉行的時候，

新北市政府農業局特別關注，所以後來市長與一些重要官員都到場，參與我們去年度的開幕式。我們的合作夥伴，包括新北市立北大高中還有各個產官學部門，特別是北大高中，他們還為綠茶季製作了一份三峽茶鄉走讀地圖。在此之前，也曾經配合三峽區農會辦理茶鄉走讀活動。北大高中在茶文化融入課程部分，也屢屢獲得了國內教育獎項，在這幾年來執行相關的茶文化創生，是一個重要典範。我們除了綠茶季之外，也正在規劃拍攝三峽茶鄉的紀錄影片，今天論壇上午場的彭啟原導演就是我們的重要業師，包括紀錄片還有像是 podcast、廣告等等，跟政府單位與社會企業合作，配合近期捷運三鶯線即將通車，還有鶯歌區新北市美術館的落成，在後續的文化產業或是文化觀光形象會更加的顯著。趁著這個時機，我們希望能夠去推促、打造下一個國際觀光城鎮，讓學校在此過程中能夠扮演一個推手的角色。此外，我們也透過研究調查，跟新北市立樹林高中重啟樹林紅麴、紅酒產業調查與推廣，目前已陸續完成研究報告，林佩欣老師大概會在近期出版一本有關樹林紅麴文化的專書。

第三個是建置在地數位人文教學系統以邁向社區化永續經營。為配合數位人文趨勢，本團隊將 2021 年訂為「數位海山元年」，透過 GIS 專家張智傑老師的協助，我們將原本以社區居民為對象的「海山地區 GIS 工作坊」，深化為「海山地區 GIS 的原理與應用」、「社區 GIS 的理論與實務」的學校正式課程，期能為學校學生打下紮實的專業能力，持續累積海山地區相關數位資料，提供後續研究與教學的廣泛應用。這是我們 GIS 工作坊，在座的張智傑老師本身也是三峽人，這是很難得的因緣際會，讓我們在這個過程中擁有非常重要的助力。未來將陸續針對三峽茶鄉地圖、煤礦地圖等產業建置約 12 條海山地區數位走讀路線，作為學校課程的教學資源，增益課程活動內容的豐富度，以及社區人士學習的資源平臺。這個是我們在 2021 年舉辦的數位海山走讀，待會也許大家可以試著上網，打「步佈臺灣」四個字，這就是由張智傑老師所建構的數位平臺，完全開放，目前已經建構了 6 條數位走讀路線，然後大家可以按圖索驥，擁有一個無遠弗屆的體驗。

　　第四個是扮演地方智庫鏈結在地社群並推動地方活動創造社區動能。這幾年來，我覺得中心的角色已經慢慢明朗化，我們希望除了扮演各個產官學部門的溝通協力平臺之外，同時也在整個 USR 執行過程中，逐步地建立起自己的一個智庫角色，為地方提供一些創生巧思，包括參與地方創生藍染節、綠茶季活動規劃以及街屋調查計畫等等。這就是我們實際在田野調查過程中，希望能夠為三峽老街的 100 多間街屋，寫他們的歷史、寫他們的故事，讓外來的民眾、觀光客進入到三峽老街的時候，能夠更去留意每間街屋背後所蘊藏的生活故事，讓大家更感受到老街本身所擁有的歷史風華與文化魅力。我們也會將「三峽老街街屋生命史」的調查成果，融入到即將要出版的一部地方學教材《認識海山》。

　　第五個部分是培育未來臺灣在地人才並建置社區海山文史導覽團隊。核心人物就是在座的林炯任老師。我們從原本的「海山文史導覽團隊」，現在已經擴展成為「大海山地方學研究社」，由中心與地方人士共同成立的文化團體。這就是我們的文史團隊，我們有一些培力課程，這是去年度即將要舉辦大三鶯走路節前一天的工作會議。透過每一次的合作，其實就是累積大家更多的共識、更多的默契以及更多的經驗。我們也透過共同的書寫，來完成每一次活動的導覽手冊。主要的編輯者是林炯任老師，共同的書寫者就是我們文史導覽團隊的成員，在此過程中也實際達成了「大眾史學」的具體實踐，由大眾來書寫歷史 (History by the public)。這是集體合作的成果，我本身只是在旁邊看著，然後做一些校稿、潤稿的輔助工作而已。2021 年8 月本中心出版《海山大觀》一書，亦是由本校師生、在地國高中老師以及海山文史導覽團隊夥伴共同規劃撰寫而成，內容包含海山學研究中心成立宗旨、願景與發展，以及海山學文物展覽館資源、海山地區歷史發展與人文特色等。除此之外，還有導覽地圖、地方教材，都是我們集體合作的成果，在外面有所展示。這個是「聽大嵙崁溪說故事」，跟三鶯社區大學合作的文史導覽地圖也已經印出來了，剛出爐的「鳶山四季遊賞地圖」，也邀請大家未來可以參與我們的鳶山走讀。

　　第六個是拍攝紀錄片躍上國際舞臺以重新喚起在地社區鏈結。計畫團隊在三年期間開設「淡水河流域藝文人物誌紀錄片製作」，修課學生在彭啟原導演與葉治君專業攝影師的指導協助下，拍攝完成曾財萬、王惠民、吳明儀、蘇正立、陳木泉、賴唐鴉等 6 位知名陶藝師紀錄片，以影片重新鏈結鶯歌陶藝文化與在地關係，並與新北市立鶯歌陶瓷博物館建立合作關係，2022 年 9 至 10 月間配合館方「鶯式生活」教育推廣活動，於館內展示空間進行公開播映，重新喚起在地博物館對於匠師的重視，用紀錄片連結陶藝師、在地博物館與地方民眾的情感。此外，計畫團隊於 2021 年 5 月完成「清梅杏緬—記憶中的劉清港醫師」紀錄片，同年 11 月獲得 UNESCO 聯合國頒發全球學習城市獎的澳洲雲登市議會 (Wyndham City Council) 主辦的全球終身學習活動中公開放映，讓三峽在地故事躍上國際。2022 年 11 月，再次以陶藝師賴唐鴉的創作史為主軸的「臺灣的當代藝術點泥成金」紀錄片參與放映，後來澳洲主辦當局頒發感謝狀給海山學研究中心，這也是我們近幾年來執行 USR 計畫的重要成果。

歷史知識的學以致用

　　本計畫團隊透過課程與活動，帶領學生在海山場域中具體實踐田野調查、參與活動等方式，讓學生有訓練、有經驗、有能力，期許在臺灣各地就業與創業的過程中發揮所長，發掘臺灣不同地區的創生 DNA。

　　最後有一句話，我想跟大家分享，就是 2010 年我從國立故宮博物館轉任臺北大學教職的時候，李景光館長跟我提到，他的父親李梅樹先生八十大壽時的感言：「人空空來、空空去，在有生之年，要多做一些有益於國家社會的事」。在此之後，我一直將這句話作為個人的座右銘。而這句話，也提醒著鄰近李梅樹紀念館的國立臺北大學師生們，在享有國家資源的同時，不要忘記知識分子的社會責任！

圖 3：2022 年全球學習節澳洲雲登市議會頒給海山學研究中心的感謝狀

　　所以史學到底有什麼用呢？臺灣大眾史學協會張弘毅理事長有提到，它到底是一個 practice 還是一個 replay ？對我來說，我比較傾向的是 practice，就是一個實踐的學問──「學以致用」。我常常跟學生提到 USR 計畫的執行，事實上是提供全校師生共同學以致用的實踐場域，現在我們有一些學生走在三峽街道上，偶而會被人家認出來，我想這種感受是一般單純在學校裡面學習的學生不容易有的。最後，我也希望在 USR 執行過程中，讓我們的學生能夠體會知識份子應該要擔當社會責任與現實關懷的意義，然後讓在地知識學的能量成為校園課程的支持與地方社群的智庫，以轉化為社會實踐最有力的臂膀。

　　這是我們在 2021 大溪河階走讀的一張合照,我在中間拿著攝影機,將我們團隊成員攝入。自己很清楚知道,我們其實是在構築一個同心圓平臺,然後將各方的力量挹注在同心圓的內部,然後發揮出能夠改變社區、改變學校教學的一股力量,這就是我們 USR 計畫真正要達成的效果。

圖 4：2021 大溪河階走讀為海山數位走讀之臺灣首場,
百人齊聚大溪內柵簡家古厝 360 度環景留念（謝基煌老師提供）

歷史文化 ‧ 地方創生

大梨救小校— 中原大學在苗栗卓蘭的 地方創生之路

（演講紀要）

李明彥

中原大學企業管理學系副教授
企業社會責任研究中心主任

　　我是來自企管系，所以我這整個計畫其實是繞著地方創生來著墨的，那我們這個故事其實是發生在苗栗的卓蘭鎮，我就分享一下整個歷程。

　　我們企管系在思考這個問題，其實有一點算是直接先把袖子捲起來，我們就先到地方去看看有什麼狀況，然後我們就出發了，所以我們是要先解決一個眼前非常迫切的問題。我跟各位先很快的梳理一下卓蘭鎮，卓蘭鎮是我們全臺灣以鎮為單位的這個行政單位人口最少的，只有一萬六千多人，它這幾年每年都以 2% 的速度去減少它的人口。我們剛到卓蘭鎮的時候，每個禮拜去的時候，一定會看到一個共同的景象，就是不斷地有人在辦喪事，就是一個人口老化、快速流失的一個小鎮。我們當時就在這樣的一個情境之下

進到了這個社區，進到這個社區以後，我們有一個非常迫切要解決的問題，就是我們進到一個非常小的學校，這個學校只有不到 30 個小朋友，我們是七年前來到雙連國小，當我們進到這個小學的時候，是屬於縣政府列管為即將要裁撤的小學。我們就去了解一下地方政府怎麼樣看這個小學的空地，事實上對它來講，雖然老師的人事費是由中央撥補，可是地方必須要想辦法去彌補這個小學的一些硬體，相關的這種經常性支出，那一個 30 人以下的小學，對這個縣政府來說財政壓力很大，特別是苗栗縣政府，我想大家瞭解，所以對他們來講最快的方式就是把這個小學的土地地目變更，然後讓它可以去轉售，舒緩一下財政壓力。

我們當時做了一個很不負責任的調查，就沒有很精準，一個縣政府大概支付給一個 30 人以下的小學，像苗栗雙連這樣的小學，一年大概是五百多萬，它如果把這個學校裁掉，每天的上午、下午各派一班專車載他到鄰近的小學，這個可能費用不到十分之一，所以當時的縣政府他的想法就是要把這個小學裁掉。我們發現這樣子不行，如果這是一個人口流失很快速的社區，小學一旦被裁掉，即便他有派交通車，他還是會很嚴峻得去影響到小學跟社區，應該說影響到社區的人口的發展，為什麼呢？因為小學不只是有附這個教育的功能，它甚至是這個社區的文化中心，也就是當他們要做很多的這種交流的時候會在這個小學，甚至是一個活動中心，他們在那邊會辦很多活動。所以如果這個小學一旦被裁併掉，事實上最快的就是有學齡兒童的家庭，他一定會變賣土地直接就搬走，即便他上上午下午各派一班車，事實上在農忙的時候，小學即便是課後，還是負責是照顧小朋友的功能，所以我們就發現這樣子其實不行。因此在當時的背景，我們就到了這個小學，非常銅臭味的就想我們可不可能把小學變成經濟中心，換句話說，我們能不能夠做一個努力來減緩縣府的壓力，因此而減緩他想要把這個學校變賣的這樣的企圖心。所以當時其實是教育部一個很小的計畫，他一年才補給我們十萬元，相較於現在的 USR 計畫，是一個非常小的數額，那我們能夠做什麼？我們

就是派幾個學生到現場去做一些田野調查，所以當時我們就去想，我們可不可以發想一些可以留住小學的方案。

那我們來到了雙連國小，這是鎮裡頭一個叫坪林里的一個小學校，大家如果有一點概念的話，卓蘭鎮是在臺三線上，它並沒有火車站，不是一個交通很便利的地方，即便我們好不容易來到了卓蘭鎮，要再進入到雙連國小還要再開 20 分鐘的車，而且還要經過一個卓蘭鎮的生命文化園區，我們要去訪問的時候要跟地方的祖先們打招呼，所以它其實是一個很不好到達的地方。當時我們到現場的時候，全校只有 24 位小朋友，縣政府發出了一個裁併的方式，只要不滿 30 人的學校就列入裁併的名單裡頭，然後進行輔導。

我們做了一些簡單的調查，發現學校周邊的家長全部都是在種高接梨，如果小學真的要裁掉，小朋友會遇到什麼問題？就是他們會在非常不便利的情況之下就學，因為最近的學校是七公里以外的學校，然後有學齡兒童的家庭他很快就會搬走了。但這個學校其實已經建校滿 60 年了，所以是一個有歷史的學校，在辦 50 週年校慶的時候居然可以席開 60 桌，就是有超過 600 個校友從城市裡面回來響應，所以可以想見這個小學是他們地方的文化中心，因此我們就想我們可不可以做點什麼努力。

我們一開始就只有十萬元，就帶著學生去做一些田野調查，畢竟我們是來自商學院企管系，就在課堂上面做了一些調查，然後調查 100 戶農家他們都種高接梨了，我們吃到梨都覺得蠻好吃的，然後就跟我們平常上課一樣，就是把學生分組，說來看一下這個社區的這種狀況，大家可以做什麼？我想各位就可以想像得到我們在教室裡頭會發生什麼樣的情境，就是同學們開始集思廣益，然後每一個人都有一些新的想法，就是說我們去幫他拍個影片，我們幫他們賣，去夜市辦個活動，做這個地方的品牌效益，我們大概可以想像學生有什麼樣的 idea。我們的學生也確實想了一些 idea，然後也做了一份很精美的報告，因為只有十萬元，大概什麼概念？就是我們前後去

三趟卓蘭鎮後錢就花完了，就吃飯加上租車的錢，到地方去後，我們就跟當地人說，我們的商學院的學生覺得你們的梨子很美味，然後這個社區有一些故事，我們就來把它做品牌吧，我覺得做品牌好像對我們學企管的人來說，它就是一個萬靈丹。我們就到社區去告訴大家說我們來做品牌，提升你們的經濟價值這樣子，其實對社區是很有幫助的，然後就在一個場合邀請了地方耆老，做了一個很精美的簡報，告訴他們我覺得你們需要做品牌，然後我們可以教你們一些品牌的知識，可以定期定額的在社區設計一些課程來教導你們。

當時現場就有一位長輩，他聽我在分享的時候一直坐不住，就是等我分享完後他就急著舉手，我請他發表一下有什麼建議或者是有什麼問題，他當時就給了我一句話，他說老師：「我只想問你一個問題，就是你下一次什麼時候再來啊？」他的意思是說，我還會不會看到你啊？我說什麼意思呢？他說我們這裡經歷了太多這種政府補助了一筆錢，然後你們大學的老師也好，或是社區的這種什麼行銷公司也好，拿了這筆錢以後就進來這裡，然後告訴我們缺什麼，最後就拍拍屁股走人。他說做品牌難道我們不知道嗎？我們每一個人都在做品牌啊，我們去到那個社區，每一個採梨子下來的大哥們，他會把梨子裝箱，每一個箱子上面都有他們自己的名字，他們從自己的果園出貨就有自己的名字，上面會有一個斗大的他們的姓，譬如說姓邱的農友他就會有一個大的邱字，姓廖的農友就有一個大的廖字，所以他們都有在做品牌啊。後來我們經過很深入的互動之後才發現，其實在偏鄉他需要的不是你告訴他該往哪裡去，而是需要我們帶著他們一起往哪邊前進，這是品牌經營的一種精神，因為品牌不是你知道品牌很重要，而是你原來在做品牌的時候是要持續、不間斷的，而且勇往直前的去跟這個市場對話，因此我們有了這樣的一個啟發之後，就重新去省思我們整件事情的一個基礎。

在這楊的背景裡頭，我們就開始去做更深入的調查，我就承諾他們說我們會持續來，可是我們當時的經費很有限，所以我們就想辦法設計一套機

制，就是我們可不可以創造自己的活水，所以繼續派學生去，就是自己跟學校爭取一些這種服務學習的計劃，就是一些簡單的經費，然後再繼續派學生去。那我們發現幾個重點，第一個，事實上當地小朋友真的非常依賴這個小學，所以我們很快的發現社區跟我們有一個很明確的共識，就是我們一起努力來把小學留下來；第二個，我們發現這裡的產業非常的弱勢，這裡的果農大哥他們的交易模式是這樣，就是他們果子熟了，趕快採下來，然後按照大小分好就裝進箱子裡，那每一個規格就統一一個箱子，大概平均一個箱子就是 33 臺斤，裝好了以後他們就會請中盤商過來，中盤商開著貨車來就開始點貨，今天採了多少，然後把貨搬上車以後車子就開走了，他們整個過程是沒有在議價的，只有決定數量，等到中盤商到市場上面去兜售了兩、三個禮拜之後才會打一通電話來，說你這批貨我用多少錢跟你買，就是扣掉了他的利潤之後，才是他要支付給果農的價格，換句話說他沒有任何的議價行為，那當他沒有任何議價行為的時候，我們在那裡接觸的果農他就覺得他一切就是看天吃飯，今年收成多少或者是該賣多少，都是老天決定的，他們就沒有什麼自主性。

我們又發現這裡的水果其實真的很好吃，因為水果生長在集水區，所以在用藥上面很嚴謹，然後它的海拔相對於平地種梨的地方高，日夜溫差很大，所以水果很美味。我們就在這裡發揮了企管系我們可以做的事情，就在想我們何不來擔任自己的中盤商？我們就自己想辦法到處去募款，做了一些 project，然後做群眾募資，去找我們的校友，很努力的、很土法煉鋼的，我們就把這個梨子切好，然後挨家挨戶的通路商一家一家拜訪。我們去拜訪過家樂福、拜訪過愛買、拜訪過 Jasons、拜訪過頂好超市，我們一家一家拜訪，終於拜訪到了一家在臺中的楓康超市，他是興農集團的超市，這家超市願意下第一筆訂單，而且一下就下了三千盒的禮盒，大概一萬多臺斤。我們有了這個基礎之後就開始有了投資人，在各式各樣的基礎之上，因此，我們的公司就成立了，成立的時候就直接在經濟部註冊，把我們的這個組織章

程明確的規範，這家公司的獲利，原則上 30% 會挹注到學校去作為學校永續發展的經費，然後 30% 我們是拿來挹注給農友，就是農友跟我們的交易模式是這樣的，他賣給中盤商是 50 元，賣給這家社會企業也就是 50 元，然後我們到市場上面兜售完畢之後的獲利，我們就再 return 給他們，所以原則上我們 30% 的獲利就會重新回到果農身上，那剩下 40% 會留在這家公司做永續使用，所以這是一個不分利潤的社會企業，因為它是由民間的這種投資人，或是我們的校友捐資所成立的一家公司，那有了這樣的一個體制之後，我們也很幸運第一年就獲利了。

我們一開始跟果農大哥們合作的時候，就說我們現在有一家社會企業了，你們對外就不要說你們自己是農夫，你們其實是我們的產品顧問或者是產品經理，我們還印名片給他們，他們每一個人都是這家雙連梨社會企業的經營者，去改變他們對這個職業的 identity，那因為他可以有額外的利潤，甚至有議價的可能，甚至我們到市場上面跟這些通路商討論的時候，我們有議價的空間，因此他就願意開始有一些額外的投資，換句話說，他可以知道他自己的這個果子銷售的這個基準線在哪裡，這樣的一個行動就改變了他以往的產銷慣性。

在這幾年的努力，我們開始有了各式各樣的產品，很快的給大家一個 context。這個雙連梨，梨是每年的 7 月份採收，然後大概會有三個月的銷售期，那真正的銷售熱度是在中秋節以前，現在雙連梨社會企業已經是一個一整年都非常忙碌的社會企業。我們有這個商標保護，然後經過經濟部的審核之後，我們現在被登入在經濟部的中小企業社會企業專區裡面，其實就有非常多的效益了。現在非常多的大型企業，它在禮品的採買上面，他就會以這個名單作基準，所以現在我們常常會拿到大企業的訂單。

我們很幸運的跟其他所有創業的公司不一樣，我們都說創業的公司前面五年都在賠錢，我們第一年就有七十萬元的獲利，那我們就把三分之一，

也就是二十一萬分給了雙連國小。雙連國小的校長也很厲害，他拿了這二十幾萬，在暑假的時候就把學校的五、六年級生帶到國外去遊學學英文，學校才二十幾個學生，五、六年級也不過就六個，就帶到了菲律賓的一個學英語的學校，小朋友在那邊待三個禮拜，就是用這一筆經費。他這麼一做之後不得了，雙連國小瞬間成為卓蘭鎮最火熱的學校，因為他們那裡的高年級生都會被送出國，所以隔壁的里長就把他的姪子啊、孫子啊，一下子就帶了九個人來入學，所以雙連國小一夕之間從本來只有 24 個小朋友，突然之間就超越了 30 個人這個待裁撤的基準線。其實當時也有一點點爭議，我們這筆錢挹注給學校的時候，學校這樣做當然那是校長他有他一定的考慮，但是事實上，卓蘭就是一個小鎮，人口就這麼多，當學生從 A 校移到 B 校，那接下來遇到問題的就換成 A 校了，所以這就是他們的困境，因為人就這麼多嘛。

總之在一開始的時候，在從地方創生，從人口的角度，從小學，如果地方創生是一個針對人口發展的核心議題，那小學更是一個維持基本人口數量最基礎的一個組織，所以我們就開始從小學出發，我們透過這一連串的努力，然後還辦記者會，很多媒體爭相來採訪我們。我們的學生在實習的時候，全臺灣哪裡有小農市集他們就往哪裡去，所以一開始我們第一年賣了大概五萬臺斤的水梨，在第一年就已經打響了知名度。

也就如同我剛剛所說的，我們做了很多努力之後，其實對社區產生了非常多的改變，就是我們用更嚴格的檢驗，完全符合國家標準，甚至是採用可以追蹤溯源的方式去跟果農討論他們的整個栽作跟管理的機制。前面也提到，原本果農都是果子交出去以後過一陣子才知道價格，才能夠拿到錢。但現在我們耕耘的很深，甚至在地投資了一臺大冰庫，是一個大概 20 坪的大冰庫，我們現在跟果農合作，一旦果農把梨子放到我們的冰箱裡面來，我們當天下午就會把錢付給他，所以果農就根本就不用擔心，完全可以跟我們談好一個價格之後，把貨交到我們手上就可以拿到那一筆費用，不用擔心梨子會隨著市場波動而調整。

　　經過這幾年的努力，我們利用這個品牌系統開始去區隔跟其他地方的不同。在緊鄰卓蘭鎮的地方叫東勢，東勢是全臺灣生產高接梨產量最大的地方，那我們現在也很明確的把雙連梨跟東勢生產的高接梨作了品牌的區隔。我們目前雖然不可能把整個卓蘭鎮的高接梨揹在肩膀上，可是現在只要是中盤商他願意開車上來雙連社區，採購雙連社區的梨子，都必須要比東勢或是比平地的高接梨多出 10% 才買的到，這是這個品牌的價值所產生的影響力。也因為這樣，原本在地有幾個農友本來都會說這個種水梨的工作沒有前途啦，叫小孩都不要回來，就在都市裡面工作就好，但現在甚至有些果農大哥說，他保證他的兒子年薪一百萬，然後在鎮上買了一棟房子給他，就是要求他的孩子回來接他的事業，這是以前我們去那邊之前可能從來沒有或不曾努力過的事情。從整個經濟的誘因之後，去影響他們對於深耕在地的動力，這是我們對於當地產生的改變。

　　我們雙連梨社會企業這樣的努力其實還有幾件事情，當從生產銷售到服務，都是以社區的利益為優先出發，我們其實是嘗試著透過解決問題來獲利後再來解決問題。我們試著提高整體的經濟產值，像 Logo 是學生設計，我們透過一系列的課程，透過社會企業作為一個很重要的實習場域，把學生的 idea 放到這個社會企業以後去轉化成新的契機。這幾年的努力也產生了一系列的成果，就如同我剛剛說的，事實上我們因為雙連梨的成功，也因為有這樣的一個社會企業，它是屬中原大學的衍伸性組織，中原大學是公司的股東，還有我們的校友也是股東，整個的經營就會受到中原大學的監督，還有整個社會的監督。

　　很幸運的我們因為有了這樣基礎，也就接軌了 USR 計畫，因此我們整個 USR 計劃進來之後，就已經變成以整個卓蘭鎮為核心的一個機制，現在所有的努力都是放在整個卓蘭鎮上面。也因為雙連梨社會企業的成功，所以他是一個很好的平臺去跟企業對話，以及我們變成一個很好的實驗平臺，也就是我們接下來一系列的 USR 的行動都繞著雙連梨的基本精神，也就是說，

我們可不可以跟社會做一些協力，然後在裡頭投入一些資源跟努力之後，可以建立一個又一個可以跟在地延續發展的這種地方性組織或者是社會企業。

所以大家就可以看到我們接下來的努力就是學生創業，這間叫「活源行銷」的公司就是我們學生創立的公司，如果我們的主要對口對象是一般客戶，這個對口的對象就是企業，那他就是以卓蘭鎮為單位去做企業 CSR 的對接。舉例來說，他們曾經舉辦科技公司在卓蘭鎮的植樹活動，一整個植樹活動就由他們來承攬，然後建構一系列的商業模式，譬如說農事體驗，帶著在臺北的金融業公司來到這個產地，幫在地果農翻土跟做農事體驗，就做企業的 CSR 活動，順著這個概念一直往下延續。再來我們耕耘更深的是，因為社會企業的關係，這些學生持續的投入，創立了公司，他們畢業以後就直接留在在地耕耘，甚至就去接了國發會的地方創生培力工作站的計畫，就由他們在學校創立的公司，然後去跟國發會爭取了一年三百萬的補助款，現在就在卓蘭的詹冰文學故事館作為他們的主要據點，往下繼續耕耘。

這個工作站就稍稍的跟史學比較有關係，就是當我們做了這樣的努力之後，就開始又有額外的新團隊出現。我們開始在鎮上耕耘，就在鎮上做了一系列的地方文史的調查，跟地方的耆老對話，然後建立了一個社區交流的平臺，因此他們做了一系列的地方小鎮漫遊活動，然後我們還在在地組織了一些文史調查的協會，不定期的舉辦作品展，甚至有藝術單位協力他們去跟在地的一些果農一起做果園美化的藝術作品等等，這一系列都是在學生創立的公司，然後爭取地方創生培力站之後，開始有各種新的可能性加了進來。

學生又在這個基礎底下成立了一家專門做小鎮漫遊的公司，這個小鎮漫遊的公司就直接盤點幾個在地鎮上很重要的歷史古蹟跟它的相關故事，學生就設立了一整天的行程，從早上去了解果園，一樣做農事體驗，吃了一個帶有水果風味的客家午餐之後，下午就是在小鎮裡頭走讀，走幾個關鍵的歷史古蹟。這個活動在 ACCUPASS 網站上面非常的火熱，他們一公開就立刻

秒殺，就是非常多人對這樣的議題很有興趣，所以學生們就在這裡帶了一系列的活動，我們就盤點出來，光是每個週末如果都辦這些活動，就足以形成一個具體的商業模式支撐一家公司。

　　剛提到的詹冰文學故事館，就是因為在卓蘭鎮有一位名叫詹冰的老詩人，他過世了以後他們就把這個在地教師以前住的日式宿舍，改建成他的故事館，我們也因為這個基礎吸引到詹冰的姪子，他是東海大學美術系的退休老師，他把他的老家買下來之後，跟兄弟姐妹買斷這個產權，現在他看到我們的努力，就把這個故居交給我們，跟我們一起去爭取文化部的經費，這個故居現在已經變成一個學生經營的 hostel 青年旅館，這些都是我們中原的學生團隊在背後經營、支撐的。我們會帶著參加者看在地的信仰，把在地宗祠的相關故事，包含是什麼時候成立的？現在總共累積了哪些故事？把一些特定的形象，像是地豬，就是他們一種吉祥物的象徵等等，我們就帶著參加者在這個客家社區走一圈，然後各個老宅裡頭去看一些關鍵的歷史物件。

　　成立至今，我們讓這個社區本來是沒有人要來旅遊的，在 2022 年的時候居然可以創造兩千多人來到這個鎮上旅遊的一個效益。所以這是我們從地方創生出發，從人口回流或者是人口提升的角度出發，然後設計了一個類似社會企業的組織。未來，所有的投入我們都以可以把組織留在社區，讓他們持續耕耘、發酵，從這樣的思考跟機制來出發，建立起一個又一個類似的體系。

04

人文應用
創新教學

人文應用 · 創新教學

應用史學在輔大，
一點經驗的分享

蕭道中

天主教輔仁大學歷史學系副教授兼系主任

　　很榮幸在此向各位報告，史學玩應用活動 2021 年在中央大學舉辦的非常的成功，今年 (2023) 在輔仁大學舉辦，是我們很大的榮幸。這次我是來介紹輔大歷史學系在實踐應用史學這方面的一些經驗，這些經驗不一定很成功，因為大學歷史系主要還是以學術為主的一個環境，怎麼樣在學校中推動應用史學我們還在摸索學習中。我想有很多的校系是真正的先行者，包括師大他們很早就開始做，然後像東華大學，我覺得他們都有一些很成功的的經驗。我們的起步可能比較晚，也努力來做一些嘗試。

　　推動史學的應用有它很現實的意義，輔大歷史系多年來都是全國學生規模最大的歷史系所，我們每年招收同學進來我們的學系，這些同學投入了他的青春來這邊學習，他的家長付出了學費，他們未來畢業馬上就要面臨就業問題，我們可以提供同學未來有什麼更多的可能性？傳統的史學訓練主

要是學術訓練，這個訓練仍是我們課程的核心。但在以前我們唸書的那個時代，文科生就業市場以從事教職為大宗，但現在教職這條職業路線其實很窄，許多在高中、國中任教的師長，我想一定可以了解。

　　傳統上，歷史系畢業生還從事跟文字有關的職業，例如是像編輯、或在出版社的工作，這方面的職位其實它需求也是有限，或者待遇也不是那麼的好。從近年跟畢業系友的反饋中可以大概了解，歷史系畢業生如果不是從事上述傳統文科的相關職業，在就業市場上主要就是兩條路：一個大概是做行政，另一則是做行銷。行政工作因為它的刻板性別印象很深刻，基本上行政助理、秘書工作較少會選用一個歷史系畢業的男生，所以男生好像很多就必須往行銷這些方面去找工作，我覺得這個就是現在就業市場的大概狀況。隨著社會變遷，我們可能也有必要在大學端為同學開創更多未來職業的可能性，這是我們在歷史系嘗試做應用史學的一個重要原因。也許輔大的這個起步是比較晚的，但是我們也努力做一些嘗試，我的報告就是為我們過往在幾個領域的嘗試做一些回顧。以下我大概從應用史學學分學程、應用史學工作坊、史園文創獎，還有歷史普及實作，這四個方面跟各位介紹。

（一）應用史學學分學程

　　輔大歷史系在 2013 年開設這個學分學程，學程要求 20 個學分，設於文學院之下。這個學程其實是發揮輔大做為綜合大學的優勢，擁有各方面專業的系所，例如中文系的編輯實務、應用華文課程，另外還有圖資系，我們也有很強的傳播學院跟外語學院、博物館所等。學程希望整合教學資源，鼓勵學生跨域學習，提升就業競爭力。當時學程的設計，就是把各個系所一些跟史學應用有關的課程跟相關系所溝通後放進學程。基本上這個學程並沒有特別開設什麼新的課程，而是在校內既有課程架構下設計這一個學程。

　　在最早開設時，學程還有實習規定，為此我們還跟幾個不同的機關單位簽署實習備忘錄，但是這個部分後來因為實行情況不盡理想而刪除。實習的要求或許還影響同學選修學程的意願；學程要求選修 20 學分，其中包括 4 學分歷史系必修的史學導論課程，等於歷史系的學生實際上只要修 16 學分就足夠。但即使如此，選修這個學程的歷史系與外系同學人數其實還是有限，例如 111 學年大概只有一位同學完成這個學程。在我們的檢討中發現其實同學選修課程並不是十分容易。如前所述，學程承認的課程包括在不同系所，這些課其實不一定每年開設，或是課程在其他系所也十分搶手，非本系同學選修不易，所以雖然看起來可以選修的課程很多，但實際上要修課就發覺不是那麼順利。另外像實習的問題，現在同學對實習的期待似乎與我們的想像有些距離，同學的實習情況有些不同情況，以致我們後來刪除了實習的規定。我們還在思考怎麼把這一學程能夠做改善，也歡迎各位先進能提供指導建議。

（二）應用史學工作坊

　　從 2014 年開始輔大每年舉辦應用史學工作坊，這是一個一天的活動，我們在過往幾年中持續對這個活動進行調整。活動最初主要偏向講座方式，邀請各種專家學者，像是我們有邀請過古籍修復、歷史 GIS、領隊導遊、影像紀錄等等領域的專家，安排一整天的講座，讓歷史系的同學可以瞭解未來的職涯發展的可能性。不過後來我們檢討覺得這樣的方式好像跟預期的「應用」有一點距離，所以接下來做了一些調整。活動的場次調整為上下午各一場，場次時間拉長主要是說除了演講之外，還有同學操作的過程。操作的部分也有過一些不同方式，例如是有電臺國際新聞節目主持人，講有關新聞的內容，也直接帶領同學進行寫作。另外有一位講者在一家頗具規模的管理顧問公司服務，公司承接政府的軟、硬體服務案。這位講者講解一個歷史文創

案件可能需要的內容，並實際請學生來設想一個申請計畫的內容。這樣的方式對學生來說除了聽講之外，至少還有自己操作的過程。去年 (2022) 我們又嘗試了另外一個新的方法，在論壇的主要籌備者楊善堯教授、皮國立教授與吳宇凡教授的協助下，帶領學生直接踏入田野，前往桃園大園航空城，做實地調查與拓碑，算是一個很不一樣的體驗。對同學來說，這是一個既出遊又有學習內容的活動，基本反應也不錯。

（三）史園文創獎

　　輔大歷史系於 2016 年在系友的支持下開始設立史園文創獎，每屆文創獎設有主題，第一屆主題是輔仁大學，第二屆是輔大跟新莊，就是主題慢慢擴大。文創獎設有不同項目，例如第 2 屆，設有小說、劇本跟報導文學、多媒體創作，文創商品三類獎項。這個獎項有系友捐贈的獎金支持，參加獲獎者不僅有獎狀，還有兩萬、一萬跟五千獎金的鼓勵。這一活動主要對象是自己系上的同學，原先考慮是如果開放的話，校內其他專業系所同學參加，本系同學將缺少獲獎機會，所以獎項只開放給歷史系學生，或者選修歷史輔系、雙主修的其他科系同學。

　　這這個獎項如果觀察過往的得獎名單，作品其實蠻多元的，包括像多媒體創作，基本上還是跟影片有關，然後產品設計類也有同學做歷史大富翁桌遊，還有位同學把清代貴族的形象與跟杯子做結合，取名為龍鳳對杯。

　　史園文創獎雖已舉辦多屆，但也確實遭遇一些困難。我們雖有獎項，但沒有相應的課程或工作坊可以對應的來支持，以致活動全賴同學自發的興趣來參與，每屆參加的作品數較為有限，未達原先推廣應用的目的。

（四）歷史普及實作：密室脫逃課程

本系陳識仁老師在 2016、2017 年的時候開設歷史普及實作課程，經與學生討論後，兩次的學期課程共設計了兩套密室脫逃遊戲。密室脫逃是從電子遊戲衍生出來的一種實境遊戲，它通常在一個密閉空間，參與遊戲者必須在限定時間突破遊戲設計者根據主題安排的一系列謎題，方可順利過關出逃。第一次課程設計的遊戲《開棺》，以河南安陽發掘曹操高陵為背景，修課同學需要根據典故設計在曹墓裡面的一些細節，根據搜集的資料去設計出謎題，這些謎題留下的線索讓闖關活動者可以突破關卡，以求密室脫逃的目的。第二次課程設計的遊戲以「限索」為題，以二次大戰期間，納粹集中營秘密進行人體醫學實驗做為故事主軸，讓玩家從中感受戰爭的殘酷，以及人性在戰爭中的善與惡。

這一課程既需要歷史知識做為背景，設計主題與安排線索，還需要親自動手做的能力，準備道具、構建基礎的歷史場景。因此不管是對老師或修課學生來說，其付出可能要比一般學術課程來得更多。因為課程都是在校內進行，活動商借教室後，需將室內課桌椅淨空方能進行佈置，除需要更多勞動，時間、經費問題都需要解決。這門課第一次開設還沒有想到說有什麼其他資源，由系上自己支應相關開銷。第二次開設通過申請，獲得教育部一定的補助。

兩個班的同學最終以「史密斯工作室」的名義發表成果，邀請輔大校內師生組隊闖關，各位如果瀏覽史密斯工作室的臉書專頁，還可以看到當時活動的部份內容，表現相當精采。我們希望未來如有機會，能讓史密斯工作室的創作工作繼續下去。

最後我想為報告做一個小結，回顧本系應用史學的發展情況，我覺得我們努力做了一些嘗試，但是也有許多可以改進的地方，整體經驗多少也有些事倍功半的感覺，造成這樣的原因可能有多重。

第一個可能跟史學傳統的訓練有關係，歷史系的老師多年以來接受的都是學術的訓練，要投入史學應用的領域，需額外花費許多心力，有很多東西需要學習。但是大學裡面升等其實還是靠研究能量，從事應用史學活動跟升等的相關要求並沒有直接的聯繫，所以一般情況下，大學的環境並不令人有動機主動學習史學應用的相關知識，主要靠教師個人的熱情去持續學習與支持相關活動。第二個是理論跟實際之間的差距。如前述，我們的應用史學學程在籌備的階段花了不少心血，為與公、民營單位達成實習共識特別需要溝通，但最終選修學程的同學並不多。這可能是我們的課程或許不夠有吸引力，再則，也許就是我們對學程的宣傳可能是不夠的，這些方面當然可以做一些改善。而實習的部分，有些同學覺得實習蠻好的，但也有同學覺得不是那麼想去實習，這幾年的同學實習經驗也有些不理想的狀況。只能說我們原先對課程的設想與同學的認知間是有差距的。而像史園文創獎，我們可能需要給同學更多的支持，讓他知道可以怎麼去做一些嘗試，連結上後面的競賽，有一個可以展現的空間。

最後，時間、經費，還有修課同學的人數與參與情況其實也都影響了各種活動的發展。識仁老師的歷史普及實作課程在開設了兩個學期後就先暫停，因為開這門課非常花費精力，而且每學期來修課的同學情況並不一定，同學是不是有足夠的參與感，會很大影響了課程的進行。所以我覺得改善之道當然就是我們需要檢討，然後針對剛才的那些問題思考回應之道。以上是輔大歷史系在應用史學這方面的一點經驗談，不一定有多成功，因為我們也在摸索與學習之中，也請各位先進能給予指教。

應用歷史在大學端的教學實踐— 以國立嘉義大學應用歷史學系的 模組化課程為例

郭至汶

國立嘉義大學應用歷史學系助理教授

一、系名背景及所具意義

　　國立嘉義大學應用歷史學系是目前全臺唯一以「應用」為名的歷史系。雖然文學科系中以應用為名者所在多有（如：應用中文系、應用外語系），但目前僅有嘉大設有應用歷史學系。嘉義大學是由嘉義師範學院及嘉義技術學院兩所學校合併而成，在合併之前，嘉義師範學院有社教系的史地組，而嘉義技術學院有共同科的史地組，故兩所學校合併後便成立「史地學系」。2013 年的史地學系改名為「應用歷史學系」（底下簡稱應歷系）。彼時適逢通識中心改組，因此也有通識中心的教師加入應歷系。除了讓本系更能有應用的成份，也讓系上的發展更加多元。

二、學生發展與課程規畫

考量歷史系畢業生的未來就業方向，應歷系的課程規畫乃奠基於學生的職涯選擇。因應現代社會發展迅速，文史科系的畢業生除了學術進修之外，也有朝應用領域發展的趨勢。綜合過去的實踐經驗，應歷系畢業生有「進修」、「公職」、「教職」、「就業」等四大發展方向。本系的模組化課程即為此預做準備，一方面在學生就讀時培養就業能力，二方面在大學階段便有相關的知識儲備。應歷系畢業生的四大發展方向分述如下。

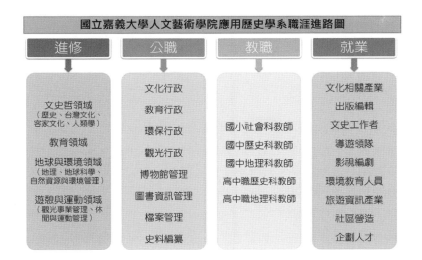

1. 學術進修

在學術進修方面，除了「文史哲」之外，應歷系的課程還可推擴至「教育」、「地球與環境」、「遊憩與運動休閒」等領域。在既有的史學基礎之上，因增加了師資培育的課程，學生可具備教育專長。應歷系的地球與環境課程，使學生有地球、大氣、環境等背景知識，進而在研究所考試時跨至地理相關系所。而遊憩與觀光領域課程更為應歷系特色，學生修習課程後，在

觀光、休閒、運動管理等知識上，都有專業加分的空間，進而報考相關領域的研究所。

2. 公職考選

在公職考選上，應歷系的三大模組化課程：「應用歷史」、「區域歷史與地理」、與「文化資產與觀光」，可訓練邏輯思考、釐清問題、耙梳脈絡等基本功，這是在應試時的必要能力。在應歷系的課程規劃中，部分課程也能與公職考試相對應。舉例而言，高考三級「文化行政」類中，世界文化史、文化行政與政策分析、文化資產概論（另三科為藝術概論、本國文學概論、文化人類學），以及普考「文化行政」類中，世界文化史概要、文化行政概要（另兩科為本國文學概論、藝術概要），應歷系課程均有涉及。

3. 師資培育

在師資培育上，嘉大民雄校區的前身為嘉義師範學院，是南臺灣師資培育的重鎮之一。基於師資培育的發展脈絡，應歷系的「區域歷史與地理」模組便規劃歷史、地理專業的教育課程。亦即，學生若對歷史教育感興趣，可修習歷史教育學程而得到師資的專長。同時，因過去史地學系的課程架構仍有保留，學生除歷史學科的專業知識外，還有地理、大氣、環境等相關領域的課程，可修讀課程包括臺灣地理、中國地理、亞太地理等，因此學生在選擇師培課程時，還可選擇「地理」教育學程而成為中等教育地理科師資。應歷系的區域歷史與地理模組課程涵蓋歷史與地理，這也為修讀國小社會科教育學程的學生增加背景知識。

4. 就業實踐

在就業實踐領域，學生因有「文化資產與觀光」模組的課程，在畢業後，可投入文化產業、出版編輯、文史工作者、社區營造、編輯企畫等工作。此外，本系「應用歷史」、「區域歷史與地理」模組中，不乏有以作品實作、

規畫展覽為導向的課程,例如數位人文與史學研究、應用歷史與公眾史學等,這些課程可讓學生在就學階段即累積作品,並與受眾進行互動。課程的學習中除了各種數位工具的熟悉之外,同時也間接培養專案企劃、團隊合作等軟實力。

三、模組化課程

應歷系的特色之一是模組化課程,一共規劃三大面向,包括:「應用歷史學程」、「區域歷史與地理學程」、與「文化資產與觀光學程」。應歷系將學生的職涯發展與模組化課程相結合,因此無論是學術型、或實務型的課程,均本於實踐。本系的三大模組化課程分述如下。

1. 應用歷史學程

「應用歷史」模組課程包括:計量地理學、地理思想、族群關係、文化創意產業、國際禮儀與文化、數位人文與史學研究、影像與景觀處理、日治時期台灣史、應用歷史與公眾史學等,為學術型模組課程。這些課程可略

「應用歷史」學程 【學術型】(至少16學分)	「區域歷史與地理」學程 【學術型】(至少16學分)	「文化資產與觀光」學程 【實務型】(至少16學分)
計量地理學;地理思想 族群關係;文化創意產業 地區歷史與時代[3] 美國媒體與現代中國[3] 國際禮儀與文化 數位人文與史學研究 氣候變遷[3];影像與景觀處理[3] 方志選讀;日治時期臺灣史 全球化與在地化 地方傳說與創作[3] 臺灣史史料選讀 應用歷史與公眾史學 環境生態學[3] 戰後臺灣政治史 應用史學實習;環境史 史學名著選讀	世界地理[3];世界文化史 區域地理學[3] 臺灣文化史 中國地理 西洋中古史;清史 臺灣地理 近代中西文化交流史 美國外交史;海峽兩岸關係史 歐洲近代文化史 中國近代經濟史 海峽兩岸關係史 亞太地理 美洲地理 臺灣區域史[3] 日本史 東南亞史	博物館學;臺灣歷史與古蹟[3] 歐美文化與世界遺產 歐洲文化遺產與觀光 英國產業與實用觀光英語 旅遊文化 臺灣寺廟建築 觀光地理學[3] 社區營造與地方產業 臺灣民俗與文化 世界文化遺產 社區營造與實務 文化遺產與地理學 影視產業與歷史文化 文化展演與規劃設計 地方發展與歷史文物 宗教景觀與地理學[3]

分為兩類，一類是「學」，包括：計量地理學、族群關係、日治時期台灣史，一類是「做」，包括：數位人文與史學研究、應用歷史與公眾史學、影像與景觀處理等。應用歷史模組的設計是以「做中學」為核心，由此向外延伸架構出與本系同名的應用歷史模組課程。這樣的架構可讓學生在歷史知識的基礎上有作品產出，除了培養能力、也能增加經驗，以便往後在學術進修、公職考選，或師資培育上，能有正向的發展。

2. 區域歷史與地理學程

「區域歷史與地理」與傳統史地學科較為相近，屬學術型模組。不同於傳統斷代史、國別史的規畫，應歷系以「地區」進行分類，且以史地互動的角度，探討區域當中歷史、地理的交互作用，相關的課程例如：區域地理學、臺灣區域史、近代中西文化交流史、亞太地理等。另外，海峽兩岸關係史、中國近代經濟史、歐洲近代文化史等課程則全面地從政治、經濟、文化的角度介紹區域的發展，使學生在區域歷史與地理的學習上能夠觸類旁通。

3. 文化資產與觀光學程

「文化資產與觀光」模組課程可分臺灣、歐美、世界三大類。與臺灣相關的課程有：臺灣寺廟建築、社區營造與地方產業、臺灣民俗與文化、臺灣歷史與古蹟，與歐美相關的有：英國文化與實用觀光英語、歐美文化與世界遺產，與世界相關的有：世界文化遺產、旅遊文化等課程。文化資產與觀光模組的課程規劃，其背後的思考邏輯是「地方、區域、全球」。這個同心圓模式讓學生能從臺灣望向世界，一方面思考全球的文化資產，同時也關心臺灣的地方發展與觀光。

四、結語

　　嘉大應歷系承續史地系的傳統，在沿革中創新，透過「應用歷史」、「區域歷史地理」以及「文化資產與觀光」這三個學程的設計，讓學生更能學有所用。應歷系在學生職涯發展的脈絡下設計模組化課程，每年均作滾動式的修正，收集學生回饋後持續修訂課程，讓「課程」與「實踐」能互相補充。本系的課程規劃以學生的個人發展與成就為目標，如同教育學家布洛姆（Benjamin Bloom）所言，有知識、有技能、有情意的課程，能對學生的未來產生較大的益處。

人文應用・創新教學

政大臺灣史研究所的
實作教學摸索

林果顯

國立政治大學臺灣史研究所副教授兼所長

　　我是政大臺史所的林果顯，我很榮幸來報告本所在課程上面的一些嘗試。原本我的題目是跟教學實踐有關，這個題目其實包含了蠻大的，包含在大學裡面有一個教學實踐計畫的申請，然後現在各高中端或者是學校也都有各種教學實踐的嘗試。因此，為了比較符合史學玩應用論壇的主題，跟大家報告本所在實作課程上面的一些摸索。這些摸索我不認為全部是成功的，它也讓我反思了一些問題。

　　在正式講我們所做了哪些事情之前，想要先讓大家知道在大學裡面，一個歷史的或者是臺灣史的系所他被要求要做些什麼，要先知道我們是被要求了什麼的這個大背景之下，然後才會知道去做這些實作的課程其實是在比較艱困的條件下面去完成。

　　許多先進願意在應用史學這塊領域做這麼多事，這是很不容易的事。這些其實都是多出來的事情，什麼意思呢？當在學校的會議桌前，跟許許多多不同的科系一起開會，被問為什麼你們需要這個錢，或是你們到底在做什麼的時候，歷史應用的事通常都不會是 KPI 的一部分，所以這些單位願意做這件事情我覺得都很難得。再來就是大學端在高中老師的面前，看到高中的探究與實作的課程已經達到很進步的程度，這令我非常汗顏。

　　高中生大部份是不會進歷史系的，可是他們玩成這樣，好不容易可能因為這樣子被啟發了，真的進了歷史系以後，可能會發現大學怎麼會是這樣？留下了一縷命脈進了研究所以後，沒想到研究所更不會做這些事情！我在思考怎麼生態會變成這個樣子，我的意思是，我要感謝高中端在這方面的努力，對我們還有一些美好的想像。

　　就是說，作為一個研究所，特別是國立大學的研究所，我們會被期待要做出一些事情，可是又要怎麼樣回應社會，就是這兩方面的拉扯。可是有一些東西確實是臺灣史研究所才會遇到的，歷史研究所不是不會遇到，只是因為通常不會找到歷史研究所。怎麼說呢？譬如說原住民，說到原住民，特別是臺灣原住民的議題，身為臺史所，有可能不回應嗎？當人家問你的時候至少要去了解。譬如說地方上有很多信仰，然後宗教的東西，也是一樣啊，我是學戰後臺灣政治史的，可是遇到這個東西的時候，可以說與我無關嗎？不行啊，而且很多時候地方上對這個東西有很多的熱情，他們想要知道，他就會找到我們。我不知道一般的歷史系如何，可是臺史所的話，這個怎麼會不是我們的範圍？舉例來說，臺南的林百貨旁邊就是舊國民黨臺南市黨部，正前面就有一個雕像，我去查一下就是一個慰安婦的雕像。你說慰安婦好像也可以是中國近現代史的東西？沒有，這當然跟臺灣史有關，就是談這個議題，也會有聲音質疑你們為什麼都不教慰安婦這類的問題。至於檔案問題，譬如說許多政治檔案開放的相關問題，只要遇到這個議題的時候，那臺史所要不要回應一下？這就是我們被期待的。簡單而言，以臺灣之名，我們被期

待，我們要做很多該做的事情。

　　第二個是以研究所之名，訓練學生的方向，必須嚴格按照學院標準撰寫學位論文。而且本所還是全臺灣唯一有博士班的臺灣史研究所，這個時候我們擔負了這個任務。這幾年有個現象特別明顯，就是國際上對於臺灣的興趣變多了，他們對臺灣的議題，包含對臺灣歷史的詢問度變高，這個時候他們也會想要知道，臺灣在臺灣史這件事情的教育上面到底做了什麼，本所當然一定會是被觀察的對象。所以我每次跟我們碩一的同學說，各位的論文在50 年後，當大家想要研究臺灣在 21 世紀初的臺灣史研究概況時，各位的學位論文就會變成是被研究的對象。某個程度來說，當國外想知道臺灣的臺灣史研究進展到什麼程度，本所一定是被觀察的對象，因此這塊我們無法放棄。

　　可是放在今天史學應用的主題，對不是要走學術路線的學生，把論文寫好有辦法謀生嗎？我想這是歷史系的人，從大一開始不斷自我拷問的問題。師大臺史所在這方面做了很前進的嘗試，他們把畢業條件不再只限定於學位論文，而是變成多元的形式，包括音樂、劇本、街區介紹等。但他們其實壓力也很大，就是因為也是叫研究所，所以很容易被挑戰。也就是說，當歷史研究所或臺灣史研究所在做應用史學或者是實作課程的時候，我們一定會面臨到上述壓力。

　　再來就是碩班和博班的處境，其實我現在對於碩班的同學要做什麼比較有概念，可是博班會比較模糊，有一個原因是我自己在養成的過程中，覺得國內歷史所對於碩士班和博士班界線很模糊，因為課程都一樣。像我是政大歷史系、政大歷史所碩士班、政大歷史所博士班，所以我在念博士班的時候，原先的課我全部都修過了，無法再修，所以我修了所有兼任老師、客座老師的課，例如我修過夏伯嘉老師的課，講述十六世紀的利瑪竇。那門課我很喜歡，他在講異文化接觸的時候，說到利瑪竇當初如何介紹聖母像，就

把它放在木盒子，然後把他擺高高的，前面還插香，它木盒子打開，然後知識分子一看，啊這是觀世音菩薩，用這個例子來說異文化如何相互想像與溝通，所以那門課讓我收穫良多，但和我臺灣史的專業差距甚遠。專門給博士班的課並不多，進一步而言，研究所當中對博、碩士生制式的訓練，兩者界線較為模糊。

再來是碩班同學，本所的同學有許多是非歷史系上來的。我們一開始的時候，每個人寫出來的論文看起來不像是同一個研究所，連論文格式都不一樣。後來等到 2009 年我進入本所後，所上討論需要開設一門論文寫作的必修課，就由我擔任至今。在我的安排中，第一堂課就是要規範史學論文格式。不過有件事頗有意思，這門課開設後，加上碩士班其他課程的訓練，雖然入學時來自各方，但是最後在畢業的那一刻，他們寫出來的論文其實分不太出來誰大學部是歷史系的。例如我們去年畢業論文得獎並獲得出版機會的同學出身自政大歐語系德語組，她寫了一個歷史系的學生沒有辦法寫題目，就是十九世紀德國文獻裡面的臺灣，她以深厚的語言基礎及歷史學的視野，完成了一篇很好的論文。碩班的好處是畢業後方向多元，大部分並不會留下來念博士班。但是現在這樣的環境，身為主管，對於請表現很優秀的人留下來念博班是會有掙扎的。但是你沒有辦法很理直氣壯講這件事情，因為目前的前景實在是堪慮。

現階段博班的學生，大部分是什麼狀況呢？大部分是在職生。念歷史所或臺史所的博士班時間很長，又很花錢，大家又期待博士班階段的東西要有國際性，要運用多國檔案，研究戰後的要去看一下美國檔案，做日治的不去日本待一段時間怎麼寫？這些都是錢和時間，就是青春。如果讓一個沒有全職工作的學生做這些事情，最後畢業以後告訴他不好意思沒有位子，這會讓越來越多的人卻步，所以大部分會來念的漸漸變成在職的同學。在職的同學很優秀，而且他們願意在工作之餘還來念書，非常辛苦，他們時間真的很少。如果要求他們去檔案館或是去國史館看個三個月的檔案，或者到國外交

換半年，對在職同學非常困難。以上這些種種困境，包含社會對臺史所的期待，或是博、碩班各自面對的困難，都是一直存在且加劇的，而所謂的實作課程，就在這些情況下再擠出來的。

最後我再交代一下，為什麼我會把題目把它改成實作，因為我覺得實作這件事情就是要真的動手去做，而且要有成品出來，最好是還有觀摩展示，只要有這些元素我就把它歸類為實作。至於論壇的主題—應用，我覺得應用之中一定會有實作，但是應用可能更大或更專業，就是可能更需要技術性的工具或能力。對我來講，如果把論文寫作，拆解成各個環節實際操作後，必須跟大家一起報告，這也是實作，例如我的課就是從每個禮拜五百字，然後一千字這樣慢慢練習，我是以這樣的觀念來講實作。

那我們學校是在做什麼呢？在這幾年裡面，會發覺上級不斷的丟出新的概念給我們，這個可能連高中都有，像「素養」是最近會常聽到的。每一個東西上級會用競爭型的計畫來請各位去參與了解，在大學裡面，當教育部或學校想要推一個東西，願意給一些資源，但是又不想直接給，就會請大家寫計畫來競爭。又為了怕大家不會寫計畫，還會先開說明會教導。一旦真的申請到了，計畫會有總辦公室，下面會有子計畫辦公室，然後總辦跟子計畫辦公室為了達成上級的指標，必須一直舉辦各種培力與交流的工作坊，最終還要有國際連結，你還要找國際的學者來交換意見。在結案報告時，除了像簡報以外，最好要辦展覽，最好還要多媒體與多種形式，譬如像用演戲的方式也很受歡迎。整個計畫的最後還要出版，這大概一個完整的教育部計畫。下面這些關鍵詞大家一定不陌生，包括翻轉、跨界、前瞻、素養、USR、ESG，整體教育資源的分配，或是想多做些什麼事，就必須與這些關鍵概念連結。

這些東西其實對我來講不是沒有收穫，譬如說翻轉這個概念對我衝擊很大，由此得到啟發，本所的實作課程參考了翻轉概念。具體來講，本所的

實作課程除了做中學之外，重點不只在於培育什麼能力，而是讓同學知道缺少什麼能力。我們希望把學生以後有可能會變成的人，把他拉進來到課堂上，讓大家看到後想想自己要不要變成這樣子的人？如果你想的話，那你覺得你還缺什麼？這是我們最重要的設計的概念。其實現在的學生也很可憐，做一個臺史所或是歷史系所的學生，或一般大學生，他要獨立思考、要多元整合，還要團隊合作、國際移動，還有什麼？要去參加競賽、要創新，特別是這個多元整合，我不太確定為什麼現在學校的 KPI 不是做好本分，而是偏向更多元的表現，譬如說學生要會自我要求，歷史系不要只念歷史系，我要雙主修。所有的人都是有證照焦慮或者是學位焦慮，每個人都一定要拿兩個東西以上，那你本身的東西呢？真的學得好嗎？我並不是很確定這件事。可是連他要求老師的 KPI，或系所的 KPI，學校都是問你為了所外學生貢獻了多少，而不是問對自己的學生做了多少，我不認為這是一個很好的趨勢。

在實作的學習過程中，這幾年參加過令我印象深刻的一個計畫，是請大學生組團隊，到故宮認識文物，了解文物背後的故事，接著學習動畫製作，成果是以故宮文物為發想的動畫短片，帶到國小，由小學生評分。另一個計畫是讓人文社科的同學使用數位工具，有一學期是帶同學做 APP 的架構，同學很快就上手，做了以臺灣歷史與主題的旅遊 APP。我最近參加一個計畫就是要瞭解什麼叫做 AI，這是另外一個關鍵詞，於是我們還有讀書會，要在理工科的老師前面去報告說什麼叫做 AI 學習。

本所比較謹慎地開設實作課程，這是因為我仍然認為在大學或者是研究所裡面，還是要從學術出發，也就是說我們還是認為就是之所以可以好好的應用，原因是在於本職學能夠好，歷史學知識夠好，論文寫得夠好，你才有辦法寫一個好的科普的故事，然後你必須要懂得如何安排結構，你要去做策展的時候，你的東西才會不一樣，這是我們基本上的想法。我們這幾年在試圖將一些我認為比較有實務經驗的人把他拉進來，譬如說在檔案管理方面，當然就請檔管局的專家許峰源教授，他用一整個學期告訴大家檔案是什

麼樣子？該怎麼讀檔案？它跟歷史的關係是什麼？然後再由學生自己去策畫一個展覽。

　　學生的展覽一定很簡單，他的東西跟業界比起來會差很多，但是我覺得這才是重點，他們玩過一次以後自己就會知道缺什麼。我想強調的是，在學校裡面能夠做的事情，就是提供可失敗的機會，讓業界的人進來，讓同學可以看到並想像，如果五年後要變成這樣的人，那我有沒有可能？如果有興趣的話，那我還需要學什麼？他們反過頭來會去思考說，由他們回饋給我們，也許我們在課程上面或者是在訓練上面可以多這些東西，我們系所可以支援什麼。這個班可能就是一整組，我就說預算就只有一萬五千元，你們超過了我不管，你們就是要想辦法做出你們要的東西，在社會上被限制預算不也是社會常態嗎？你們本來就應該要知道這件事情，然後就一萬五千元給他們玩。我覺得在學校裡面讓他們玩一下，然後受傷也沒關係。

　　我今年（2023）特別把策展連結都放上去，把海報上面放了策展人，讓他們有榮譽感。另外像是本所畢業現在在中央歷史所任教的陳家豪教授，因為他先前是在國家二二八紀念館任職，然後他遇到一個很現實的問題就是這一兩年，特別是解封以來，許多的外國人指定要到這個館來看，所以需要外文導覽，這就會在策展之外，多了導覽的練習。我們就是透過這個方式，將在第一線正在做事的人，設法拉進來。

　　至於學生對於系所開的實作課程，有什麼看法呢？其實我覺得有時候我們想了這麼多，譬如說老師自己設想許多，可是問題是那些東西不一定是學生要的。因為學校裡面的老師，我們所經歷的時代跟現在學生所面臨的社會不太一樣，而某方面來講大學的老師，當然有些老師非常的入世，可是有一些比較沒有那麼入世的，而且大學基本上有時候甚至還不太強調入世。因此老師們設計的實作課程，覺得這個可以增加學生找工作的機會，其實是我們自己想的，這也就是為什麼我會覺得在本所，老師基本上不直接教應用的

東西，而是請真的第一線的人進來教的原因。

　　現在這個社會情勢，一次性的、短期的、戶外的，可以放到社群媒體的，可以 IG 化也就是可以變成很漂亮畫面的，絕對會是比較受歡迎。請大家好好看檔案史料，好好寫論文，這種絕對不會是受歡迎的方向，但我們還在思考彼此妥協的底線在哪。另外一個是產學的分際，大家也都在思考這個問題。

　　最後想要跟各位簡單分享，就是說大學在做這些實作，特別是獨立研究所在做這個東西的時候，大家看起來好像每個方面都有，有口述也有田調，然後又有博物館，但學生因為上這些課，他們後續會變成什麼樣？其實我們也都還在觀察，就是我提到的，學用要如何一致。可是在現在的結構下面，我們可以做的東西其實相對也是有限。我講這麼多不是要抱怨，就是如果大家以後看到大學端，沒有辦法像高中那麼精彩，但是他們還是願意做的話，大家請多多給他們鼓勵。

人文應用・創新教學

史學訓練如何應用於文案計畫書寫

楊善堯

喆閎人文工作室創辦人暨執行長
國防醫學院通識教育中心兼任助理教授

很榮幸今天跟大家來分享有關史學訓練與書寫的相關問題，我並不要教大家如何書寫這件事，書寫這件事情我不敢在關公面前耍大刀，比我厲害的專家實在太多。主要是想大家分享我自己這幾年在這方面的經驗，也就是我們在大學四年或者碩、博士階段，在歷史系所受到的養成訓練很大一部分是在做書寫這件事情，但當我們將這些書寫技能應用在產業工作上時，和我們在學校所接受或使用的書寫方式有什麼落差？或者有什麼可以借鏡之處。

近幾年有關應用史學的相關議題，我受到幾個大學歷史系的邀請，分別在他們的系上都演講過相關的問題，講述有關未來歷史系的出路，在每次演講前，我都會先向這些主要聽眾，也就是大學或碩士班的學生展示一組數據。這個數據是我在教育部統計處網站檢索出來的官方統計數字，以 108

年各大學歷史系學士、碩士、博士的同時在學學生人數為例，全臺灣大學設有歷史相關科系有 17 個，人數有 4,175 位，24 個研究所有 872 位，10 個博士班有 299 位，可以參考表 1。

表 1：全臺灣各大學歷史相關系所學士、碩士、博士班

學校 / 科系	學士班	碩士班	博士班
國立臺灣大學歷史學系	■	■	■
國立政治大學歷史學系	■	■	■
國立臺灣師範大學歷史學系	■	■	■
國立成功大學歷史學系	■	■	■
國立中興大學歷史學系	■	■	■
國立中正大學歷史學系	■	■	■
國立臺北大學歷史學系	■	■	
國立嘉義大學應用歷史學系	■	■	
國立東華大學歷史學系	■	■	
國立暨南國際大學歷史學系	■	■	■
臺北市立大學歷史與地理學系	■	■	
輔仁大學歷史學系	■	■	
東吳大學歷史學系	■	■	
淡江大學歷史學系	■	■	
東海大學歷史學系	■	■	
佛光大學歷史學系	■	■	
中國文化大學史學系	■	■	■
國立政治大學臺灣史研究所		■	■
國立臺灣師範大學臺灣史研究所		■	
國立中央大學歷史研究所		■	
國立清華大學歷史研究所		■	■
國立彰化師範歷史研究所		■	
國立高雄師範臺灣歷史文化及語言研究所		■	
逢甲大學歷史與文物研究所		■	
合計	17	24	10

　　如果我們來解讀這三個數字，表示進入大學的 4,175 個學生到了碩士班只剩下 872 個，換句話有三千多位離開，有 20% 的人會繼續往上讀，到了博士班只剩下 7% 左右，換句話說，只有這 299 位未來可能進入大學或研究單位從事專業研究工作，這個比例大概前後幾年都差不多是如此（不過近三年來由於少子化的關係，歷史相關科系、所的在學人數有下降的趨勢。）也就是說每年歷史相關科系同時有四千多人受到訓練，但只有不到三百位會走上學術研究之路，這還只是國內的部分而已，沒有加上出國留學取得國外學歷或者外籍人士的部分。其實，這也是我們為什麼要推廣應用史學的起點之一，因為目前我們的課程的規劃與安排都是教我們的學生如何成為一位歷史學者，但是按照這個比例，93% 的人最後都不是歷史學者，那念研究所對未來工作有什麼幫助？這是我想先提出來請大家思考的。

　　我也想提出幾個問題，不管你是歷史系的學生、一般社會大眾，甚至是大學或研究單位這方面的研究人員，各位讀者可以進一步思考的是：為什麼高中生考大學要進歷史系？一個進入歷史系的學生可以學到什麼？對一個家長而言，小孩唸歷史念些什麼？這也是我想先拋出來請大家思考的。這些問題雖然與本文所要談的問題沒有直接的關聯性，但卻也有間接性的意義，也就是歷史這個學科到底能帶給學生什麼樣的實質知識或技能。

　　回到本文的內容，我主要想和大家分享的是兩個問題：第一，在大學研究所裡，我們究竟怎麼訓練書寫？第二，這些書寫在畢業後如何應用在不同產業、工作？

　　我們為什麼要書寫歷史，理由可能是因為從小故事變成大歷史，可能是想了解某些重大事情背後的意義，也可能是想了解社會發展，周遭生活日常，根據自己的興趣找到好奇的主題，並且想要試著解決這個問題，這就是我們所謂的「研究」。根據我的經驗，我們的各種歷史課程大概可以歸納成「檢索、歸納、求證」這三類，每位老師想教授給學生的概念大約不出這三

類範疇。

　　學術書寫的原則大致也不超過以下六項重點，包括：「聚焦、原因、求證、觀點、預期、學術倫理」，至於如何評估是否可以進行書寫研究也有六點可供評估，包括：「資料是否足夠？」、「資料在哪裡？」、「有沒有既有研究成果？」、「資料是否具獨特性？」、「是否值得重複研究？」、「研究主題有何價值？」。

　　我是一個喜歡到處「趴趴走」的人，尤其我自己研究的是民國史的領域，這些平常只能在書上或史料中看到的地理景點，自己在研究時如果各方面條件允許的話都會想自己前往這些地方看看。我自己的想法是，如果沒有親眼所見，感覺好像這些檔案史料的內容對我來說都是一種虛幻不真實的感覺，好像是在書寫科幻小說一樣，寫出來的文字都是一種想像式的內容。在此我舉一個檔案史料的內容為例，在 1937 年 7 月 7 日抗戰爆發隔天的《蔣中正日記》，蔣中正本人所親筆寫下的日記內容，講的是他獲知日本軍隊前一天如何在盧溝橋挑釁後，他決定要力戰到底，這段文字原文如下：

> **一. 倭寇在盧溝橋挑釁，彼將乘我準備未完之時，使我屈服乎。**
>
> **二. 與宋哲元為難乎，使華北獨立化乎。**
>
> **三. 決心應戰，此其時乎。**
>
> **四. 此時倭無與我開戰之利。**

　　如果單看以上文字，頂多可以體會到蔣中正對日抗戰的決心外，其他似乎沒有什麼太大的感覺。但是當我親身到了盧溝橋當地時，突然間我有了一種不同的感受，當我走進過往只有在書上看到的宛平城跟盧溝橋時，我站在橋頭邊，配合著我看過的檔案史料或人物日記內容中的描述，想像著當時國軍守軍看著對岸的日軍，以及日軍當晚如何渡河進攻宛平城的情況。其

實，這也是一種書寫上的考證與觀點，藉由實際前往現地的觀察，考證文字
資料所記載內容的正確與否，以及現地情況與書寫出的觀點是否相符。這也
是我認為一位史學研究者在大量爬梳檔案史料進行研究之際，另一種也應該
同步進行的考證方式。至少，身處過哪個時空環境下的我，書寫起來的文字
自己都會較有所感。至於書寫的檔案史料從何而來，譬如檔案館、圖書館、
線上資料庫、 檔管局、網路資料、田野調查等等都是資料來源，這個部分
要談的內容雖然也是我自己研究上的專業以及有多年來所積累的實務心得，
但因篇幅關係，在此就不多提了，留待以後有機會再來分享。

筆者在蘆溝橋與宛平城參觀考察的留影

接下來，我想談談這些書寫計畫到底為何而寫？寫的對象和動機會影
響作品的成果。譬如說，誰能書寫歷史？過去都認為是專家學者，可能是
學人出身的史學家，或是從不同領域踏入的歷史研究者。過去我的母校政治
大學在中華民國建國百年時曾經集上百位學者之力，書寫了一套《中華民國
發展史》的系列專書，其中包含了各領域學科在過去百年來發展過程。在開
始編寫前就在討論這套書的內容要由誰來撰寫，這是一個非常嚴肅的問題，
雖然歷史書寫應該是歷史研究者的「守備範圍」，但歷史學者不是萬能的，
不是所有的領域都有歷史學者進行過研究，所以最後決定將某些領域交給該
領域出身的人撰寫，但這樣寫出來的東西就和典型的歷史書寫有所差異。其

次，政府機關出版的史料彙編有時候是由他們自行編寫，而這些人是否具有專業能力，亦是一大問題。再者，社會大眾也會參加書寫，包括地方文史工作者、親身參與歷史者等等，這些都是各種不同書寫計畫的書寫參與者，他們在執行書寫工作時會因為身份關係而導致最後產出的成果有所差異性。

　　我再舉一個例子，在文化部成立後曾推出一個臺灣故事島的網站，這個網站目前已經不再更新，現在取而代之的是國家文化記憶庫。不管是臺灣故事島還是國家文化記憶庫，網站內容書寫方式大概就是一張照片一個圖說，再加上相關的來源資訊，簡單來說有點像是「看圖說故事」，而這樣

的書寫，有點類似所謂全民寫史的共筆概念，作者並非全部都是受過專業訓練的學院派學者，很大一部分是一般民眾或者親身經歷者，將他們的故事與記憶書寫下來，保存在這些由國家建置的網站。

臺灣故事島的網站內容畫面

　　然而，該要如何在這些書寫訓練當中養成企劃能力呢？在此，我要舉三個例子說明。第一個是有關企劃撰寫的四個方向，包括「目的、目標、策略和檢核」四項。一般來說，要執行一件事務需要將為何而做？該如何做？要做到什麼程度？這三個概念完整的書寫下來，讓執行者或委託者能夠清楚了解該如何進行，這樣的文件我們稱之為企劃書，而在政府機關通常將這樣的文件稱作服務建議書。內容大概會包含：為什麼要做這項研究？過去有沒有做過相關研究、如何執行、執行期程規劃評估、執行團隊介紹，執行團隊過去實務成績、經費評估和其他相關佐證文件等內容，這是一個企劃應該要包含的基本類別。如果轉換成學術上的書寫類型時，其實就跟要進行一個學術計畫或專題研究開展前要先提出的研究計畫是一樣的，差別只是，學術研究計畫或許可以天馬行空的提出一些想像跟預期的研究概念，在進行研究的過程中在慢慢的凝聚研究焦點，進而完成一個有計畫性的學術成果。而在實務工作上的企畫書則無法讓執行者可以有感性的想像，每項提出的意見與過程，都要能夠清楚的呈現出每項執行步驟，甚至很多時候當我們在寫這類型的企劃時，在還沒執行之前，就已經要想像與預測出最終的結果，因為這是在向委託人提案時，必須要清楚表達的內容，要讓委託人知道我向你們團隊提供執行上的經費與幫助後，你最終能提供給我什麼樣的結果（產品），否則委託人為何要將他的資源提供給你呢！這個概念，我覺得是學術書寫與一般實務工作的企畫書寫最大的不同之處。

　　再來分享一下有關我在歷史實務工作上經常會遇到的圖文書寫，這裡我側重在策展這個部分。我以羅斯福的照片為例，這張照片沒有經過說明的話，一般人

開羅會議會後留影　　　　　　　　　　　圖片來源：國史館

可能只知道蔣中正、羅斯福、邱吉爾、宋美齡，但是後方的其他人呢？可能多數人並不知道他們是誰，那要怎麼辨識呢？所以我們就必須借助一些檔案史料的佐證，在這種情況下要如何策劃這類圖像式的說明？

　　一般來說，我們會有一個大的主題說明和小的展件說明，展件說明則需要包括人、事、時、地、物等內容，但是要如何融入在一百個字內。我以這張過去我為檔案管理局策展的其中一張照片為例，這張照片的書寫內容重點在人事時地物當中的重點是：學童、美援（補助）、學校、營養午餐，這即是將史學訓練運用在圖文書寫內容的呈現方式。

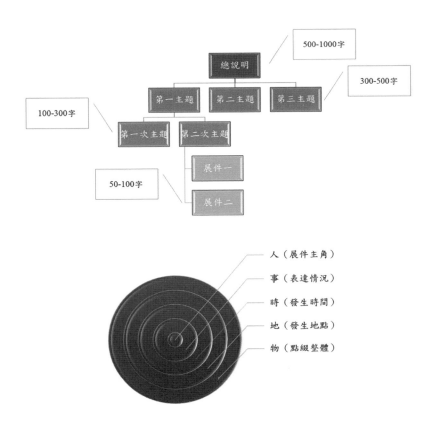

書寫的圖說內容：1957 年政府透過美援補助，在臺灣數個小學校園內試
辦營養午餐計畫，後因學童之營養攝取與健康大幅改善，且在聯合國農糧
署的捐助下，擴大辦理至國中。直至 1971 年政府退出聯合國後補助中止，
改以自籌經費方式推行營養午餐自立計畫，至今持續在全國辦理營養午餐
計畫。圖片來源：國家發展委員會檔案管理局《行政院新聞局》

　　最後，簡單來說，我想和各位分享這個主題是想說明，書寫是一種文
化的呈現，可以呈現過去的面貌，好的書寫可以留存人類記憶，特別是有受
過歷史專業訓練的人所書寫的內容應該展現出自己的專業特色，讓我們在做
這些實務工作時，都可以努力讓書寫成果更具有史學專業性。

05

歷史學術
出版加值

歷史學術 ・ 出版加值

出版與新媒體

胡金倫
時報文化出版公司第一編輯部總編輯

　　我的分享題目是「出版與新媒體」，但我會著重在未來想進入出版業，尤其是人文史地出版來談。為什麼要談史學出版與新媒體，這兩者關係何在，歷史產學實務如何與新媒體產生關係。

　　首先，我們先來了解何謂新媒體。過去我們耳熟能詳的傳統媒體不外乎平面、紙本、視覺、聽覺、報紙雜誌、電視、電臺廣播，這些都是跟眼睛、耳朵有關，時至今日，新媒體已經發展成自媒體、全媒體和更大的融媒體，指的也就是電腦科技下所出現的媒體型態，包括數位雜誌報紙廣播，用手機簡訊、網路部落格、網路桌面等，這種新媒體被稱為第五媒體，更重要的是現在的自媒體。尤其時下流行的 TikTok、抖音、短影音、直播主、直播帶貨、Threads、Reels、付費課程、線上學院，以及靠此發展起來的各類型網紅，莫不與出版產生緊密關係。

　　自媒體可以是編輯、作者和在座的每一位在獲得資訊後，傳達不一樣的聲音，對任何事物提出個人判斷。這也就是在社交媒體崛起後的各種傳播方式，而這些即是早已在中國大陸出現的百家講壇、音頻、視頻都是；全媒體指的是依靠文字、聲音、影像，從閱讀到聆聽多種表現手段，同時利用廣播、電視、報紙、網站不同媒介傳達，希望藉由多種媒體讓大家接收訊息，希望每個人在任何時間地點都可以透過終端機獲得所需的訊息；融媒體指的是包含全媒體的所有平臺技術層面的融合，包括人員、管理、營運層面的融合，這個層面的媒體堅持以內容為根本，希望共享訊息，希望新舊媒體互補，融媒體之下的編輯是全能的，妥善放投在任何平臺。

　　隨著融媒體的實現，打破新舊媒體的界線，是一種訊息傳播管道多元化下新型運作模式，亦即在新媒體時代下，全媒體是基礎，融媒體是最終目的，欲最大化社會效益和經濟效益。融媒體有一個指揮中心，得到傳播訊息源後分發到各新舊媒體平臺供用戶閱讀和傳播。

　　從這個角度來看，有何關係？傳統的史學紙本書和編輯從未想過若干年後會有電子書，從紙本印刷到數位出版，才是傳統編輯和即將進入出版業的新人最大的挑戰。也因此，傳統編輯出版是面對一個非常大的改變，包括方式、想法和市場，過去的編輯有點類似收發室，既不必面對這麼多的媒體，也不會像今天的新媒體時代可以搜索。過去很多名詞，包括造像、貼字、鉛字排版、藍圖等這些種種歷史名詞也是新媒體編輯不知道的東西，在這個時代，只要有一臺筆電，人人都可以成為作者和讀者，不再像過去一樣被動，當我們進入這個出版時代，編輯往往必須從書後走到書前，從被動移位為主動，因應軟硬體的改變和多聲的媒體頻道，利用全媒體方式儘可能傳播每本書。

　　坦白說，在座的每一個編輯都想盡辦法要推銷自己的產品，在媒體發出自己的聲音和意見，期待讀者在茫茫書海中看到產品，編輯已經搖身一變

成為自媒體，他可能是說書人，但作者和讀者也是一個受體，編輯一方面既是自媒體，一方面必須面對也是自媒體的讀者，在全媒體中參與其聲，這時候新人編輯是否已經作好心理準備。過去很多人也許不會注意版權頁，但現在無論編輯、作者或讀者都在全媒體中發聲，可能變成全國英雄，也可能變成全民公敵。

在我看來，編輯可以從最細膩的文字出發，變成非常尖銳挑釁的意見，讀者也從被動接受編輯訊息到主動參與其盛和其聲，向市場傳達聲音，作者和讀者不只是收和聽，自媒體相互的對應即是一種 A to C，即是 author to custom。在新媒體時代，無論是否進入出版業，這種各種各樣的新名詞，譬如 B to B、B to C、C to C、O to O、C to B 等種種名詞都是發生在網路新媒體時代，再回頭去看現在的書店，早已非霍布斯邦的年代四部曲，也不是柯靈烏的《歷史的理念》，更不是海登懷特的《史元》這樣的原始思考模式，儘管這都是經典必讀，但在新媒體時代，可以發現越來越多求知慾強、掌握更多外語能力的「本科生」，將自己的學科學以致用，更看到歷史出版的蓬勃，當然也不可否認國際市場的大躍進，還有翻譯出版的與日俱增，他們希望的是跳脫前代、超越過去，包括我自己都希望編輯選書能往更多元的階段前進，歷史不是一元的，歷史不是一本中國史、臺灣史、西洋史，否則在競爭下就無法看到各類世界史、國別史、全球史、區域史、文明史、文化史、東亞、中亞、東南亞、歐洲、地中海等等歷史出版物，甚至還可以看到極右派、極左派、統獨等等，因為從社會變遷可以讀出歷史味道，從經濟變遷可以讀出歷史演進，從人口統計可以讀出國家興盛衰亡。

總而言之，應用種種文教素材可以寫作出版千百種的歷史，但話說回頭，舊未必不如新，新也未必好，端看編輯出版，作者讀者對一本書的詮釋和心領神會，有些書名初看或許誇張聳動，但細看內容亦未必精彩，有些書名看似平穩誠實，讀後內心不禁暗自叫好，就算不喜書腰都可以視為一種廣告或書籤，對我而言，這也就是身處新媒體時代新人所必須面對的世界。

歷史學術 · 出版加值

史學與教科書出版

蕭遠芬

三民書局副總編輯

　　三民書局是全臺灣少數同時兼營一般書籍和教科書出版的出版業者。關於教科書出版，我們必須從課綱開始談起，以下以普通高中為範圍進行討論。那麼，一綱多本是怎麼開始的？在此前，教科書皆由國立編譯館統一編修，因應解嚴後的教育鬆綁，民國 84 年發布高中課程標準，由教育部延請專家學者制定各學科課程標準，由民間業者請學者教師撰寫，送交國立編譯館審查 (2011 年併入國家教育研究院，審查業務由國教院教科書發展中心辦理)，於民國 88 年開始實施，各校可選擇適合該校之教科書。因應時勢社會發展變遷，課綱幾經修訂，從 88 課綱、95 暫綱、101 課綱、104 課綱微調到現在的 108 課綱，而歷史科總是成為重中之重，為兵家必爭之地。一路走來，其實想投入歷史教科書的出版業者不少，歷史科也是各科中送審出版社最多的一門學科，在 101 課綱的年代，曾經高達九家出版社參與，

送件國教院審查。當然,這和對課綱的理解有關。面對眾人難免各自帶有政治色彩的眼光,要如何秉持學術倫理,不偏頗的論述臺灣史、中國史、東亞史,需要編寫作者的史學專業,以及出版社編輯端的敏銳和編輯專業。大至架構上的安排設計,小到推敲字句選用最為中性或是適當的用詞,都需要審慎討論後定案,畢竟這是為高中生所寫的教材,需要禁得起各界檢驗。

簡單說,教科書產業就是在課綱發布後據此邀請教授老師執筆,編輯課本,再送國教院審查,邀請眾多教師參與編寫配套和輔材,最後送至學校推廣選書,於開學前備妥學生用書。很多人認為開學前選書是很正常的事,但實際並非如此,通常在九月使用的書是前一學期四、五月便已開始,此時此刻各家出版社同業正激烈廝殺。正因為競爭激烈,所以什麼都做什麼都不奇怪,從老師課前的備課資源,課中的投影片教材、教案、學習單等,到課後評量、題庫、學生參考書等任何想得到的品項,都是出版社的戰線。除了紙本之外,還有電子書、光碟、雲端資料庫、YouTube、網路社群……都要經營。

那麼編輯要扮演什麼角色?從工作範圍可以看出來,我們是教科書服務業,而非單純出版業,而且人力高度密集,人力投入遠高於一般出版社的歷史編輯,大家可以看到職務有多少,意味工作就有多少。以下向大家說明,不同的工作各自需要哪些史學訓練。

從編輯來說,教科書最重要的是掌握基本史實,教科書不容許任何錯誤和任何模糊空間,也必須避免爭議。舉例來說,圓山文化的分期,過往都是放在新石器時代中期,在 101 課綱時期,三民歷史教科書主編暨作者薛化元教授根據新近學說的認定而嘗試修正為新石器時代晚期,因此先在送審階段在審查意見詳細說明附上佐證資料,主動告知國家教育院審查承辦人員,並聯繫同業較友好的主編教授通知相關訊息,之後寫說帖發放學校,向教師說明,也邀請專家劉益昌老師為此做專門著述,方將此一新研究成果納

入教科書之中；又譬如二里頭和夏朝的關聯性還有一些模糊地帶，有待更明確的考古認定，所以在送審期間和國教院審查委員溝通的結果，最後三民用了「傳說中的夏」，引用二里頭考古報告，提出資料閱讀分析，凸顯問題，也讓師生可以透過這些資料與提問，進一步思考考古材料與文獻的關聯及意涵，讓這段授課可以更加立體化；再譬如，我們引用昭穆制的說法介紹周代的宗法制度，這也和老師過往僅以大小宗講解的習慣不同，也特別準備詳細的備課資料供第一線的高中教師參考。讓新進成熟的研究成果進入教科書，現在看來似乎很輕鬆，但當時其實非常辛苦。面對很多老師的質疑，三民很努力讓老師們知道，教學可以有改變的力量。要做到這些，很重要的一點是，必須關心學界，還要找到對的老師、學者，將一些已是定論的說法導入教科書。編輯必須透過閱讀專書、多看最新研究論文、向專家學者請益，以了解目前的研究領域和現況。

再來，我認為史學訓練對出版業最有用的部分是資料使用。過去學生時代讀書時並沒有這樣的感受，但在職場上面對不同學門的人，更感到史學訓練對資料分析和應用具明顯優勢，在組織看似沒有密切關聯的資料和延伸應用，都是歷史教科書編輯的日常，無論出題或設計單元，在在如此，這也是教科書編輯中的趣味之所在。比如從荷治時期新港社學童課表，設計題目引導同學思考當時殖民者的政策；還有從皇民奉公會機關刊物的單元名稱，判斷戰爭期皇民奉公會的任務和目的為何。

再次是寫作能力，無論是作者拖稿開天窗，或是提供的文稿不符需求，編輯難免遇到巧婦難為無米之炊的困擾，但這對教科書編輯是不可發生的危機，不少教材都是由編輯自行編寫。此外，特別重要的還有論述能力，必須在一定篇幅內，以適合讀者（高中生）的閱讀能力，講述清楚。如前所述，文字必須中性，不武斷、不偏頗。

當然，教科書出版也有創意的部分。除了設計單元之外，比如之前三

民製作了幾十支歷史動畫，腳本即由編輯自行創作撰寫，將歷史學習重點融入其中，比如把中古政教關係，以分手擂臺的情境代入，學生看了覺得有趣，對於當時政教之間合作、磨擦、衝突等變化，更有印象；有些同事喜歡電影，也將電影導入課程議題探究，產出多元選修教材。歷史科編輯可以將自己的興趣導入延伸教材，發展更多教學可能性，譬如音樂、桌遊都嘗試過。

有些出版品特別喜歡以「課本沒教你的 xxx」作為書名，好像課本是一種原罪，代表了僵化和無聊。實際上，現今的教科書已不像過去那樣枯燥乏味。教科書涉及內容取捨問題，包括應如何呈現某個議題，放置在哪一條論述脈絡，這都需要足夠的專業知識才能判斷。編輯對圖表的敏感度要高，必須做到一眼可識，清晰明瞭，時間軸、流程圖是必須強調的。我們在測試新人時一定會有一題請他們自選主題畫出圖表，測試的目的是為了了解其選材和整合的能力。

又因課本單元眾多，出版社必須設計實作。在此以臺灣八景為例，我們以當時的活動為背景，加上交通建設、殖民者政策，呈現日治臺灣的風貌，這些八景大多仍是熱門景點，所以學生很有共鳴。八景的活動辦理方式、熱潮和背後的目的都可以促使學生進行層層思考，譬如總督府辦此活動的意義為何，配合鐵路的分組可以看出什麼，最後再問學生會如何重選新的八景。經過層層思考，學生選出的新八景必然與選擇熱門景點的想像有所不同，而會帶有歷史意涵，這也是我們組織這些片面資料的真正用意。

再談如何梳理課本的脈絡和邏輯，因受限於授課時數，部分課綱十分濃縮，或是聯結中有斷線。以西方上古史為例，如何串結古代文化和基督教傳統，我們選擇從兩河流域開始，以各文化中人與神的關係帶到和政治的關係，再鋪陳到基督教和政教連結，最後帶到近代以來的民主人權。提出解釋必須要有合理的脈絡，取材和設計也必須配合學習目標，因此需設計各種不同單元，包含閱讀、理解、思辨、解釋，這幾項即是史學訓練。我們設計了圖文整合的閱讀題組、閱讀篇章等等，這些都是編輯要思考如何挑選有意義

且引人興趣的題材和發人深思的提問，把歷史連結到日常生活。以上是課本的編輯。

企劃和行銷是教科書編輯的重點工作。由於每個學校每個年級只能採用同一課本，難以分享市場，同業之間競爭激烈，因此編輯和企畫需要實際走訪學校、拜會老師。歷史學門出身的編輯，可以立刻指出亮點、理念，如果有師培背景或授課經驗，就更能直接切入教學重點，好教、好學一直是教學上不變的主軸，因此我們需要口條清晰的編輯，能夠在教材說明會做簡報，並在一對一拜訪的時候理解老師的想法，進一步交流。

編輯主管則需要規劃編輯團隊、教學目標、課本架構，還要為教學現場擬定策略。編寫團隊必須要有共同的理念，而不只是仰賴人脈。從課本的內容取捨、是否導入新的學說來看，掌握課本即掌握話語權，是否刪去某些內容都是編輯主管的責任。作為學術是否中立的一環，歷史科也是最多意識形態相關討論的科目，歷史課本編輯也背負這些壓力，包括來自公家單位、民意代表、媒體、有力人士、各種民間團體，只要有人投書，各出版社便首當其衝地被提出檢討，譬如二二八的死亡人數、臺灣地位論述，甚至藍綠政治人物照片的數量占比比較，因此課綱修改時，我們備感壓力。

對我來說，解讀課綱應該是檢視是否改善歷史教學，是一個歷史議題和教育議題，而非政治問題，所謂的一綱多本應該是有多種角度、多元史觀，加上不同的難度設定，這才能顯現一綱多本真正的意義。又例如 108 課綱的素養導向，在歷史科的教科書中，我們便認為要更強化對材料的解讀和比對，跨學門和不同材料之間的對話，以更多元的形式呈現，正是 108 課綱所要帶給教育新的企望。

最後談到理想與現實和歷史人的使命感，本人將教科書視為文化與教育的一環，認為課本應該要回答「為什麼我們要學歷史」的問題，這也是自己這二十多年來不停問自己的問題。三民書局出版溫伯格 (Sam Wineburg)

的《歷史思考大未來》和林慈淑老師的《歷史如何教？從閱讀到探究》就是想回應在教學現場有什麼工具利於老師操作，回答老師如何為學生解答疑問，包括程度問題、課綱因應，儘可能解決教學現場的困境，也希望學生能在學習中連結到生活，並在歷史中找到答案。我想，在閱讀歷史的過程中，讀者不僅和歷史對話，同時也對自己對話，這也是身為歷史教育從業人員的自我期許，歷史教科書絕對不只是課本上的知識文字而已。

學術出版與史學加值

林弘毅

民國歷史文化學社編輯部經理

« Papa, explique-moi donc à quoi sert l'histoire. »

（「爸爸，歷史有什麼用處？」）

——— Marc Bloch, *Apologie pour l'Histoire ou Métier d'Historien*

　　民國歷史文化學社與一般的大型商業出版社比較不同，偏重於學術走向。就學術出版社而言，需要什麼樣的人才，才能從史學玩應用，利用過去在歷史學科習得的能力，產生吸引人的內容，達到歷史加值的效用。

　　歷史學科的學生，在我們的求學時代裡，有一定比例會想要在畢業後進到出版、文創事業當中。可是，打開人力銀行的徵才說明，幾乎都註明要

有 N 年以上從業經驗，或是相關資歷。

　　這使得我們一直在思考，學術出版是歷史學實踐還是歷史學實驗？如果找得到即戰力的員工，學有所用，距離實踐就越近；相反，則距離實驗便不遠。現實會告訴我們，成功即是實踐，失敗便成實驗。在實踐與實驗之間，就看歷史的能力是否有適當的發揮，能不能扭轉實驗為實踐。

　　學術出版的編輯人員就像電影的幕後工作，在影片結束後最後出現的工作人員列表──無聲的貢獻者，默默推動學術產業的發展，支持作者群創作出一本又一本的著作。不過現在的出版，除了傳統的紙本書以外，延伸領域有電子書、YouTube、podcast、有聲書、桌遊、實體策展、線上策展、資料庫，應有盡有。無論傳統出版或創新應用，不外乎是希望傳達有趣的內容給閱聽大眾。但這背後都必須靠有一定基本學科訓練的編輯人員，才能讓大家有沉浸式的體驗。

　　相對於其他比較重視技藝訓練的工作編輯，編輯看重的是邏輯與架構、工作程序的建立。因為技藝，可以花錢採購現成的外包人力，或者透過外部教育訓練課程來加強；然而邏輯與架構，是個人常年學習的積累，受訓也不見得能有所成。

　　法國史學家布洛克 (Marc Bloch) 在《史家的技藝》(*Apologie pour l'Histoire ou Métier d'Historien*) 一書中提到，兒子問他，歷史有什麼用處。作為作家，當然可以用很華麗的詞藻描述眼前的風景，但是作為一個學術產業工作者，我們有特權，可以如實地呈現過去的歷史。而如實地呈現過去的歷史，讓大眾得以思辨，就是歷史最佳的用處。

　　過去我們在大學歷史系的第一堂課，所有的老師都會告訴我們，必須忘掉高中課本，重新開始。換句話說，教科書有國族教育的目的，在有限的篇幅裡，對歷史的呈現勢必有所揀擇。而進入大學以後，面對的是浩瀚無垠的人類故事。

　　歷史，透過閱讀、閱讀、再閱讀，可以提供我們基礎知識，增強史實掌握能力。因為任何形式的出版與加值，都是建立在錯誤零容忍的基礎之上，不能張冠李戴，不能魯魚亥豕。但也不是要大家死背硬記，畢竟不可能每個人都是百科全書，現在有許多資源，可以即時線上查詢。

　　舉例來說，幾年前在網路上有許多人分享二二八事件後，一位軍人在1947年寫給「總統」的志願書。這張被認為有問題的「史料」，寫著「余決心犧牲個人，為實現三民主義而參加陸軍，謹以至誠之心，宣誓絕對忠愛國家、忠愛民族、忠於職守、遵守紀律、貫澈命令，並誓願在英明偉大的總統領導之下，消滅共匪俄寇，為實現自由獨立的三民主義新中國而奮鬥到底。」這是原文，後面還被加上了「並以維護臺灣社會安定為第一要務」。這件「史料」不僅沒有釐清到我國在1948年5月20日才有行憲後第一任總統，而且部分名詞的使用與時代並不相合，使得這件「史料」被學界認為極有可能是事後製作的「歷史文書」。

　　又或者如2021年某部知名電視劇曾經提到，政府在1949年的金融改革，四萬元舊臺幣換一元新臺幣，導致了貨幣貶值。我們不討論這個政策對臺灣經濟的影響，但必須說，推行新貨幣減少面額，是貶值的「結果」，因為舊貨幣貶值，才要推出新幣來砍掉重練，而不是貶值的「原因」。

　　這兩個例子，就是明顯地欠缺歷史知識。而作為學術出版的編輯，必須有能力對內容把關，因而對歷史事實的掌握、辨別能力，是不能讓步的。需要再次強調的是，歷史學科的學習，不在於死記硬背，人類數千年的信史，也不是個人可以全部裝在腦中。理解歷史脈絡，大膽提出質疑，多方查證資料，也就是胡適提出的「大膽假設、小心求證」，直到今日仍然有意義，卻也並不容易。

　　在史實掌握之外，另一必要能力是邏輯架構的建立，與歷史文本的進階分析。出版社會去向作者邀稿，也會接受投稿，通常也有編輯部自己想要

編的書，相同之處，都是從一大堆雜亂的資料中，從人、事、時、地物，去解讀歷史材料，整理出有架構的歷史故事，做出最後的成品。

　　一份學期報告，要有前言、論述、史料舉證、結論，告訴老師這份報告想要解決的問題，使用的史學方法，能夠自圓其說的歷史材料，以及這份報告是不是真的解決了問題，說不定還可以有進一步的延伸空間。

　　一份學術出版作品，也是一樣。以紙本書來說，我們要讓讀者知道為什麼要出版這本書，意義何在，以及從書中可以獲取什麼樣的內容。隨著書中的第一章、第二章一路推演下去，歷史故事會是什麼樣的發展。

　　這其中，首先要避免的是後設上帝視角。看過羅馬故事的人也許會說，凱撒（Julius Caesar）要渡過盧比孔河了，龐貝（Gnaeus Pompeius Magnus）怎麼不趕快去防守。或者玩過「三國志」電玩的人都會想，曹操要偷襲糧倉了，袁紹趕快回防，不然官渡之戰會大敗。如果大家都搭乘時光機回到過去，或是打開戰爭之霧，那可以轉移陣地去架空歷史。

　　再來，我們要進入歷史現場，我們必須回到當時的時空背景，想像自己就在那裡，你不再是一個全能全知者，那麼，假設你是龐貝，你是袁紹，在有限的情報中，你會做出不同於歷史的決定嗎？有點像是在玩歷史桌遊，拿到指定的卡片，才能觸發特定的任務與角色。

　　對於文本的分析，或者更進一步說，融入文本的情境裡頭，便能夠更快速建立對於內容的了解。用之前電視劇的說法，叫做「穿越」。因為用現在的想法去思考體會過去的歷史，容易有錯誤的理解，也就很難在編輯的工作中，保持中立的位置。所以我們不能拿《日內瓦公約》去說白起在長平之戰坑殺趙卒的舉動違反國際公約。

　　透過歷史文本的進階分析，結合歷史知識的背景訓練，幫助我們在出版過程中，可以好好地說出歷史故事，又不會犯下不該犯的、誤導讀者的錯

誤，也不去製造爭議，協助作者保持在一個歷史說書人的角色。

回到「技藝」的層面，現代人對基本的各式電腦應用軟體駕輕就熟，除去大家以為「編輯＝校對」之外，還有文字、影像、排版、繪圖、策展、擺攤、行銷、當社群小編、錄 podcast 獻聲、跑印刷廠、巡店、處理審查、競標版權、辦新書發表會，以及無數的雜事在等待著。就以基本的文字運用而言，錯誤字詞的修訂，替換字詞的建議，都不是線上電子辭典就可以勝任的。也不是說編輯都要會舞文弄墨，閒來會寫個幾首詩，或有無限的國學涵養，但總不能「在」、「再」不分，或是看不懂「我軍大敗敵軍」究竟是勝利還是失敗。

在迎接挑戰之前，除了文字基本運用，我們還建議編輯必須擁有多元的知識。技術性的工作可以在職訓練，多元知識的培養則不行。歷史類的學術出版，涉及的知識卻不僅止於歷史。文學、傳媒、軍事、外交、民族、政治、財政、經濟、審計、會計、醫學，無所不包。甚至是天文學、化學、生物學、地質學，都曾經出現在我們編輯出版的書當中。當然就現實層面來談，不可能期待每一位編輯都是十項全能，但是具備跨領域的多重背景，與不同學科知識的涉獵，可以減省工作上的時間成本，並且知道以哪些可行的管道，能確保最後產出的內容不要失誤。

根據北宋僧人釋惠洪的《冷齋夜話》，中唐詩人白居易每寫完一首詩，都會讀給一位老婦人聽，如果老婦人聽懂了，那才算是完成，如果不懂，白居易就會再修改，直到老婦人聽懂為止。

我們在做出版的時候，當然不會要求「老嫗能解」，但至少編輯自己要能讀得懂、讀得通，也就是「融入讀者情境」。當編輯換個角度，站在讀者的位置，考量文字是不是通順，內容是不是有疑問，議題是不是有趣，能不能滿意地掏出錢來，把書買回家。

　　出版，是在製作一個商品，與一瓶麥香紅茶、一包乖乖、一輛特斯拉、一個柏金包沒有不同，消費者尋求的是無瑕的產品與令人滿足的價值。

　　我們和網紅並不一樣，網紅可以超譯尼采，但我們無法超譯歷史，而必須透過歷史基本知識去加值，發揮歷史價值，進而帶動歷史的活化。

06

影像記憶
口述訪談

國家檔案影像的加值與應用：兼談「檔案應用與歷史學實務專題」課程設計

許峰源

國家發展委員會檔案管理局應用服務組研究員
天主教輔仁大學歷史系兼任助理教授

　　我是國家發展委員會檔案管理局（以下簡稱檔案局）應用服務組研究員，大學、研究所、博士班學都在歷史系研讀，寫作碩博士論文，更直接使用各種檔案。記得大學時，史學方法的老師在課堂間強調，檔案屬於第一手史料，是直接的資料，因為較少被改造、杜撰，用於歷史研究的價值，自然比其他的二手資料更略高一籌。

　　實際上，當你使用檔案時，就知道這些故紙堆多為過去政府機關積累的公文書，是不同單位往來公文，記載的內容枯燥乏味，甚至你想要的訊息就算翻遍檔案，還不一定找得到蛛絲馬跡。在研究所時，當你提筆寫作論文，指導教授會不斷耳提面命，除了使用檔案還得找一些報紙資料、人物傳記、

口述歷史，將這些資料融會貫通後，可以從更寬廣角度探索人、事、物，所歸納出來的結果與歷史詮釋將更為豐富，更趨近歷史事實。

我從歷史系博士班畢業，不久後就到檔案局服務，從只會用檔案寫論文，必須瞭解檔案如何生成？有哪些檔案會進到檔案局成為國家檔案？檔案局如何典藏和維護國家檔案？國家檔案如何被讀者查詢？重要的是，歷史人在檔案局裡究竟能夠做些什麼？這篇文稿大抵是以歷史人與檔案應用為方向，略談個人的經歷，希望對未來歷史人想從事檔案工作，或者在檔案應用方面有一些幫助。

一、歷史與檔案描述

國家檔案的整理也需要歷史人的投入。舉個例子，檔案管理學提到的檔案描述，是指對檔案的內容進行摘述並給予關鍵字，再將摘述文字、關鍵字轉置後設資料，使用者能夠從電腦搜尋這些資訊，接著申請檔案閱覽，應用於論文寫作。所以，檔案描述愈仔細、札實，使用者愈容易找到相關的資訊，即可調閱檔案，開展個人的研究。

或許，你可能覺得檔案描述不重要，再舉一個我個人親身親歷的例子來說明。許久前，我無意間接觸案名只有「留蘇古物」四個大字的檔案，乍看下無法理解內容為何，當下也沒有翻閱它。回到家後，以電腦搜尋「留蘇古物」，僅有檔案典藏基本資訊，說明是屬於《外交部檔案》及其檔號號碼，除此之外便沒有其他的資訊了。若不是我看過案名「留蘇古物」，也不會在電腦上打這幾個字尋找它，這一案大概我也不會去注意到。為了滿足個人好奇心，我決定調閱「留蘇古物」，一探廬山真面目。

打開這厚重的檔案，隱約記錄著許多中華文物被送往蘇聯，細讀案卷才知道記述的背景是對日抗戰時期，國民政府為了穩固中蘇友好關係，爭取

蘇聯提供大量軍事武器與經濟物資來對抗日本，達到救亡圖存的目的；後來，蘇聯請求國民政府將故宮博物院等單位典藏歷代的中華瑰寶，送往莫斯科展示，儘管中國內部意見不一致，最後國民政府還是決定將這些重要文物送往莫斯科，參加「中國藝術展覽會」，以換取蘇聯對華援助。蘇聯透過這個大型展覽會展示中華瑰寶，引起廣大迴響，與會觀眾無不嘖嘖稱奇。莫斯科「中國藝術展覽會」結束，這批中華瑰寶未被立刻送回大後方，是在蘇聯盛情邀請之下轉往列寧格勒繼續展示。當時，國民政府對日作戰如火如荼，或許考量與其把瑰寶運回國內，萬一在途中遭戰爭波及而得不償失，倒不如暫時留在蘇聯展示。過了不久，德國軍隊強勢進攻蘇聯，直搗列寧格勒，引爆劇烈戰爭。國民政府認為中華瑰寶深受德蘇戰火威脅，爭取早日返國。但深陷戰火泥沼的蘇聯哪有時間處理這件事，多次向國民政府保證中華文物有銅牆鐵壁般的被保護著，請勿過度擔憂。

雖然如此，這批無價的中華瑰寶受中國民眾高度關切，國民政府頂不住輿論的壓力，持續聯繫蘇聯，終於排除萬難啟運中華瑰寶回國，歷經長途跋涉後返抵重慶。國民政府立刻公開展示這批瑰寶以昭公信，也證實其保護中華文物的努力。如果按照當時事情發展，案名取為「留蘇古物」，似乎沒有不妥適。只是，現在大家會以目前通用的詞彙：文物、國民政府、蘇聯來搜尋，卻找不到這一案，再以口語化的故宮為關鍵字，依然無法尋獲。

後來，「留蘇古物」經檔案局專人描述，目前在電腦打著中蘇關係、藝文展覽、古物維護、中央研究院、故宮博物院、中蘇文化協會等，以及和此案相關人物：蔣中正（行政院長）、蔣廷黻（代理行政院秘書長），都可以找得到它，從摘要：「中國在蘇聯舉辦藝術展覽，展品包括北平故宮博物院及中央研究院之古物，恰逢蘇德戰事爆發，我向蘇政府研議該批古物之安全措施，並籌速運華。惟蘇方認為戰時運送諸多困難，宜暫代我妥善保存，經我開會決議並電郶大使對蘇交涉，古物由蘇方撥派專機飛運阿拉木圖，再交由我代表接運回國。」很快可瞭解案卷內容梗概。所以，有檔案描述可以

讓大家很快知道檔案的內容，判斷是否是你所需要的資料，再決定是否提出申請閱覽，既方便又省時。

可再稍微提一點，早期檔案描述多以案為主，也就是對整案內容進行描述。但是，有些案卷包羅萬象，或者是牽涉不同層面作業，或者是涉及到不同單位的事務，最後將它們歸併為同一案。檔案描述是有字數限制，若只對其中幾件進行摘述，那麼就很容易讓其他的案件成為漏網之魚。現在，檔案管理作業細緻化，檔案描述程度上已經分工到每一案件，對每一件內容有清楚描述。你只要打開國家檔案資訊網 (https://aa.archives.gov.tw/)，輸入關鍵字，就可以找到很多案件層級資料，加上數位化作業加速以及全文影像公開，你或許可以直接在線上閱覽所需要的檔案資料，相當方便。

如果你學習的是歷史學專業，檔案局與臺灣許多重要檔案館，或許是畢業後可以嘗試就業的場域之一。若你對檔案描述有興趣，不妨多涉獵檔案管理相關學識，甚至親自走訪一趟，瞭解實際作業流程，而檔案局每年寒暑假也提供大專院校學生到局實習，可以藉由實習實際認識與體驗檔案管理工作。多瞭解檔案管理相關作業，或許未來你也有機會進到檔案館，發揮歷史學的專長。

二、歷史與檔案展覽

現在，大部分臺灣檔案館都已經對外開放，甚至提供師生參訪服務，相信很多人對檔案館都不陌生。可以想一想，除歷史系正與碩博士論文拚鬥的研究生以及教授們，必須從檔案找到所需要的資料，建構歷史事實和反思問題，還有誰會到檔案局查閱檔案？其實，文資工作者、律師事務所團隊因工作需要，必須調閱檔案。我曾遇過有文資工作者想恢復日治時期羅東車站與周邊辦公處所，卻不知道從何處下手。後來，他找到檔案局電子報「檔案

樂活情報」，有一期刊載〈太平山林業開發與交通運輸〉，有「圖1：太平山林場羅東辦公所部分增設工程」圖樣。於是，他按圖索驥調閱很多圖像資料，有了這些資料佐證，工作就輕鬆多了。他可按圖面建築物形式、尺寸進行修復工作，或者依照原比例、樣貌重新打造一幢幢建築物。至於律師事務所團隊查閱檔案資料，無不希望通過以往法院的判例，找到對他當事人有利條件，作為佐證資料。

　　接下來，我要談談檔案局舉辦的展覽，這和歷史學是密切相關的。檔案局和許多檔案館一樣，常常舉辦檔案展覽，藉以展現教育、文化功能，同時希望透過展覽推廣檔案知識。檔案局每年都會舉辦新主題特展，在開始策劃時就會尋找可能合作的單位，希望未來特展不只是在目前的新莊聯合辦公大樓展示，也有機會往中南部移展，讓更多朋友透過展示的內容，瞭解國家檔案內涵與精彩的臺灣事蹟。例如，2022年10月19日檔案局在新莊啟動「白金鹽憶：臺灣鹽業檔案特展」，吸引很多人來參觀，也有大專院校、國

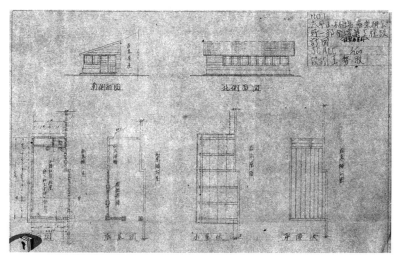

圖1：太平山林場羅東辦公所部分增設工程
資料來源：「太平山場增設製圖室工程」，〈行政院農業委員會林務局檔案〉，
國家發展委員會檔案管理局藏，檔號：A345040000G/0036/ 工 A3/3。

高中、國小老師帶著整班學生前來的。參觀之前，相信很多人和我一樣只瞭解有百味之王稱號的鹽，是我們日常生活的調味品。經策展人、志工專業導覽，大家很快知道鹽在臺灣的歷史點滴，而且它不但是人體每天不可缺少的基本元素，用途與功能更是廣泛，在農業、漁業、工業，以及食、衣、住、行、藥物、化學都有鹽的化身。你只要來看過鹽業檔案特展，很快知道戰前臺灣食鹽生產與高度管控，以及戰後臺灣持續復原、整理、更新鹽業生產，伴隨經濟、工業快速發展，廣闢七股新鹽田及建造通霄精鹽廠，引進法國現代化生產模式，臺灣鹽業從傳統曬鹽走向機械化生產，自國營企業走向民營化管理，見證近四百年來生產的軌跡與變遷。

　　白金鹽憶特展至 2023 年 8 月 4 日結束新莊展期，緊接著按照和臺鹽公司合作期程，移至臺南七股鹽山展示，從 2023 年 10 月 3 日至 2024 年 7 月 31 日。這段時間，許多喜愛鹽業文化的朋友到七股爬鹽山，觀賞井仔腳鹽田風光，也可以順道參觀白金鹽憶特展，從國家檔案回味臺灣鹽產業發展。該特展在七股結束後將再整裝，9 月初移到南投臺灣省政資料館，讓中部的朋友也有機會目睹臺灣鹽業檔案風采。

　　展覽是檔案局重點工作之一，這些特展內容是由研究人員長期策劃，翻閱國家檔案，精心挑選展件，透過資料考證，加值研究。這些研究人員都受過歷史

圖 2：白金鹽憶—臺灣鹽業檔案特展海報

系所（包括臺灣史研究所）訓練，他們在寫作碩博士論文，大部分使用過檔案和一手資料，比其他學科而言是更早接觸檔案，並且應用檔案進行寫作，自然嫻熟檔案與資料詮釋，對加值與轉譯檔案內涵，再轉為檔案展覽，自然也不是一件難事。

　　根據統計，至今檔案局舉辦過近 30 場檔案特展，也透過線上展，讓遠方的朋友先睹為快，這些成果集結在「檔案時光盒」，有興趣者可以前往瞭解、檢索。總之，檔案局延攬歷史系所人才策劃展覽，從主題擬定、檔案挑選、文案撰寫，至行銷活動規劃，最後委由廠商設計，希望透過展覽轉化枯燥的檔案資料，吸引各界前來看展覽，瞭解國家檔案豐富的內涵，厚實對臺灣歷史紀錄的認知。

圖 3 檔案時光盒

三、「檔案應用與歷史學實務專題」課程設計

　　過去，歷史系所的課程較少教導學生策劃展覽，大概只有博物館學門有這些課程，但能無法符合歷史學的屬性，最近，許多大學歷史系所開始帶同學策劃展覽，將很多資料轉為展板。檔案展覽如何策劃？怎麼擬定主題？如何從檔案館找到展件？檔案類型有哪些？如何向檔案館申請影像授權？以何種形式展示？（除了在大學校園，近來許多高中職校學生為產出自主學習成果，在教師帶領下策劃展覽，有常見的海報展示，甚至搭配實物，相當精彩。）或許，檔案展覽也可以當作是未來歷史系所培養人力的方向之一，畢竟現在臺灣每年大大小小的展覽很多，但很多單位總是找不到好的策展人，如果能夠結合歷史學的訓練，進行學生展覽策劃的培育，也能夠為這個工作圈增加生力軍。

　　2021 年 9 月我至國立政治大學授課，最初是臺灣史研究所林果顯所長希望與檔案局建教合作，讓同學到局上課，實際體驗檔案工作。這個構想礙於行政作業及修課便利性，最後變成我到所上開設「檔案應用與歷史學實務專題」。林所長希望讓研究生動手作，經過這堂課的訓練，在學期末同學們能夠有一個實體展覽公開展示，縱使成果陽春一點也沒關係。總之，林所長知道我在輔大歷史系進修部、東吳大學歷史所有開設過檔案應用的相關課程，希望借助我在檔案局工作經驗，帶同學親手做、有產出，或許未來有研究生畢業後，也可以從事展覽策劃的相關工作。

　　老實說，一門實作課程，得讓同學瞭解檔案管理與展覽基礎知識，期末還要有個像樣展覽是有挑戰性的。我自己設定幾個目標：第一，相對其他課程，這門課希望修課同學對臺灣幾個重要檔案館的典藏有初步瞭解，這有利他們未來寫作論文時，可以順利蒐集到相關資料。如果還有找不到論文題目的同學，或許也能從檔案館的典藏找到一些方向。第二，希望他們對檔案管理實務有基礎的認知，如果能夠多涉獵檔案管理知能，或許將來有機會進

入檔案館工作。第三，希望能按照課程設計與既定目標前進，在學期末順利呈現展覽，另外也視情況培育展件挑選以及導覽解說的能力。

　　課程除了一般課堂間的討論，希望有機會讓他們近距離接觸檔案館，相信這對檔案認識與展覽策劃必能事半功倍。當時，臺灣正處嚴重特殊傳染性肺炎 (COVID-19) 疫情的威脅，很多檔案館不提供外界參訪。當得知中央研究院歷史語言研究所戴麗娟研究員主持的國科會計畫，舉辦親近檔案系列活動，立即和同學們（李念慈、陳玟婷、張頤德、紀怡君、顏士清、呂焌廷）一起報名，在 10 月 1 日到國史館，聽解說、看展覽。當天，熱忱的陳儀深館長詳細介紹國史館執掌、沿革，接著由各組室主管講解各部門平常作業情形，隨後便安排大家參觀常設展及精彩特展。很多學員表示類似的活動應多舉辦，戴麗娟研究員也留下我的聯繫方式，約定下一場要造訪檔案局，讓大家一睹國家檔案。(2022 年 11 月 15 日，經戴麗娟研究員促成，有年輕助理教授、博士後研究員、博士生、碩士生以及從事電影、戲劇的主篇與編劇等近 40 人，到檔案局參訪，瞭解國家檔案典藏，並參觀常設展與「白金鹽憶：臺灣鹽業檔案特展」、數位掃描室、檔案修護室以及國家檔案庫房。)

　　回到課堂上，持續研讀檔案管理和策展實務專論，也讓他們分享參觀國史館常設展、特展心得，接著討論展件挑選與展場布置等。更重要的是，如何引領他們從各自發想的議題，歸整出確切的展覽主題。在擇選策展主題是相對困難的，這是因為大家都會以自己未來碩士論文方向切入，有日治時期臺灣史、戰後臺灣史、家族史、產業史，縱使交換意見仍沒有交集。由於課程有時間壓力，我丟出幾個可發展的軸線，再經多次討論，大家決定以美援為主線。美援影響臺灣至深且遠，一個展覽沒有辦法包山包海，必須再縮小範圍，而在美援大前提下也必須有檔案影像支援，方能駕馭。因此，大家回家後開始發揮歷史學的專長，動手動腳找資料，持續在課堂和 LINE 群組展開討論，最後將主題再限縮於美援臺灣的交通發展。

　　決定以美援交通為主軸，緊接著細分美援臺灣鐵路、公路、海運、航運等小主題，經同學們自行分組，利用找到的檔案與資料，兩周內撰寫出五千字報告，並留意檔案局有哪些可以搭配的影像充作展件。歷史系所每學期每門課的期末作業，大概得上繳至少一萬五千字，所以五千字的書面報告對他們而言簡直是小菜一碟。接下來，是如何消化五千字書面報告，簡化為展板上三、四百字內容，尤其要讓一般民眾看得懂、讀得懂。歷史系所的論文通常是非常專業的，如何把文稿融入展覽是需要引導的。我採取的策略是，先讓大家將五千字先減縮到兩千字，再從兩千字簡化至一千字，最後集思廣益把每個人字數修整為三百五十字，這些文字須凸顯各小主題內涵，又得呈現展件特色。經過反覆的討論，每個人對於彼此所負責小主題的內容也愈來愈熟悉。這樣一來，日後若是需要他們對外解說展覽內容，就不是一件太困難的事。

　　減縮文稿時，一邊確認將運用哪些檔案局典藏的文件。能吸引大眾注意的還是以圖像、照片為主，為了讓同學們熟悉圖像、照片的應用，也安排他們參觀檔案局，由策展人解說特展，介紹如何挑選展件，並藉機提示如何準備導覽解說，除了串聯每一個小主題重要內容，還要講得有趣，是得花一番功夫準備。選定展件之後，可以從網路找到「國家檔案加值使用約定書」（https://aa.archives.gov.tw/Home/PublishDetail?cnid=109776&pid=10），依照步驟申請國家檔案授權，經學校發函至檔案管理局，即可取得影像，至於收費標準則視是否對外營利而有所區分。

　　當文字與圖像、照片資料相繼到位後，有同學負責以線上軟體排版後交廠商輸出。這過程也經歷摸索，排版的同學須熟悉軟體作業，克服困難，之後在課堂上經大家討論調整後拍板定案。負責聯繫廠商的同學必須掌握學校報帳作業，控制在有限預算內完成任務。另外，同學們必須測量政治大學司徒達賢圖書館特藏室空間尺寸，以便於搭配展板與展件設計。這些資料

彙整後，在指定時間內提供廠商進行展板與展件輸出，以利後續展開布置工作。

　　該學期同學們透過檔案搜羅、選定主題，著手策劃：「美式速時─1950 年代美援與臺灣交通特展」，回顧 1950 年代臺灣受饋美援，逐步完成各項交通建設。林果顯所長為讓同學的努力被看見，在 2022 年 1 月 10 日舉辦開幕典禮，邀請政大圖書館、文學院等大家長、同仁共襄盛舉。開幕當天，指定一位同學為貴賓導覽，事前提點他如何掌握訣竅，在指定時間內介紹重點和解說的技巧。該特展展期至 2022 年 2 月 24 日，期間吸引老師同學們前往參觀，透過展示文字以及十餘張珍貴國家檔案影像，結合模型、鈔票、明信片等多元展件，凸顯美援對臺灣交通發展的影響，還可以透過當年照片尋找今天的地點，透過對比凸顯建築物、地景與時空變化。總之，1950 年代臺灣處於冷戰最前線，在日治時期建設基礎上，透過美援持續交

圖 4：動手動腳寫歷史：政大臺史所實作課程展宣傳小卡

通建設，從公路、鐵路、航空、航海串起臺灣不同角落的交通網絡，見證美援在至今仍發揮影響力。

　　2022 年 9 月，我在政大繼續開授「檔案應用與歷史學實務專題」課程，面對不同學生還是有挑戰性。課程設計稍微調整，選擇貼近歷史人能快速掌握的檔案管理與展覽策劃專書，讓大家閱讀討論。隨著疫情解封，中央研究院逐漸對外開放，經聯繫近代史研究所檔案館蕭雅宏編審並給予我們鼎力協助，大家在 9 月 26 日上午拜訪檔案館，在蕭雅宏的解說下，大家很快對檔案館的典藏略知一、二，也感受到在疫情的衝擊下，該館的應變之道即推出線上展覽專區。接著，我們前往檔案閱覽室，經同仁悉心指導，很快瞭解如何調閱檔案資料。有些同學大抵已經確定碩士論文寫作的方向，在現場查獲相關資訊，可謂是一舉兩得。10 月 31 日，同學們依安排至檔案局，參觀「白金鹽憶：臺灣鹽業檔案特展」以及檔案修護作業，並討論策展主題和搭配的展件。在參訪的過程中，也適時導入展件挑選、導覽解說的訣竅。

　　有了前次課程經驗，必須調整進度，及早擇定主題。只是，在預擬主題過程碰到一樣的問題，大家都以自己熟悉的碩士論文寫作議題出發，如地方史、華僑史、中國近代史、中日關係史，經多次意見交流，許多人放棄堅持，最終以越戰期間美國大兵在臺灣的風花雪月為方向。這個主題是班上一位日本籍同學提出來的，究竟是不是大家同情他，還是被他說服了，到現在還是一個謎。有了大主題之後，那麼如何分工？如何呈現？經討論後，各自先朝著美國大兵在臺灣的食、衣、住、行、育、樂等方面，分頭查找資料、寫報告。這次書面報告為節省時間，僅要求各小主題先撰寫三千字，再從三千字逐漸縮減到三百五十個字。查找資料後，顯示美國大兵在臺灣的衣、育兩面向沒有太多資料可著墨，於是將範圍限縮至「越戰期間美國大兵在臺灣的食住行樂」。該次特展是由三浦直矢（臺史所）、吳征鴻（臺史所）、張傳力（歷史所）、黃子軒（歷史所）、簡瑞瑩（歷史所）共同策劃，展期從 2022 年 12 月 26 日至 2023 年 1 月 13 日，在政治大學中正圖書館展出，

以國家影像檔案為主，結合報刊資料、相關研究進行策劃。12 月 26 日開幕當天，除了圖書館、文學院、歷史所、臺史所等大家長出席活動外，也有很多同學蒞臨現場。大家透過負責導覽同學的介紹，瞭解越戰期間美軍在臺灣的假期生活，並從食、住、行、樂四個層面透視這些工作的安排，以及引發的相關問題。

2023 年 9 月，「檔案應用和歷史學實務專題」一樣是要讓修習課程的歷史系所碩博士班同學瞭解檔案管理作業，學期末必須要有展覽實作。由於 2024 年政大在臺灣復校將屆 70 年，討論主題過程除每個人提出意見，我也拋出政大復校的方向。最後，大家同意以「政大在臺復校 70 年特展」作為策劃主題，希望在政大校園展示能吸引更多人關注。課程除研讀相關專著與討論，10 月 23 日經安排前往中央研究院近代史研究所檔案館、臺灣史研究所檔案館參訪，經兩館同仁分別介紹特典藏、資料庫、特展，收穫甚多。10 月 30 日，轉往檔案局，由我直接引領他們觀看常設展與「奇蹟之島—1970~1980 從開發到保育臺灣建設檔案特展」，藉機分析常見的檔案展覽類型，並解說如何挑選展件、撰寫文稿，接著大家拿到先前調閱的圖像資料，進行檔案內容的討論。之後的工作，亦即文稿撰擬、展件挑選，以及將兩者合而為一，交由廠商輸出、布置。

2023 年 12 月 25 日，「政大在臺復校 70 年特展」在中正圖書館開幕，主題引起關注，為 2024 年慶祝活動揭開序幕。展覽經五位同學：范明淳（歷史所）、梁正杰（臺史所）、楊婧函（臺史所）、葉雅欣（臺史所）、顏佩貞（臺史所）合作，爬梳檔案資料，綜整為：政大精神、在臺校舍、學術資源、校園監控和人才培育等 5 個面向。在 12 月 25 日開幕當天，導覽的同學特別提到原校訓「親愛精誠」，精少了一點，愛卻多了一點，並非錯字，而是有「少一點精明，多一點愛」的意涵，校徽的設計也有巧思。該次特展展期從 2023 年 12 月 25 日至 2024 年 1 月 12 日，為吸引更多政大校友的注意，特別安排 2 位同學前往臺北教育廣播電臺預錄節目，並於展覽開幕前播出，希

圖 5：越戰期間美國大兵在臺灣的食住行樂特展海報

圖 6：政大在臺復校 70 年海報

望透過電臺節目達到宣傳目的，有興趣者可以從國立教育廣播電臺 (https://www.ner.gov.tw)，收聽生活 In Design「政大臺史所 - 檔案應用與歷史學實務專題」。

四、餘論

　　歷史學的訓練重視檔案的解讀與詮釋，當我進到檔案局後發現許多工作和史學訓練密切相關。檔案局依業務分組，檔案徵集組、檔案典藏組和應用服務組，各組執掌不同。徵集組的工作要項之一，是審選各機關重要檔案成為國家檔案，也經常在鑑定檔案價值時，透過歷史學專家的協助擇選出具備高價值的國家檔案。典藏組負責檔案保存維護，以及數位化與檔案描述，其中檔案描述多由受過歷史學系所專業訓練的人才擔任。至於檔案的應用涉及面向廣泛，譬如應用檔案寫作論文算是其一。若從檔案影像加值來看，檔案局每年舉辦的特展，業算是檔案加值應用。近年來，為了讓展覽更豐富有趣，也運用各種影像紀錄與紀錄片，以吸引觀覽者的注意力。而這些影像紀錄的蒐集與口述歷史的訪問，也是目前歷史系所課程的重點之一。在實體展覽外，也有線上展覽，有興趣者可以從「檔案時光盒」查詢。2025 年底，檔案局將遷至新北市林口區，臺灣首座的國家檔案館也將同時對外開放，歷史系所的同學們不妨多利用國家檔案資源，有興趣者還可以到國家檔案館參觀，歡迎大家的蒞臨。

形塑歷史紀錄片創作之路—從「我那遙遠的呼喚」到「記憶家園」

李立劭
艾巴克影像體導演

　　今天非常高興，其實像史學玩應用論壇這種場合真的是我期待已久，因為其實我們不是學歷史的，我們跟大部份的影像工作者一樣都是電影或是電視傳播出身的，所以碰到歷史的時候，我們其實一個頭兩個大，要嘛是亂找資料，要嘛是請教專家，其實中間的折磨不少於拍片，其實拍歷史紀錄片最大的這個挑戰不在於現場，而是在於找資料找、做田調，這是我們的感觸，尤其我們拍的都是過去的東西。我是艾巴克影像體導演李立劭，然後在座的也有我們的製片跟總策劃吳家惠。我今天就報告一下，大概跟大家聊一聊。

　　其實我個人創作歷程，第一部跟歷史比較有關的，大概 2000 年就 921 的時候，有一家電視臺在 921 隔一年，他覺得臺灣以前應該有很多地震，

我們是不是應該去了解一下？當初沒有人敢接，沒有導演敢拍，因為其實這是什麼東西我也不清楚，那個時候剛好缺錢，反正就是接了，然後一拍下去糟糕，我發覺這是一個很可怕的坑啊。因為 1935 年，昭和 10 年，現場的人在哪裡，然後資料只有小小一本書有提到這樣子，其他的完全是零，從那個開始就走入這個領域。我們其實花了滿大的田調的時間，大概半年，有 8 位企劃，我們電視臺的結構叫企劃，他可能不叫研究員，就是全部去撒網，然後撒到這個中南部去的，然後碰到那個廟前面、榕樹下就問那些阿公阿伯，只要超過 65 歲以上全部都問，後來竟然發現我們還找到蠻多見證者，而且他們的地震經歷記憶猶新，有經歷過這段期間，就把這個片子做起來，在 2000 年的時候，算是一個群眾記憶的書寫。

　　後來到 2004 的時候，剛好政黨輪替不久，公共電視他們就想要做有關於一個系列的紀錄片，跟臺灣有關民主運動有關的，叫《百年人物誌》，那裡面的人物大家應該都聽到，比如說林獻堂之類的這樣的人物，然後吳三連，臺南幫的大家都知道他的故事，我就負責這個案子。這個案子也是很妙，因為其實其他的導演都都選完了，沒有人要拍吳三連，為什麼？因為很無趣，就是在整個故事脈絡上他其實沒有大起大落，他是一個柔軟堅定體制內的一個改革家。輪到我頭上，但是好在我們有吳三連基金會，他有大量的史料提供我，然後我們也把它組織起來。這部影片的特色就是我運用了很多戲劇的手法夾雜了訪談，夾雜了戲劇的人物的扮演，包括我們請吳三連的兒子飾演他父親，在他當年自己被抓走，因為白恐的時候他兒子參加讀書會被關了 10 年，在市長官邸被抓走的那一剎那，我們回到現場去重演了這一段這樣子。

　　接下來大概到了 2017 年，我就開始做三部曲，主要是為什麼會做這個東西？因為那個時候在拍吳三連的時候，其實我對歷史紀錄片所謂傳記式的這種意識型態，我覺得很妙，因為吳三連這個人物是大家都多少知道他的歷史，換做現在的口語來說，他其實是藍綠都有他的基礎，所以說常常會碰

到這個敘事，然後那個敘事完全不同觀點的人在談這個人，我覺得原來這個人物是這個樣子，那麼有趣，他不會被架構在固定一個意識形態，後來當我到了泰北去的時候，我也發覺有這樣子的情況，在那樣子的邊界，緬甸的邊界、泰北的邊界之下，竟然他們還在掛著這個孔子像祭孔，然後唱著國歌，我是覺得很恍惚，很像我在小時候會經歷過的那種黨國時代的情境又浮現在眼前。然後就慢慢追這個題目，邊城啟示錄，他基本上就是以異域孤軍的國族認同這個架構去處理，但是我們有連結到臺灣的部分，臺灣的那些緬甸無國籍者的認同情結部分，後來做完了以後，結果很多觀眾朋友問我說，那這個他們來臺灣的那一批人到底在哪裡？他們很想瞭解，所以後來就到了信國新村，就是在高雄農場、屏東那邊，我們拍了南國小兵，就是以兩位游擊隊的小小兵，一個是當年 10 歲的滇緬反共救國軍跟 12 歲的一個游擊隊女政工小妹妹，我拍他們的時候都已經超過 70 歲了，從他們生命史裡面去看他們自身的歷史跟這個大歷史，跟地方史上的關係。拍完以後，常常又有觀眾在問，那他們想知道現在第二代在幹什麼？這些游擊隊的第二代，所以後來我們又去追到了這個清境農場，大家知道清境農場有很多雲南菜，好吃的雲南菜魯媽媽餐廳，大家可能也都吃過，我們就拍了魯文印，以清境農場博望新村這個架構，因為他們在高山上的高度都是大概 2000 公尺，同樣類似的高度在泰寮邊界，一樣有一群人當年為了這個，等於算是僱傭兵，幫泰國人打泰共，然後留在了泰寮邊界，留下來了之後他們的生存故事，然後兩位主角同樣都是同一個年紀，完全不同的生存面貌，完全不同的國家認同，其實這個影片主要探討的是國家認同跟離散人民的一個心境。

這個片子拍完之後，我們就要放映，其實拍紀錄片大家都知道，你要不是跟電視臺合作其實就很慘，因為你會沒有機會，我總不能說總是在獨立書店一場一場，30 個人、40 個人放，那其實真的很辛苦，所以後來我們申請到了國藝會有個巡演補助，錢也不多，但是我們第一場就開在華山，然後就連續三場，一路一放就是 5 個小時這樣子，5 個小時全部免費讓大家看。

因此就有一個效應的起來，因為大家覺得看紀錄片不要錢，有吃又有拿這樣子，然後就起來了，後來在臺灣放了大概 30 場，一直到一兩年前還在各個學校放，大概總共有 80 場左右。那這個是臺灣的演映，我們就把清境農場的這些游擊隊第二代請到華山去跟觀眾對話，包括清境他們其實有出了類似地方誌，《從異域到新故鄉》的這本書，是介紹清境的歷史，我們合作，現場就免費發給觀眾，然後還有「93 師咖啡」，是在《那山人這山事》片中的泰北第三代他在帕黨，就是在泰寮邊界高山上他們所產的咖啡，他們用文化包裝的方式把它命名為「93 師」，「93 師」就是泰國人對當地滇緬游擊隊軍的這個暱稱，去產出這個咖啡，然後我們就現場咖啡跟書，然後才會有那麼多人，不然看紀錄片其實很少。

我們開始做所謂重返現場，因為我覺得重返現場這件事情還蠻重要的，他是一個跟被拍攝者的歷史對話，所以我們就把片子又拿到了清境農場上面去放，然後看觀眾的反應、學童的反應，當時是一個賽德克族的校長來介紹這個滇緬游擊隊的歷史，很有趣，所以他那邊是一個很混搭的一個現象，那我們重返現場到了清境。

之後，我們也回到了桃園大本營，龍岡大家都知道，每天在打歌什麼的，然後我們有電影宣傳車，我們還跟王董王根深董事長的雲南菜餐廳合作，請他供應雲南小吃、甜點到現場，也是大家吃到飽，所以那天就爆滿，擠急到位置都坐不下。基本上，紀錄片就是必須免費要有吃又有拿，就會有這個現狀，你要錢、沒吃又沒得拿，那可能大概除以 10，觀眾會少一半，所以這個歷程是蠻辛苦的。

這個三部曲的放映，如果說你要用商業來計算的話，是沒有利潤的，他純粹就是我們一個比較個人的觀點的歷史紀錄片創作，然後去申請各式各樣的補助，然後只求打平就可以了這樣子。後來我野心越來越大，我們就決定重返異域現場放映，這個就是有點瘋狂，我們其實就是希望帶著影片回到

了曼谷跟泰北去放，泰北也包括了當時拍攝的清邁跟清萊，是沿著泰緬邊界游擊隊的華人大村落，當時拍攝的路線一共選了 8 個點，去做放映。

因為其實紀錄片是這樣，有一個朋友說其實當你影片花了很多的錢拍好，假設你不按那個 play 的鍵，就是不放映，他根本就是等於跟沒有拍一樣，它是一個空的東西，還不像說各位的著作有論文、有書，其實就什麼都沒有，你不放就是零就對了，基本上就是跟空氣一樣，所以我們常常在笑說我們做的是一個空氣般的、虛無的產業。我們就到了泰北放映，第一場就是在曼谷，曼谷我們請了臺灣青年會，跟他們合作，很妙，雖然說這個是雲南華人的故事，但是臺灣的青年都很支持，然後就一起大家合作，在酒店裡面辦了兩場這樣子，然後把主角都請過來。也在曼谷的 93 師咖啡廳也放了，那個就是劇中人游擊隊的第三代，沈慶復的女兒，她後來就開了咖啡店，我們就跟他合作在曼谷放了然後請了很多鄉親來看，也有泰國本地人來看。最重要的是後來我們還驅車往到了清邁，泰緬邊境，再開了 3 個小時的車到熱水塘新村一新中學，這是清邁最大的一個，幾乎是一個最大的一個華校。我第一次放紀錄片有那麼多人看，然後這些人沒吃又沒得拿，有 800 人來觀影，整個大禮堂坐不夠，然後拉了第二條視訊線，拉到操場去大螢幕投影，總共 800 人，然後我們請到了當時在打游擊隊的第二代，然後這些校長這些人全部都是第二代，由他們親身經驗，因為在他們生存的 80 年代，臺灣已是經濟高速發展期，臺灣錢淹腳目那個年代，他們竟然還在邊界打仗，這 80 年來，所以他們可以講的故事很多，跟那些泰北華人村第三代、第四代的孩子們講他們自己的歷史。

因為泰北孤軍的歷史，基本上泰國人有他的觀點，他不會多說，因為他是委託這些所謂國民黨殘餘部隊去幫忙打泰共，是有一點私底下做的事情，所以他不會對外大說特說。而中國那邊的敘事，當然就是他們的史觀，根本就是隨便講講，很多東西都有錯誤的部分，那臺灣的部分其實也是被壓抑的，因為是冷戰時期國府跟美國 CIA 一段秘密進行的事，這部分歷史也

沒有人說,那只有誰說?就是我們這種拍紀錄片幫他們說,到他們的學校去放,後來他們華校就跟我要 DVD,打算變成學子的鄉土教材,因為臺灣僑委會給他們的早期教材其實都在講說我們臺北是怎麼樣,中南部史地是怎麼樣,我覺得這個教材對他們來說很荒謬,因為沒有當地,沒有 local 的東西,所以他們甚至不認識自己是從哪邊來,為什麼我人會在這個國界邊的山上出生居住這樣子。因此藉放映的機會,順便互動一下,我們到了美思樂下的聖心中學,校長把當年參加過剿泰共的游擊隊老兵請到現場,他那天非常感動,那些老兵其實都缺了腿、缺了胳膊,一跛一跛得走到前場來,他看到了孩子們願意聽這些爺爺講他們親身的經驗,因為他平常在家裡沒有人要聽,他們都覺得是天方夜譚,根本就是在講故事,可是當他們看了影片之後有知道這個來龍去脈以後,老師又帶領之下,這個互動就有了,然後現場就跟那些爺爺們互動,那些孩子跟爺爺們互動,了解他們自己的歷史。最後我們路線就繞到泰寮邊界的帕黨培英中學,旁邊山上看下去可遠眺湄公河,很漂亮的一個學校,然後做了一場放映,這場放映很有趣,他們有苗族的老師、瑤族的老師、教中文的老師,因為那邊是一個多民族混居的一個社區,然後我們請到當年老小兵,就是當年是小兵,後來變成老兵,來跟觀眾對話。

最後我們在臺北 TIDF 國際紀錄片雙年展的時候,我們就讓泰北跟清境的這兩個人物一起在光點華山碰了面,所以電影裡面講到的兩個地方的人其實從來沒有碰過面、沒有交集,是歷史讓他們交集的,然後最後我們讓他們的電影院交集這樣子。後面的發酵就開始慢慢起來了。

因為我覺得紀錄片對於我們來說其實是一個興趣,但是他也必須成為一個工作,他也是一個社會議題的展現,所以我們就以紀錄片為中心,然後滇緬泰北這個組群就慢慢的有很多研究者,比如說老師、教授他們,中研院的一些老師,他們就開始也加進來我們這個社群,還有一些地方文史工作者,關於泰北研究的地方文史工作者有好幾位非常厲害的,本身也是第二代的文史工作者,因為前陣子算是東南亞熱,不少學校應該都有拿到東南亞的

補助，所以有很多這種學程，這種活動就開始發酵了，然後以紀錄片為中心，大家就越來越多人去認識這個議題，後來我的目的就覺得還算有點成效，雖然沒有什麼利潤可言。

再接下來，下一步我要做什麼？我們公司要做什麼？跟各位報告一下。因為我們在拍紀錄片的時候，一直處在這個影視或創作環境。

就是紀錄片的環境，其實對於對於歷史的認知，其實是有很多不足的，尤其是臺灣的紀錄片界，跟各位報告一下，其實歷史紀錄片是弱勢中的弱勢，怎麼說？因為紀錄片本來在影視產品裡面就是弱勢了，然後歷史紀錄片其實因為它的分眾太小眾，喜歡二戰歷史的、喜歡近代史的、喜歡這個藝術史的，完全都不一樣，所以說他是小眾中的小眾。還有另外一個是包括表現形式，什麼樣的表現形式是比較適合大眾閱讀的，有公眾性的，還是說我只是為了要得獎、參加影展，做了一個很藝術的片子，以創作為目的地的？這一切都在我腦中都是一個問號，所以乾脆我們公司就自己找了一些不同領域的人，但是都跟歷史有交集的人，來辦了一些算是這個交流會，叫做紀錄／歷史／現場，在這個疫情時在空總舉辦了四場跨領域講座。一個是民族學，我們請政大的這個王雅萍教授來幫我們講民族學的田調方法，然後一個是我們請南藝大的曾吉賢教授來講，檔案檔案的怎麼利用再考掘這樣子；另外請了聲音轉錄史學的王信凱來從聲音裡面來談歷史；另外一位是人類學的王鵬惠，從影像人類學的這個脈絡來看，大家一起用不同的角度來思考，歷史與紀錄的議題，可以跟我們拍紀錄片的人怎麼交集，花了兩天半的四場的分享會，就是也是免費的啦。那其實最大收穫的聽眾就是我，我是主要是想要從這些對話中思考紀錄片與現場及歷史，所以自己辦了這樣子的座談分享會。

再接下來，我就開始從家裡面的小歷史來提藝術史，最近這部《獨舞者的樂章》，從一個我家中的歷史，然後怎麼樣來看一個女性被忽略的，用

女性的位置來談了一個藝術史的一個故事。

　　完了之後，其實那個戰爭因為在臺灣已經算是一個議題，現在戰爭，他已不是一個傳聞，他已經甚至是一個現在進行的事，那我覺得戰爭這件事情似乎有必要把他脈絡的討論一下，我們臺灣目前所有的戰爭的議題其實都跟二戰及冷戰會牽連到很多關係，所以我就花了四年的時間，主要是以中國遠征軍這個脈絡，跟臺籍日軍這個脈絡，他們怎麼樣在緬甸交會，整個拍攝場域大概是從印度到緬甸到日本，然後用三方的角度去看，最後談的主要是歷史詮釋權、歷史話語權，還有地緣政治下的所謂歷史被扭曲的這個問題，然後我們可以簡單的看看一片花。

　　這部影片其實剛開始只是很單純的追尋一個遠征軍的歷史，但是後來發覺他跟我們現在的這個認知，我們所站的位置，包括導演所站的這塊土地上的一個觀點很有關係，所以後來變成比較複雜的一個多元史觀，就是一個辯論式的結構在裡面。那當然其實剛剛講的都是不能夠活命的紀錄片，就不能夠靠此維生的紀錄片，基本上沒有辦法生活，那些都是創作，我們還是得跟公部門合作一下。當然昨天大家有講了，我也順便分享一下，我們最近大概也是連續三年有跟傳藝中心的臺灣音樂館合作，這種合作模式我倒是覺得蠻有趣的，這些影片我們是負責做前導影片的部分，他們首先會請老師做一個研究案，譬如說民族音樂學者他研究噶瑪蘭族的歷史跟音樂，還有一些古謠。出了這個研究案之後，他們希望能夠把它展現給觀眾，他們是在舞臺上把整個噶瑪蘭族搬到傳藝中心去展演，唱的是古謠，不是新創的一些聲音，用這些古謠能夠喚起大家對這個原住民某些族群的歷史記憶，然後我們的工作就是負責在影片前導，在開始展演之前，有大概 15 到 20 分鐘，做一個比較屬於資訊介紹性的一個原住民音樂的歷史，也是做了好幾年。最終的放映場合是在劇院裡面，也不會在媒體上面播映，那我覺得很有趣，因為展演的目的是留下歷史紀錄，而不是藝文消費。

　　我大概簡單談一下，其實我這幾年很有感一個問題，就是歷史學跟歷史紀錄片，因為影音的特性它其實是一個連貫的，是一個被動式的一個閱聽過程，當你到電影院進去你就不得不看，你除了把眼睛關掉，你聲音還是會進到耳朵，基本上是這樣的結果，它不能夠像翻書一樣，我今天不想看或是我跳躍式的觀看，所以影音訊息的傳遞他有一個強勢，因為他必須一個 cut 一個鏡頭一個鏡頭不斷地去推動你的敘事，但是相對它必須要簡化。所以歷史紀錄片有兩面，其實他一方面有影音的強勢主導越聽的優勢，但也不免是一個被簡化的過程。

　　最後我要提的就是兩個時間軸，簡單提一下好了，就是說我們的影片有個歷史文本的長度，你要跨越 200 年還是跨越 20 天，這 200 年或 20 天，他其實是關照你的影片裡面敘事的長度，就是影片本身的物理長度 3 分鐘或 3 個小時，這樣的長度其實都會影響我們到製作的一個結構，它是受限於閱聽形式很嚴重的一個問題，假設你用歷史學角度來看，所以他很難成為一個歷史學，但是他是一個跟大眾互動的一個還不錯的一個形式。

影像記憶 · 口述訪談

口述歷史應用於醫護專業人士訪談之探究與限制

張淑卿

長庚大學醫學院人文及社會醫學科教授

進行口述歷史經常最後是書寫自己的歷史，今天要談的題目是「口述歷史應用於醫護專業人士訪談之探究與限制」，我會先來談一些自己在訪談醫護專業人士的實務經驗，也會談一談對病人的訪談，以及在訪問醫療人士時必須要特別留意的部分，最後是如果有出版計畫時整稿的技巧和困難點。

所謂口述歷史，即是用口述方式所蒐集資料，資料的來源可能是錄音或錄影。在訪談之前需要有一些預備工作，最後以文字方式呈現。其特點是補充過去歷史材料被忽略的部分，方法非常獨特，可以在不同地方進行。但是一個好的口述訪談事前的準備非常重要，尤其是到最後整稿階段，可以達到事半功倍之效。

　　口述史的發展與臺灣史發展有很大的關係，因著臺灣史的發展，使相關口述訪談資料可以快速出土，1980 年代多半是以外省人士為主，到了 1990 年代就慢慢出現越來越多的臺灣本土人士的口訪。訪談主題也十分豐富，包括庶民生活、專業人士、政治人物等等，解嚴之後各地的文史工作室也會有相關訪談。地方性資料的搜集也和後來政府推動的社區總體營造有關，這也是所謂的地方史、村史。

　　但是，當我們想要寫一些比較專業的課題，卻有所困難。譬如我自己在做的是醫療史，若要讓一個醫師做自己的歷史醫師做自己的歷史，一來他們十分忙碌，二來他們較難用長篇文字討論自己的生命歷史，但又有很多醫師想要留下自己的傳記，所以我們看得到很多醫師留有傳記，但這多半不是自己撰寫。

　　我現在要談的是另一個脈絡，亦即在口述訪談開始興盛之後，學術界也開始口訪與醫療有關的主題。過去我自己參與過的有臺中榮總、臺北榮總、振興醫院，其他還有榮民製藥廠、護理類的資料。我們在訪談之前會有幾個步驟，包括選擇受訪者、約談、資料準備、與受訪者商議如何進行到最後整稿。

　　我以自己為例，第一個比較正式的訪談經驗是因為我要撰寫博士論文，我的博論是有關 1949 年之後，臺灣結核病的防治發展歷程，包括政策、防癆組織的建構，我的指導教授傅大為教授希望論文的其中一章能撰寫臺灣結核病患如何理解自己的病。當時很少資料會談論自己的結核病，可以看得到的只有作家鍾理和的作品。我要畢業的前兩三年，臺灣省慢性病防治局正在做各種防癆活動，有一次剛好在花蓮辦活動，我向他們索取宣傳單張，臺灣省慢性病防治局的工作人員都非常友善，問我想不想和當時防治院的副院長聊一聊，我就前往深坑去訪問，幸運地看到當時世界衛生組織在臺灣的所有防癆資料，我向他提及博士論文需要訪談病人的情況，他很爽快地邀請我到

他的診間，就在這樣的狀況下得到需要的資料。當時的研究規範並不嚴格，還沒有所謂的研究倫理審查機制，各位朋友如果有機會到醫院作訪談的話，該研究案必須先通過研究倫理審查，但當時並沒有如此制度。畢業後，有一陣子我在中研院臺史所進行博士後研究，幸運地加入游鑑明教授的訪談團隊，從臺北榮總到臺中榮總再到振興醫院，我從中學習完整的訪談工作，這都是根據我自己的學術背景而來。

後來慢慢自己接觸到其他口訪的機會，其中有一個是某醫學會想請我訪談歷任會長，並希望在現任會長卸任前完成，討論完畢後正式簽約。像這樣的私人單位訪談，背後經常帶有某種目的性，當時會長希望建立自己專業的權威，後來我才知道原來該學會內部的人際網絡與派系紛爭非常複雜，彼此之間可能存在著摩擦，而想透過訪談留下對自己比較有利的資料。當時儘管心中有疑慮，但還是須按照合約完成工作。因此接觸這一類私人機構受託的訪談必須特別留心。

這一兩年我已經出版的是國防醫學院護理學系資深系友的訪談，這是因應我自己的科技部計畫，有關臺灣護理史的研究，當時遭遇到一個很大困難，那是有關臺灣軍護之母周美玉將軍。我翻遍所有的相關檔案資料，仍無法證明某些問題。幸運的是，當時國防醫學院正好要舉辦護理系創系七十週年慶祝大會，所以雙方合作找到每一屆最適合作訪談的系友，就這樣從第一屆的學生到第二十五屆的系友，此次的訪談某種程度補足了臺灣護理史特別是軍護的部分。

再來我也針對自己科技部計畫做了一些訪談，例如病理科醫師、心臟內科醫師、心導管室的護理師與放射師，以及醫療器材廠商，這都必須在事前有良好的聯繫，但找到願意受訪的人並不容易。在訪問醫療專業人士可能會出現的困難和注意事項，包括人名、地名、事件會有錯誤，有些事情如果他們不想談會故意不談，或者有些錯誤在整稿的時候必須加以校正，而這些

在一般訪談其實也都可能發生。

　　另外，如果有出版計畫或訪談資料要放到論文使用，都必須經過特別整理，逐字稿是無法使用的，必須經過加工修飾。整稿時不能改變原意，語言轉化為文字或醫療專業術語、行話都要特別留意，事前的準備一定要充足。

　　受訪者有時候會對某些話題感到激動，我認為這帶有某種意義，是可以加註說明。又有些時候，受訪者在確認文稿時，會要求刪去某些部分，我曾經遇到刪去三分之二的情況。又有時候涉及他人名譽時，也要懂得保護雙方，錄音檔和逐字稿可以留下作為佐證，但整稿時必須特別小心處理。

　　最後我想談一下，如果訪談地點在醫院，必須特別注意受訪者的狀況。病人的身分在人體研究或人類行為研究的倫理審查被稱為「易受傷害族群」，所以醫院會要求該研究案或訪談案，必須通過該院的研究倫理審查委員會的審查，這需要經過一個冗長的程序才能取得資格。執行科技部計畫所做的訪談也必須勾選相關選項，這是近幾年才開始出現的狀況。

桃園市陸籍新住民訪談的
收穫與遺憾

王力堅

國立中央大學歷史研究所教授

　　今天我要給大家報告的是「桃園市陸籍新住民訪談的收穫與遺憾」，也是我的一些體會。

　　我先談一下訪談的緣起，原來我是中文系的老師，前幾年才合聘到歷史所，過去做的都是當代史的研究。鄭政誠老師發起桃園學中心，我非常感興趣，想起做新住民研究，也就開始找些資料來看，發現桃園新住民統計排名前三的有陸籍、越南、印尼。看了有關資料，發現陸籍新住民還有很多可發揮之處。也因為我自己本身就是新住民，我是新加坡籍，來臺十七年，現在持外僑永久居留證。尤其是，我本來就是在大陸出生長大，1990 年離開大陸到外國讀書工作再來臺灣。

　　開始做新住民研究的時候不知從何入手，我上網找到桃園新住民服務中心，聯繫上新住民專案辦公室執行長陳建崧先生，在去年八月到了市政府拜訪。陳建崧先生熱心介紹了新住民的情況，推薦了兩個人選，一個是趙佩玉女士，一個是牛春茹女士，我很快就和兩位女士聯繫上了，再透過她們和其他陸籍新住民聯繫上，促成了兩個訪談。第一次訪談是在去年九月下旬，在林梅女士的來而康醫療建材有限公司，這次的訪談人少，主要是林梅女士和她的職員陳霞女士，時間充足，內容集中充分；第二次訪談是牛春茹女士組織起來的，人較多，本來約了二十多人，用 line 群聯繫，慢慢有些人退出，所以真正訪談的有 14 個人，當中有兩個是陸籍新住民的臺籍配偶。這次人較多，我採開放式問答，提話題大家都可以談，剛開始有些不著邊際，慢慢進入狀況後，情況就好得多，我覺得也還不錯，大家隨性談，也可以插話，互相補充。

　　這兩次的訪談我設計了個人資料卡，請他們當場填寫交回，包括來自大陸何地、現居桃園何地、居住幾年、是否已取得臺灣身分證、教育程度、配偶教育程度、在大陸的職業、在臺灣的職業、臺籍配偶的職業、與臺籍配偶接觸的途徑等問題。當場又分發了參考題目，讓他們先閱讀。參考題目的內容有：個人經歷在融入臺灣的差異與調適、個人教育在融入臺灣的差異和調適、既有觀念在融入臺灣的差異和調適、印象深刻的事情為何、融入臺灣過程中，配偶／家庭／社區／社會或宗教哪項對個人影響最大、融入臺灣過程中，政治觀念／環境／交友情況如何、與其他新住民族群交往情形、發展變化與未來期許為何。兩次訪談都相對順利，訪談結束後，整理出「林梅陳霞訪談錄」，「牛春茹等訪談錄」逐字稿，並做了一些修改和補充，形成目前的修改稿。

　　兩次訪談的逐字稿共約五萬多字，送與受訪者審閱並且修訂，經過整理後，從中選擇「結緣與婚姻」、「對社會的適應狀況」、「職場求職」三方面，進行如下討論。

一、結緣與婚姻

　　這方面的情形包括陸配雙方關係的緣起、過程、發展、演變以及現狀。受訪的陸籍新住民大多為中青年一代，於是，受訪陸籍新住民跟臺灣配偶的結緣與婚姻，更多出於如下幾種形式：

　　有的是由於工作關係。A1 及其工作伙伴 A2 都是學校剛畢業，經由親戚介紹到臺資企業工作，在工作的過程中認識了後來的先生。A8 是在深圳任總經理助理時，「我先生跟我們總經理是上學時候的同學，我們公司買我先生他們公司的設備，設備出問題，他去維修，所以就這樣認識了」。A12「剛出來工作的時候，就進去我老公公司裡面工作，這樣才認識的」，但是在兒子「十幾歲了，我們才結婚」。

　　有的是由於旅遊（度假）的關係。如 A6 是公司組團到張家界旅遊，遇上臺灣旅行團，在雙方朋友的鼓勵支持下兩人認識了，之後「整整談了一年的戀愛」才結婚。A10 則是在海南島三亞度假時候認識了太太，「她小時候在美國，我以前是在英國，所以我們聊天、思想方面很能相通的」。

　　A5 是由於來臺遊學的關係跟太太結緣。多年前，A5 在青島管理學院就讀，作為交換生到高雄餐旅大學，其宿舍室友是太太的同學而相互認識。過後，雖分隔兩地仍保持聯繫，直至有情人終成眷屬。A7 跟先生則是通過網路認識的，網戀了六年，才走到了一起。

　　這些案例的當事人皆為年青一代，當然是有一定的感情基礎，產生較強烈的愛情因素。但也不乏「沒有那種很激情的愛情」，「半推半就」的情形。較為相同的一點是，似乎都沒有以「結婚後來臺」為前提的，相反，基本上都是婚後先在大陸發展了一段時期，最後由於各種原因才來臺。有的甚至婚前就約定婚後留在大陸發展（不要來臺）。

　　跟上述年輕人不同，A13 的情況較為特殊，似乎是不太一樣的婚姻樣

態。據 A3 對 A13 的介紹：「她來臺也是 20 多年了，是屬於早期嫁給榮民伯伯的，她先生在臺灣的狀況就是未婚。」或許是跟其他人不太一樣，A13 在訪談中便較為不願多談。A4 的情形也較為特殊──A4 的公公是從大陸來臺的老榮民，其公公在大陸的太太就是 A4 父親的姐姐，「等於我們兩家上一代就是世交的關係」。兩岸剛開放時，其公公回大陸探親，A4 還在讀中學，認識了這位未來的公公，於是就有了後來的姻緣發展。

受訪陸籍新住民的家庭，大多表現為夫妻及家人關係較為和諧，但有其他實際的生活困難。如 A2 多次明確表示：「他們的家人一直還是對我很好。」「他們對我還是疼愛有加。」「我還滿感恩這個老人家。」「滿感謝他們！」但是，還是有不協調的地方：「我婆婆陸續發現胃靜脈瘤出血，後來又肝癌。後來我公公年紀大了老了，又洗腎。老人家的病痛就變成是我們的棘手的問題。」壓力之大，導致 A2「一閒下來就躲到角落哭……天天哭」。儘管這樣，A2 還是頗為堅強地扛起這個家庭重任，顯示出敢於擔當的家庭責任感與操持家務的能力。

A4 來臺後，發現先生有債務的壓力，便義不容辭表示「我需要跟先生分擔一點債務」，最終創業成功。在小孩的教育問題上，理解並且支持小孩自己的意願，在體操方面取得優越的成就，「每次上臺去比賽，全國比賽，我心裡就是很開心」。

A1 跟公婆的關係不錯，不過公公的地方口音很重，又有一點重聽，所以跟公公溝通及相處有一定困難。A1 便積極克服困難，「如果小叔、先生在家的時候會多聊一些，要不就多是比手畫腳。」在某些不易協調的方面，A1 就技巧性化解，如公公家喜歡「拜拜」，並且要求「你一定要過來陪拜」。A1「因為實在是不太喜歡，我就去信基督了。所有的繁文縟節全免了。」A1 也坦承「我現在是基督徒，但不夠虔誠」。所幸「我公公屬於那種完全沒意見的老人，他跟我住在一起，除了信仰，其他的完全沒意見，你喜歡吃什麼想穿什麼，交友什麼，隨你。所以沒有那個互相適應的問題，只有互相

包容。」

在這種傳統型的現代家庭生活中，陸籍新住民更需要配偶的理解與支持。A11 表示，跟婆家人有矛盾時，「可能我有一點小幸運，我老公剛好都站到我這邊」。當然自己的心態也很重要，A11 一再強調：「想開一點就好了」，「不要放在心上就好」，「多出來交朋友，走出不愉快的事情就對了。」

亦有長期的婚姻不協調，最終導致離婚的例子，如 A6 的婆家頗為富裕，婚後發現「小孩她爸很多毛病，壞毛病，愛喝酒，好賭博，生下小孩他也不顧家，常常喝酒喝到十一二點鐘，常常不回家」。於是，「委屈了 15 年我離婚了」。離婚以後自己帶著女兒，A6 重新找到工作，也認識很多朋友，「過得很自由自在，過得很開心」。

有的受訪者將談論重點放在其他方面（如創業），對婚姻狀況一語帶過，如 A9 在 1995 年就來臺，關於婚姻，僅「2000 年離婚」一語帶過，而是歷數在臺灣的創業艱辛最終成功的過程。或許關於婚姻有難以言訴之苦，但亦見出 A9 瀟灑坦蕩的心境。

無論如何，「結緣」是兩岸有緣人能以結合的起點，而「婚姻」則是新住民家庭能以建立、維繫、發展的平臺。從上述受訪者的陳述看，當代兩岸婚姻中，經濟因素固然重要，但並不是決定的因素，思想的磨合、感情的鞏固、家人（家族）之間的相互交流、理解、尊重、寬容、妥協，恐怕是更為重要且根本的因素。

傳統家庭價值觀當然值得珍惜並發揚，但當代意識的對接與融合亦是不容忽視的現象與趨向。陸籍新住民家庭中，除了傳統價值觀與當代意識的矛盾衝突，還有長期以來兩岸教育、文化所形成的不協調因素，陸籍新住民家庭文化建設所面臨的挑戰更顯尖銳與劇烈。可喜的是，受訪的桃園陸籍新住民家庭，大多能通過相互交流、理解、尊重、平等、寬容、妥協的方式得以和諧穩定發展。

二、對社會的適應狀況

受訪陸籍新住民對臺灣社會的適應狀況，可以歸類為如下幾個方面。

（一）人際關係

陸籍新住民對臺灣社會的適應度，很大程度決定於所交往的人際關係。兩岸歷史以及現狀的關係，又決定陸籍新住民來臺後所交往的人際關係，往往傾向於負面的反應。

A2 即表示：「剛來臺灣的時候，其實臺灣人蠻排斥我們的。」甚至會有「你是搶人家老公來的吧？」之類的「莫名其妙」的問題。以致 A2 感慨：「早期來臺灣的大陸新娘，其實應該多多少少會感受到這種社會給予的不友善。」A2 雖然有怨氣，但她的應對還是蠻理性得當的：「我告訴我自己，我不卑不亢，我不是二等公民，我可以不告訴你，但並不代表我的身份是可恥的，沒有什麼好可恥。我在這裡生活工作非常努力，過好自己的生活，我該盡的職責，不管家庭還是社會都沒給造成負擔，家庭我也很努力在經營，我又不比你們差。」

A5 通過比較，認為 2015 年來臺灣做交換生的時候，「臺灣人對我們都很好，我的同學，尤其是老一輩的人對我們都很關切，知道我是學生就會問候我」；跟現在比較則是：「因為政局的改變，有一些不太好的因素，他們會問我們一些奇奇怪怪的問題，但是我們也會故意去避開他，不扯政治，為了保全我們自己。」

當然最好的方式就是更多的溝通交流，A8 便是通過交往到幾個臺灣女生後，人際關係大為改觀。上週一臺灣女友坦承，喜歡像 A8 這樣的大陸女生「很阿沙力、不計較，有什麼都攤到桌面上來，不會扭扭捏捏」，但也直言：「你就是有一點不好，太愛懟人，說話不好聽。」其實，能夠這樣坦然對談，正表明雙方已然成為朋友。有較高深教育背景與豐富人生歷練的 A9 則提出：

「我們應該轉念，我們要遇見更好的自己。……這個社會有一些偏見，就不會有愛。當我們去愛別人的時候，對方一次不會感動，兩次不會感動？」

「去過 10 幾個國家」的 A10 提問似乎更值得深思：「為什麼總是感覺全世界都看不起我們呢？或者是每個人都在敵對我們？」A10 還提出有必要換位思考：「或許你本人也有瞧不起其他人的狀況，甚至反過來也有臺灣人可能說，誒，是不是他們也瞧不起我們呀？我們把它拿出來 complain，去發牢騷時，就看你的心態在哪裡？……想人對你好，首先自己就先要有個平常心，同樣地面對他，才會換回平靜的對待。」

（二）生活環境

衣食住行的日常生活環境，是陸籍新住民能否適應臺灣的密不可分的因素。這個方面，來自南方與來自北方的陸籍新住民顯然有不一樣的觀感。來自遼寧大連市的 A7 就認為：「來臺灣之後，很多東西我都是覺得不太適應。……還有飲食的文化，吃不習慣。」來自福建的 A1 卻認為：「來到臺灣，生活方面，飲食，吃，沒有什麼不方便。……飲食對我來講並沒有不適應，反而有更多的選擇，有很多小吃，選擇更多元。」

創業經歷更豐富的 A9 關注的視野就更為開闊且深刻：「相對來說，臺灣社會福利比較好。生存環境、條件，有健保，有人權、制度，可以發言，這些比較符合人性的社會條件比目前大陸好。但是大陸未來隨著經濟發展，倉廩實而知禮節，隨著物質的提升，人們就會追求更多心靈上的層次。」A1、A10 等人在訪談中都不同程度表達類似的認知。

（三）社會環境

受訪陸籍新住民對臺灣社會的整體印象大體上還是正面的，自稱為「地球人」的 A10，他的觀察細緻入微，運用翔實的生活情境進行評說：「臺南多舒服！騎機車隨便在小巷子就有好多酒吧，有好的餐廳，人都很樸實，文

創做得很好。有一句話說，其實臺灣最美的不是所有的這些東西，臺灣最美的就是人哪！……臺灣既然住下來就喜歡它了，不喜歡就走嘛，很簡單的一個道理。」

A1 則特別推崇臺灣豐富多樣的教育資源：「我覺得臺灣最可取的地方，就是非正式教育體系非常棒！哦，我如魚得水，到處聽課。想上什麼就去課堂。我很喜歡上課。這也是為未來，這對我適應整個臺灣的工作、創業，還有生活，還有社交、人脈，還有社會，有很大的助益。」

A3 也認同這一點，雖然臺灣對大陸的學歷認證只限於 985、211 層級的大學，但是在臺灣新住民免費培訓取得臺灣各類證照的資源很多，目前也有一些針對新住民進修的政策，通過進修取得臺灣認證的學歷已由十幾年前的完全不可能變成可能，A3 及其他縣市陸配已有取得臺灣認證之碩士學歷，A3 目前已是在讀博士生。

受訪者還注意對兩岸社會進行比較，A1 指出：「總歸一句話，大陸是管理型政府，臺灣是服務型政府。這是文化不一樣。服務型，那他就是為了選票也一定要服務民眾，做到最好，每個人好像比賽一樣。你看里長要作多少服務，還送餐上門呢。大陸能做到這樣嗎？」

A3 亦強調：「其實臺灣還是有很多是值得我們借鑒的地方。大陸有一些日常行為的規矩，方方面面，確實也讓我們回去也覺得不適應了。像我回去也覺得，為什麼公共場合這麼的吵雜，到現在還是有這種感覺。當然我們家屬於三線城市，臺灣一些公共場合的秩序相對還是比大陸要好一點。我是就事論事，我是三線城市，可能一線城市的整體素質又會比較好一點。還有公共部門，十幾年前，回去要辦點事情那麼困難，有制度也不按制度走，大門開著不走大門，但近年已經有了很大的改善。這一點也讓我們覺得，在臺灣，老百姓日常生活中接觸到的行政部門的工作人員是比較客氣的。但是，大陸也有很多需要臺灣學習借鑒的地方，例如：一支手機走遍天下的便利。」

從以上訪談可見陸籍新住民也是有意識通過廣泛的社會接觸，了解並且在一定程度上接受、認同臺灣社會的思維方式、行為模式乃至價值觀念，這也正是陸籍新住民應對兩岸文化差異與衝突的「涵化」策略。

（四）回饋社會

陸籍新住民與臺灣社會是互動的關係，從適應社會，受益於社會到回饋社會。不少受訪陸籍新住民都表示做過志工，很注意通過做志工的方式交朋友，進一步了解社會，融入社會，創業成功後更著意通過更多方式回饋社會。如 A4 積極參加「中華 209 行善協會」，每個月固定捐物資給全臺各地，她還表示：「平常工廠周邊一些老人院，育幼院，需要關懷的人，我都會過去捐款，或者帶一些東西去給他們，像米這類東西。」A1 創業成功後，就成立「中華照顧服務發展協會」，她自己和創業伙伴 A2 等就是協會的志工，幫助經濟弱勢的群體，捐助康復輔具、輪椅等，做到公益與生意雙贏。

三、職場求職

關涉陸籍新住民的權益主要有「身份權」、「工作權」、「健保權」、「繼承權」、「居留權」、「子女居留權」等，其中雖然「身份權」是最基本的，但「工作權」是最能協助陸籍新住民融入當地社會的關鍵一環。

在現實中，「工作權」的實現並非易事，職場求職是陸籍新住民融入臺灣最為困難的一關。由於兩岸特殊的歷史與現狀關係，陸籍新住民基本上未能充分發揮原本在大陸的工作（職業）所長，被迫轉行求職。即如 A3 所認為，陸籍新住民在求職方面有諸多限制，雖然新住民有工作權，但是在現實面，跟理想還是有所落差，甚至會出現職場歧視的現象。

（一）不能發揮所長

最常見的就是新住民不能發揮原有的工作所長。如 A7 來臺後不甘心老呆在家裡，積極去找工作。她在大陸原為海關報關員，有職業資格證，但臺灣不認同。她只能改行去應聘賣化妝品的營業員，被要求站櫃臺介紹產品，拉客人，料想無法勝任，「就不去了。最近就一直在找（工作）」。

A8 來臺後，先生的朋友熱心幫助她找工作，當了解了她在大陸的銀行與公安局的工作背景便說：「那你不用找了，在臺灣你找不到這樣的工作。臺灣的銀行不可能找一個剛來臺灣的大陸人。警察局就更不用想了。公務人員，連臺灣人都是要考試才能進去的，而且這個又牽涉到一些可能有的沒有的關係。」A8 只好放棄到外出找工作，回到她先生公司當先生的助理。

A1 直言：因為政治的因素，職場的就業條件也變得不太友善。大陸在臺灣被認可的學歷，只有寥寥可數的名牌大學、一線大學。A1 當時念的福州大學不被承認。最終她只能走自己創業的路，這樣才能有勞健保，又可以有精神寄託，不要讓自己的能力、價值觀、生涯規劃浪費掉。

即使名牌大學畢業生也不保險，A3 認識一位陸籍新住民姊妹，復旦大學畢業，來臺後生了兩個小孩，第 3 個就要生了。雖然是復旦大學畢業，可是在臺灣找到一份高薪的工作也不容易，加上考慮到與其去請一個人幫忙帶小孩，不如自己來帶。於是，就經營從大陸網購土特產來臺的生意，榨菜、粉條、辣條、香條、紅棗、豆瓣醬、豆腐等，生意很好，不輸一份正職。A3 問她：「你會遺憾嗎？」她說她能怎麼辦呢？可見雖然經營成功，卻也是無奈而為之。

（二）受歧視排擠

陸籍新住民在求職與在職場所受到的歧視排擠或不公平競爭的現象也是很明顯的。

A8 即使在她先生公司當先生的助理，作為「X 總的老婆」，也受到公

司職員莫須有的言語歧視，「沒有一個講我好的」。A8「聽了很不開心」，不僅提出「不要去上班了」，還多次回返大陸，「回去兩三個月，再回來一下」。

A5 來臺前在新加坡與大陸都經營過飲食業，來臺後進入飲食業的職場，同一批入職的同仁，是直接進入正職，陸籍新住民則有兩個月到三個月的實習期。A5 經過自己的努力，很迅速地成功轉正，目前也有一些升職的意向。A5 感慨：「我覺得我們努力是有回報的，他們可能對我們有一種刻板印象，但是，可以通過自己的努力去改變他們的印象。」

政府的政策面上，也會體現不公平的現象，甚至是政治性的因素。A1 指出：「現在所有的政府補助防疫舒困政策，第一個條款就是，你不是來自中國大陸的企業。這不是政治的因素是什麼？」A1 還指出：「再其次，最大的就是定居政策，所有的東南亞國家來這裡，4 年就可以拿居留證，我們要 6 年。我當時也是 6 年才拿到身份證，要不是要辦企業我還不拿呢？因為辦企業，負責人需要是臺灣人，所以一定要拿那個身份證。不然如何在這裡生存發展？」

可見，這種有失公平的政策，嚴重妨礙、影響了陸籍新住民在臺灣的生存與發展。即使在為了照顧新住民的政策實施方面，似乎也無意間體現某種歧視意味。如 A1 對政府提供的輔導課程有此觀感：「我去參加一些新住民的課程，全部都是語言的、美食的、理財的、還有就業的，還有美容美髮的，就是非常底層的工作的職訓，你要更高一層的，沒有。在人家世俗的眼光裡面，你這些大陸來的就是從事這些工作的。唉，但是坦白講，我們在那個林口長庚（醫院），遇到的看護小姐都是大陸的！」

（三）自行創業

受訪陸籍新住民有所成就的基本上都是自行創業。毋庸諱言，這些創

業大多為技術含量較低的職業，如飲食服務業等，但其中不乏為社會做出不俗貢獻與表率者。

如來自江西的 A4 來臺灣後，從無到有，一步一腳印創業，創立、經營了招牌豬腳熟食店，在大溪、龍崗、大溪老街附近各有一家，既做批發經營，也做網路宅配，接受東森、中天、E 電視、鳳凰衛視等媒體採訪，給新住民很大的激勵作用。

南京藝術學院畢業的 A9，在大陸有比較好的條件，剛到臺灣的時候，也是學歷不被承認，就在家包水餃去賣，搞得很有規模。有了身份證之後，就去做保險，後來到澳洲留學深造，回來之後，毅然決然自己開公司，經歷了「非常非常非常的辛苦」歷程，最終「創下了非常多的輝煌」，榮獲「勞動力發展署、TDKS 兩塊銀牌」，目前仍在百忙之中修讀博士學位以進一步充實自己、提升自己。

A1 在訪談中始終很有理性很有理智，作為一位兼顧小孩母親及公司總經理雙重身份的新住民，她有此心得：「小孩的因素是創業的初衷。關於社會，我覺得，我們安身立命之本，那就是在社會上一定要有自己的定位。這個定位，對於社會的評價與社會的認可很重要。既然我們在社會定位上與人群接觸上已經是高起點，所以，我們很自信，人家來公司走動，都是豎起大拇指，那種自信和光榮感會激勵你。不能說驕傲，我認為那是一個正面的激勵。那就是這幾年我們給自己搭的舞臺，享受到這種待遇——自信。」

這種自信，也表現在日常工作中，如 A10 作為某創意教育公司海外事業負責人，也曾進行全英文的教學，不僅得到學生的「超愛」，主任讚「好棒」，甚至「帶班的老師都變成我的粉絲了，說你英文講得就跟我每天聽 podcast 一樣的」。A10 的心得是：「平靜地面對大家，心中不存很明顯的差異感。……有時候有一些所謂的歧視或者不公平，也許是自己找來的。」

　　現在想談一下訪談的收穫和遺憾，從個人的角度來看，確實收穫良多。首先初步接觸並了解陸籍新住民群體，訪談隨意自由，表述也較為流暢，個人遭遇和社會感受都有所談論，並涉及較敏感的政治問題，正反觀感都有，兩相比較下，負面多於正面，甚至有些訴苦的場面。其次，對於陸籍新住民群體的生活狀況和文化形態有更深了解，由於兩岸關係敏感，陸籍新住民處於工作困難職業不穩定、家庭不易協調、家庭生活質量有待提高，特別是求職困難，大多無法發揮原來在大陸工作所長，多要自行創業，且多半是技術含量較低者。第三，陸籍新住民中表現較為突出的典範，如積極參加社會、政治的有牛春茹女士，她現在桃園市新住民文化交流協會理事長，也加入了國民黨，是國民黨候補中央委員。還有一些創業成功的女士，如萬碧霞女士創立萬家香豬腳專賣店，劉佳瑩女士是上海廣告有限公司的執行長；第四，還建立了一些 line 群，保留進一步溝通的管道。

　　最後，我想說一說遺憾之處。遺憾來自幾點，這也是過後才發現的。一是受訪者的同質性太大，確切來說是藍營的立場太大，缺乏綠營的聲音，我有意想請朋友幫忙聯繫是否有這樣的人，但實在找不著，可能也是地緣政治之故，這可以理解，但作為研究就缺乏比較分析的可能性；第二，缺乏整體的持續性，不太容易深入細緻溝通聯繫，逐字稿出來後響應的人並不多，對某些問題的困惑不易弄清；第三，新生代多，年紀大的少，即使到場也不太說話，譬如榮民的太太到場聽，卻不願意開口；第四，性別比例不均，男性較少，只有十分之一；第五，基本都是陸配，我原以為有些專業人士如我一樣，但並沒有發現，全家一起移民的也沒有，找不到一些特殊樣態；第六，某些議題被我有意無意間忽略，譬如與下一代的關係，因為已有不少研究，我就不特別著重這一塊。另外還有宗教問題，宗教問題在新加坡很敏感，過去我在新加坡訪談到宗教議題時，人們往往避談，所以在這裡我也略過了，不過有些受訪者會主動提及，還有經費缺乏的問題，所以對課題延伸也有困難。

07

博物技藝
知識實踐

・博物技藝 ・ 知識實踐

博物館的
大眾史學實踐

謝仕淵

臺南市政府文化局局長
國立成功大學歷史學系副教授

　　如何把博物館的方法，發展成為各種不同的教學研究跟社會實踐，這當中涉及非常複雜的層面，包含整個課程架構以及如何跟學生溝通、建立關係，是一種有別於傳統課堂形式可以容受的嘗試。

行動——以地方博物館為基底，牽引公眾的協作參與

　　2020 年開始，我協助臺南市立博物館（以下簡稱南市博）進行轉型，其中所合作的三個案例，恰可以回應本次會議所談論的一個核心問題：「史學玩應用來自於大眾歷史知識」。

　　而想要回應這個問題，首先需要思考：「應用的對象是誰？」「所選

擇的工具是什麼？」「這麼做的目的又是什麼？」這三個提問分別反映了經由博物館這個平臺在大學裡實踐大眾史學這件事，透過各種技術媒介、方法媒介，比如策展、出版等等，跟不同的公眾之間企圖聯繫的可能關係會是什麼？這裡面有很多對於議題的判斷，是當代尋找顯著工具來做對話的一個思考的過程。因此，這幾層關係也成為我和工作夥伴以及學生在這樣的行動當中不斷思考的問題。

針對這些問題，我進行的嘗試包含三個面向，首先是怎麼經由展示的協作，邀請公眾一起來做博物館的工作。策展的工作非常複雜，因此教授策展課程時，我會花許多時間讓學生認識展示所牽連的，是一路從典藏的整理，到議題的思考，乃至於對公眾的設定，而不單純只是如何做出展覽。除了展示，我也希望透過新的媒介，透過閱讀之外的方式來認識歷史，像是近年和團隊夥伴與臺南噍吧哖事件紀念園區合作，嘗試經由身體的驅動重新認識噍吧哖。

最後是出版，我覺得寫作是一個非常基本且重要的訓練，而在出版的平臺當中可以做很多議題的探討、深化，是以，當我規劃不同的出版品時，也嘗試把學生帶進這樣的平臺進行不同的練習。而這需要很多的判斷，從議題的挑選、學生能力的培力，乃至於風險的管理，都需要多重的評估。

跨域──結合資源串接與多元經營，延續議題生命史

我到大學服務的第一年，正是 108 課綱實施的第一年。當時思考的是，在博物館工作了十幾年的時間，對於博物館方法熟悉的我可以在教學端做些什麼？或許可以跟高中老師們合作，用博物館對於議題的思考跟社會溝通的工具，一起帶著高中生做展覽。

行動的開端與剛剛提及的臺南市立博物館有關。它是一個新的博物館

群，將臺南這個地方作為主要關心的對象。由於臺南 37 個行政區所面對的問題都不太一樣，該如何找出一個彼此可以共同參與、共同對話的議題？當時，我們以調查臺南雜貨店作為第一個協作的主題。而調查主要回應的並不僅限於對過去的討論，而是從社會及消費習慣的變遷、當代的城鄉問題，或是新住民、外籍移工如何與臺灣社會融合等普遍的社會現象，試圖展現出我們對於當代臺南或者過去臺南的理解。同時，這個議題希望多數臺南人都可以參與，因此開發一個廣泛的方法，引導高中師生、大學生、博物館志工、社會大眾一起參與行動。

時至今日，我們團隊持續快 4 年都沒有停止的行動，是與臺南十幾個高中、約莫 400 個學生，一起完成的協作策展。這個行動是以尺度小的載體，譬如攤車或者是微型展示箱作為策展工具的開發。此類型的工具有著容易移動跟回應倡議型議題的優點，使得協作的成果可以到任何地方，像是百貨公司、社造的市集、書店等等都曾經進行展出。而這個行動與其說是在教學生練習做展覽，其實是在引導他們如何建立問題意識，如何在一個可以跟公眾對話的平臺，以有組織、有邏輯的話講自己的想法。

持續這麼久的行動，從活動式的工作坊到學校課程，其實在每個階段的策略都不同。現在的高中有很多新的課程，當我們行動的最後目的是在學校裡長期發展一門與博物館方法學有關的課，那麼除了需要與老師溝通、進行教師培力，如何進入一個最核心、最穩定的課程也非常關鍵。以南市博與臺南女中的合作來說，我們讓協作策劃微型展示課程化，一學期中除了教師在原先課程所提供的教學內容，再經由 8 堂專題課程讓學生學習策展概念及方法。

從討論合作到進入學校的正規課程經歷了 3 年，我們花了許多時間跟老師們一起討論。每一年都在發展新的議題和工作方法，像是從博物館藏品為切入點談文物中的臺南史，或是邀請教育史專家蔡錦堂老師作為引路人，

筆者與團隊夥伴以工作坊形式和臺南市土城高中合作微型策展行動。

團隊引導新豐高中學生至學校附近的雜貨店進行田野調查，採集地方故事。

在教師培力的工作坊中，高中教師群根據工作手冊的引導訪談雜貨店家。

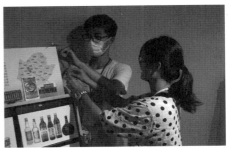

曾文農工的師生一同將成果布展至微型展示箱上。

成功大學歷史學系的學生於 2020 年臺南博物館逛大街活動導覽協作成果。

新化高中學生的協作成果結合柳營社造成果市集進行展出。

引導學生思考切身相關的教育和學習議題。博物館的展示需經由和研究者、設計者對話而成，是一個規模化程度蠻高的過程，若再加上與不同的行動者一起進行生產，從議題的設定到策展的分工都需要極多的思考。這也是我在臺南實驗了 4 年，嘗試各種不同工具、探索不同議題、經營不同社群所要達到的目的。

工作坊以小組討論的形式，與臺南女中的教師共同學生聚焦展示主題、撰寫腳本。

與臺南女中協作的微型展示於臺南三井 Outlet 展出，並邀請該校校長、教務主任參觀成果。

2023 年團隊與南市博、臺南女中以高二社會科探究與實作課程合作微型展示。

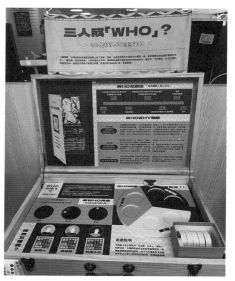

「走出原路：南博 X 南女南博特調員臺南 400 微型特展」學生策展成果。

　　在嘗試的過程中，我們也和合作夥伴，一起協作的高中師生們合寫《走！去雜貨店買故事》的專書，它不僅記錄了我們和十多位高中老師和二百多個學生協力調查臺南雜貨店的行動，也談了我們如何跟高中端合作，怎麼利用一個簡單的策展工具做議題的倡議、處理過去歷史的爬梳，而行動的最後，匯集成臺南市立博物館開館時的第一檔展覽：《籤仔 · 雜貨 · 店》。

　　使這類行動成型的方法是行動中最核心的關鍵，方法必須包含一個議題的經營、社群對象的鎖定，以及隨之所延伸而出的公眾關係，比如怎麼在不同的階段讓合作的社群越來越多，成果如何不斷地在各地橫向地、縱向地擴展。這樣的方法，我們在臺南雜貨店的協作行動已開始嘗試，於是在行動之外，有幾個老師從這個討論議題的方法中，吸取出自己學校課程的養分。在一起撰寫的書中，他們也談到這個經驗對於教師而言、對於新課綱下的歷史教育有什麼影響，產生哪些啟發。以上是第一個案例，涉及了跟公眾一起協作的方法、議題的設定，以及如何讓社會不同的資源產生連結的可能。

《走！去雜貨店買故事》收錄團隊以雜貨店出發討論的議題、工作方法，及師生協作的想法。

團隊將 3 年間經由市民協作的觀察與想法，梳理為《籤仔 · 雜貨 · 店》特展。

跳脫——從新史觀認識材料，講不一樣的故事

　　第二個行動要談的是從山林知識出發，認識一個不同角度的噍吧哖事件。在我們過去的幾種史觀當中，噍吧哖事件便是抗日事件，或者對日本政府而言是一個因迷信而起的事件。臺南玉井的噍吧哖事件紀念園區是南市博系統中的館舍之一，該館對於在現今的時代裡該用什麼樣的方式讓觀眾了解噍吧哖，該如何跳脫前面所言的框架感到頭痛，畢竟對歷史沒有興趣的人不在少數，許多觀眾也已經沒有辦法用很靜態的方式閱讀，或者說相對靜態的史蹟導覽。當我們不得不接受這個客觀事實，博物館的營運該怎麼辦呢？

　　於是，我請整個研究室思考一個問題，在這麼多特定史觀的作用下，這一群在山區盤據這麼久的人究竟在想什麼？因為所有的文獻基本上在污名化他們，藉由污名化群眾迷信，去迴避及掩蓋掉 20 世紀初期以來，日本對於臺灣山林的掠奪。這情況對臺南和高雄山區一帶、習慣以山為生活資源的居民來說，產生很大的生存危機，因此事件背後其實是社會經濟的問題。

　　要跳脫過去以抗日切入的角度，和閱讀什麼材料有關。檔案中談到事件參與者維繫生活的方式是什麼？彼此怎麼聯繫？在危急的時候躲在哪裡？事實上，像是江定為什麼可以長時間盤桓在山上、他和余清芳怎麼聯絡、他們吃什麼……這些在搜查檔案報告裡面都有紀錄，只是過去一直沒有重視這個材料。

　　當我們以這個視角爬梳相關資料後，便開始嘗試藉著身體的驅動重新思考噍吧哖。從食、衣、住、行切入，討論參與者為什麼在山裡面，然後帶領玉井工商的學生一起用這樣的方式認識噍吧哖。人文社會的課程並不是職校學生最主要的學習內容，因此老師如何教學，學生也提不起興趣，但經由山林求生體驗的包裝，帶學生進到事件裡面，便能引起他們的好奇。這當中使用一些我過去在博物館接觸的戲劇導覽技術，希望透過真人扮演農民、扮演在山上盤據的抗日勢力，讓學生理解這群人為什麼可以在山中盤桓好幾

個月，以及被日本政府污名化為因政治因素反抗的他們，何故要做這樣的行動。

　　體驗活動表面上看來像是輕鬆的說故事，但其實背後有著非常嚴肅的問題意識。我認為處理所謂大眾史學的議題，並不是把已知的或是特定觀點下的歷史知識用輕鬆的方式跟大家說而已，其實要反省的是討論議題的背後有什麼新的問題意識？該選擇哪種媒介來跟社會溝通？因此，對我來說，每一個議題的發起其實一開始全部都是研究的問題，接下來是盤點合適的工具。

玉井工商師生跟著演員進入學校鄰近的淺山環境體驗躲藏山林的情景。

以地方料理詮釋史料中的食物，如竹筍、香蕉、豬肉等，為行動注入地方知識。

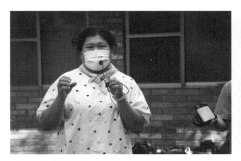

邀請在地社區——臺南市玉井區天埔社區發展協會參與行動。

經由分組討論回應團隊設計的提問，學生於體驗中聚焦想法並嘗試分享。

在體驗結束後的回饋時間，原先預期對議題沒有想法的職校學生，多數人竟然都侃侃而談，這讓老師和同學都十分驚訝，我們也因學生的反應而感到震撼。可見，當用對方法，用新的問題意識去驅動大眾思考，不只是以文字為媒介，而是用身體去感受：一百多年前的這群人怎麼藏身山林？如何長期躲避追捕？為什麼一定要這麼做？這些都是學生參與之後重新思考的問題。

這個嘗試成為館校合作的前導，噍吧哖紀念園區和玉井工商開始討論如何在課程上進行合作。我們做這樣的實驗基於很多的目的，一個是重新討論歷史，一個是為了驅動地方的夥伴，把對他們而言非常綜合性的知識，包含生活知識、歷史傳說等等結合在一起；也希望協助地方的社造團體利用新的方法去提案，或者是地方創生的團體以此論述重新談余清芳等人吃過的東西：地瓜、酸筍等等，跟在地的生活是非常相關的。

我們的行動看起來似乎是協助南市博、協助玉井工商，但其實經由這個體驗為的是串聯博物館到地方社群，乃至到社造、地方創生等多面向的行動，因此過程中需要很多的考慮及規劃，讓這樣的跨領域串聯變成可能。

創造──以出版將地方由點連成線，由線編成面

最後，來談談出版。我和研究室的夥伴為南市博所編輯的館刊《南博萬》，其出版目標是成為反映南市博屬性跟定位的平臺，呈現館方如何以臺南為體經營一個公眾的博物館。在此前提下，我思考三個層面的問題，其一是刊物的屬性、面對的公眾；其二是刊物怎麼滿足博物館行動，同時又回應長久來和學校合作經營的各種議題，最後，要如何將這個出版的平臺和我的教學活動間彼此集結。

因此，這個半年刊的雜誌分為三大主題，以三個面向體現前文所提及

的行動如何收攏和再連結。第一個是「臺南選物」，回應博物館面對以收藏為基礎的命題時，怎麼經由物的詮釋理解臺南、理解臺南的博物館。第二個是「抓地歷」，意為「抓住地方的歷史」，經由典型地方學的操作策略，引導觀眾思考進到地方之後該怎麼觀察地方。比如〈我出去一下〉用考現學的方式，讓讀者跟著作者的腳步觀看地方；或是〈一口灶〉，一口灶的臺語除了指灶本身，也有一家人的意思，這個單元用與「家」息息相關的「灶」為入口講一個家庭與地方的故事。我們想表達的是一套方法，而非知識的餵養，因此這個主題的所有單元討論的都是知識背後所架構的觀點跟方法。

第三個是「館 +N」。在博物館工作這麼長的時間，讀了許多外國的書籍，我一直在思考臺灣的博物館學是什麼，因此想經由這個主題討論博物館學的實踐案例與方法。像是〈歷史東西軍〉，每篇文章預期以一個例子切入，談臺灣史跟世界的相互的關係，作者需要把地方描述得十分清楚，並且具備挑選題材的眼光，作為文章主體的地方必須有連結一個區域和世界的特色，而不是孤立的存在。

談這本刊物，主要是想談一本雜誌如何作為一個工作成果的收攏跟再前進。譬如說所有的雜誌都有所謂的 opening，是最開始的一頁，呈現雜誌

以文物彰顯博物館館藏重要性為概念定調的《南博萬》1-3 期封面。

從我家到店家：
東山雜貨店媳婦的兩口灶

《南博萬・創刊號》中的「一口灶」單
元以東山區雜貨店前的灶討論該店與地
方的緊密關係。

〈這一站・睦光〉由日治時
期延用至今的舊地名睦光
書寫左鎮百年間的族群、
宗教融合的過程。

欲提供給觀眾的第一眼印象。那麼我們選擇的 opening 是什麼呢？我們選擇的是隨意找一個臺南的公車站牌，思考經由站名可以看見什麼，或許是產業的發展，抑或是城鄉的差距、民間的信仰等，各方面的地方思考。而後，幾本刊物裡的車站可以串聯出臺南某一條公車路線，如此，個別的成果便能集結成一本書，從各方面談一個地方的故事。

聚焦──系統化工作方法，並活用各式平臺收攏方法學

　　這篇文章談了一些我與團隊對於地方博物館學的探討跟實踐，而我們的行動有幾個原則：

　　其一，我們做的是從保存到轉譯的工作。我在一個非常重視社會協作的博物館成長，所以如何讓協作成為一種回應大眾史學的可能，對我來說十分重要。我們的工作不只是為了大眾製造歷史，而是邀請大眾一起參與歷史的協作。但是大眾各自的背景不同，所謂擅長的工具也不同，當不是每個人都能經由書寫參與，即需要找尋新的方法來面對新的公眾，因此方法的開發十分重要。

　　其二，作為經營文化資源跟議題的工作者，經由集結與再延伸才會讓議題有生命史。因此我不太選擇只有一次生命期的議題，也不會把學生帶到這種題目當中，我們做的大多是透過一個平臺，然後經由這個平臺再延伸，每個行動背後都是一個跨部門跟面對新公眾的可能。

　　基於這些想法，我將 4 年來在移地課程中積累的議題與成果，與裏路出版社合作，推出一個新的系列書籍《誌村鑑》，嘗試體現、聚焦本文中反覆提及的、一種系統性串接地方關係的工作方法，以一個簡單而清晰的方式實踐大眾史學。

以「村庄里」為單位的微地方誌：誌村鑑，用團隊經營的工作方法，
將陸續書寫北竿橋仔、臺南北門、嘉義東區、屏東萬巒、臺東紅葉的地方故事。

博物技藝 · 知識實踐

館之外的博物館人

吳淳畇
自由博物館工作者

　　我的報告主要分成兩個部分，第一部分介紹我近年作為自由博物館工作者的經歷，以分類方式提及歷史學的訓練跟影響；第二部分在博物館工作過程中，尤其是歷史學訓練對於轉譯內容的影響，我會以不同的工作方式或是案例分享。

　　有別於論壇其他幾位學者的分享是從教學者的角度去談，我今天算是以學生的角度來談歷史學的影響，例如對我職涯，或是對我的追求有何種加分。所謂「不在博物館內的博物館人」，是因為我自從博物館所畢業之後，從來都沒有在博物館工作過（除實習外）。我平常會承接博物館、文化局或是各式各樣、一般人可能很難想像的案子，雖然說起來很雜，但是後來自己覺得事實上要完成這些工作，都還是需要博物館工作方法，或是回到歷史學的基本職能與技藝。

歷史學訓練：我的博物館技術內裏

我的碩士論文是寫美國的博物館，2010 年代臺灣對於美國博物館研究不多，以性別歷史為題目又更少，論文完成後面臨就業市場，不難發現有一個很大的斷層。在實際工作的現場，我遇到的核心主題是環繞在文物、文化資產與博物館，內容方面涉及臺灣史、地方史、工藝、藝術等完全不熟悉的領域。也就是說，帶著對美國博物館粗淺的知識背景，單單以這樣的裝備進入職場，從今日回頭看，當時歷經了一段劇烈的適應期。

我想以「自由博物館工作者」作為一個職稱，是因為我一直對於這個「策展人」這個名詞，感到不安，這個不安是源於除了業界之外，一般來說對於博物館工作的想像其實相當扁平。策展人是一個外面對於博物館工作表象的認識，其實依博物館功能，衍生出不同的工作面向，策展人只是一個前臺工作職稱，但是博物館工作的價值、綿密的操作，以及知識的基底，其實都沒有在這個職稱體現出來。如果從博物館的專業訓練來說，其核心回到「curation」這件事，「curation」並非單指「策展」，而是指一種博物館的工作方法，博物館的展示、研究、典藏、教育推廣、公共服務等都是在呼應此核心工事。

一個博物館的構成有很多不同的功能，需要跨領域的專業者一起來完成博物館工作這件事情。正因為我不在博物館工作，也就有一個機會不將自己塞到機構的格子裡面，所以透過不同的案子，各個部份都有粗略接觸。尤其在從事歷史類型的博物館工作方面，仍然需要回到歷史系的訓練，基本功例如查找資料、文獻爬梳、知道資料在哪裡，然後知道如何去整理問題。這些看來容易，但是一但進到田野，經過第一現場洗禮，如何甄別資料並且打破自己原來的迷思與限制，其實是最不容易的事情。

我的碩士論文是做美國舊金山的 GLBT 歷史博物館 (GLBT History Museum) 的研究。大家如果有看過電影《自由大道》(2008)，就是在演哈

維米克 (Harvey Milk) 這位美國性別運動史上代表人物之一的故事。他發起運動的地點，就是博物館所在的卡斯楚街區 (Castro street)。他被同為市議員的同事謀殺，是街區歷史上創傷性的事件，隨後由於愛滋病的爆發，這些事件於是在 1980 年代催生了這座 GLBT 歷史博物館[1]。

　　GLBT 歷史博物館在分類上屬於歷史博物館，我想很大的程度上我是受到所學背景去選擇了這個題目，研究是從博物館史、地方史、性別史三個切面去爬梳該館誕生的背景，並以博物館的研究方法書寫博物館誌 (museography)，處理博物館的社會溝通，也就是它具有宣告性的首檔常設展。GLBT 歷史博物館與其所在的街區是有機互動的關係，留下許多重要事件發生地點，任何人身處其中，就會感覺這個街區本身就像一座博物館。不論是製作紀念愛滋病逝者拼布的建築，或是教宗曾在舊金山擁抱愛滋病患者的教會場景，都是博物館的其中一部分。有趣的是，街區與博物館的歷史敘事很不同，而再去看美國國家歷史博物館的典藏詮釋或歷史敘事時，也會發現國家與地方的歷史敘事差異。所以，雖然研究博物館這個機構，但是事實上，即是透過展示去分析不同角度、規模的歷史敘事差異。掌握一個故事如何被說，然後作為研究者如何分析這個故事，這個能力本身脫不開歷史學的訓練。

　　另一個非我碩論的研究案例，但是該館的歷史研究令我深受震撼。美國紐約的下城東廉租博物館 (Tenement Museum)，是美國移民史上的一群重要歷史建築。歐洲移民進入美國的第一站是愛麗絲島移民博物館，也就是自由女神所在地的博物館，入關之後為了追逐美國夢，無錢無勢的人就會去到下城東討生活，並且分租擁擠的公寓，直到打拼發大財後，才會離開廉租公寓。

　　2011 年造訪時，它是一個破舊殘敗的歷史建物，裡面是完全沒有任何的燈，導覽員用手電燈帶參觀者上樓，看似隨意拿起房間裡面的一個熨斗，

便開始解說這個熨斗是屬於誰，這位女士在哪一年居住在此，她又是如何這個物件。那個狹小空間曾經同時住著十幾個人，但那些人的姓名、生平，導覽員全部都能講得出來，這非常觸動我。這個空間其實沒有任何的展版解說文字，甚至作為一個外國人，語言理解上無法完全掌握，但是我可以強烈感覺到那份歷史的厚重、對歷史的謙敬，以及這個博物館對於人、物件、空間強大的研究能量。這個參觀經驗也影響日後我在跟不同的博物館協作展示時，一直提醒著我，扎實而精準的內容是一切展演的基礎。

在館之外做博物館工作

從 2015 年開始參與桃園市立大溪木藝生態博物館的四連棟常設展以來，與木博館建立了長期的合作，也做了不同面向的博物館工作。比如展覽製作、調查研究是一般人比較可以想像的工作面向，但是其實我也會參與博物館的策略研擬工作，協助博物館發展新的工作方法。

長年的工作累積，其實可以觀察到木博館有其自成一格的生態博物館實踐。由於位於傳統街區，在一個歷史建物環繞的環境裡，木博館重視與「原初社群」（source community）的協作，亦即透過與在地居民的合作，並以博物館的工作方法去轉譯文化、歷史、社會的內容。之所以要強調博物館方法，是因為必須在與居民合作的過程中，與社區營造的工作方法予以區別。博物館的工作方法應該還是以「物件」為媒介作為知識生產跟累積的一個重要基礎。這裡所稱的物件是指廣泛的研究素材，如果沒有奠基對於資源的研究與盤整，建基於其上的展演便無法恰當地被轉譯出來。

2016 年開展的四連棟是我的出道作品，之後有機會於 2021 年完成製作「記憶再生：大溪武德殿展演」展覽，它是一個可更替的常設展，旨在呈現大溪武德殿的歷史。由於這完全不是我的專長領域，當時製作展覽花了一

四連棟常設展「大溪人的生活與歷史」中「木藝生根・產業協力」展區。

「記憶・再生：大溪武德殿展演」常設展展場入口一景。

些力氣去研究。其實，我認為這也是歷史系帶給我的重要養分，就是能不害怕去接觸陌生的材料，不害怕嘗試去讀懂這些不懂的語文與脈絡；或許凡事都是如此的，對於某些專門領域不熟悉，但是設法以受過的訓練去處理這些歷史材料，另一方面，這些成果是在歷史專業顧問或學術審查者的監督下完成，這些學習都使我個人成為工作中最大的受益者。

　　另外一個有趣的問題是，一般人感受或看到的是博物館前臺，但其實博物館的後臺更為重要，但在臺灣也最不為人所理解。博物館後臺從展示研究、展示腳本、展版撰寫、基本設計、細部設計到施工佈展，乃至於社群連結與教育推廣，每個部分都是轉譯，皆是環環相扣且不能偏離博物館的工作方法以及目標。然而這也是我對於「策展人」這個職稱感到不安的地方，其實一個展覽的製作是妥協後的階段性結果，需要擁有不同技能的團隊成員協作出來的成果，而所謂「策展」或「策展人」究竟為何，是否僅是把素材編輯好就可以了？這也是我一直在思考的問題。

　　一個展覽的構成，從展示主題的發想到展示腳本的設定，再到將內容「實體化」轉譯到空間之中，在傳統實體展場的內容呈現是無法憑空想像的。同時，它必須像劇本一樣，所有的舞臺指示皆要標註。比如說，透過打燈參觀者會被引導看到多少文字或是何種重要展件，或是參觀者依指示或站、或坐、或躺、或觸摸，如何以不同的體感去體驗展示。理想的展示腳本應該要可以預估其所設定的觀眾，需要花多少時間看完展覽。

　　以大溪武德殿為例，透過研究理解大溪武德殿的空間以大門與神龕為中軸，左右分為劍道與柔道的練武場地。因此，在展場中除了以投影重視神龕的位置，也將展示動線依此中軸設計，以呼應過去武德殿這一歷史空間的場所精神。此外，為了再現過去耆老居民記憶中武德殿的聲景，特別邀請桃園劍道國手來此空間展演劍道，並且向桃園劍道故事館借展，創造當代的社群連結。

家族史與博物館技術

　　與木博館的工作過程中會動用不同的博物館技術。公有館如四連棟，是以官方經費策劃，挖掘在地故事；街角館則是跟大溪的在地居民合作，

是兩種不同的博物館展演系統；而在這兩者之外合作模式，也是我 2018 至 2020 年長期參與的「現地保存」案例。這個案由原來設定是執行「現地典藏」，希望可對藏於私人的文物進行盤點，但由於「典藏」一詞涉及嚴肅的博物館議題，例如典藏政策及其法律問題，因此嘗試以「現地保存」的概念與在地居民另闢一種既不是公有館，也不是街角館，但可就資源盤點和部分開放運用的合作模式。

　　我非常幸運能夠以大溪中央路上全昌堂齒科作為「現地保存」案的首要標的。全昌堂第一代創始人林灶炎的次子林長茂先生日治時期就讀日本大學專門部齒科，學成後回自宅開業，現址即是第三代所開的麵店。他的第九個小孩林興和先生是我最主要的報導人。林興和先生本來只是要將住家的一小部分作為個人緬懷祖先的紀念空間，但是恰好因為此案結緣而我們團隊有幸能與其一起工作，將全昌堂林家的家族故事整理，並將家屋內的文物進行清點與登錄。以林長茂先生不同時期的名片為例，這幾張名片大概花了我們兩年蒐集，然後後對其生平展開一個敘事的輪廓。家族物件整理是要經過一個漫長，而且是建立信任的一個過程。這就是我們工作的實況[2]。

　　第一年首要建立信任，否則無法建立起基本的家族故事。第二年開始，我們團隊就開始蒐集街上對於齒科醫院的記憶，連結起他們相關的不同社群，例如過去的病患、隔壁的同行、市場人們對他們醫院的記憶，很多故事透過鄰里之間的講述而豐富。這些記憶對歷史研究不一定重要，但是對於地方的記憶重建與認同感的凝聚則是非常有力量的素材。

　　在全昌堂家族文物中發現很多大溪國小的物件，因此第三年試圖從大溪國小的文物著手，設想是否能對於這個家族有進一步的瞭解。這也開展出大溪學尚未處理過的歷史研究，像全昌堂三個世代在大溪發展的家族，如果就從大溪國小的資料為基點，希望能像粽子串一樣，把不同家族的脈絡找出來。

　　大溪國小文物對我來說的啟發是，家族物件，並不是一個家族裡面的私歷史。我們常會遇到人們挑戰，直言為什麼挑選全昌堂做家族史？這個家族的歷史對我們有什麼幫助嗎？但其實從單一家族物件，是有可能引動，或是可以去勾連更廣闊脈絡的人物或故事。從家族史（畢竟這是每個人都有的歷史素材）或文物出發，這種參與式的建構與詮釋亦是一種帶入大眾史學的工作方法。與新竹中學校史館的連結亦是一例。全昌堂留存現存新竹中學所發行稀少的賞狀跟卒業證書，透過回到新竹中學將林長茂先生的學籍資料調出來，與現地的文物做印證。也就是說，從林長茂先生的生命史，有潛力連結到不同的歷史課題與社群網絡。

　　由於他人家族史的觸發，也讓我對自身家族史產生好奇，進而把重新連結自身家族的過去當作是製作家族史的習作。我的奶奶是澎湖紅木埕人，在一次參加在地廟宇文物修復工作坊時，發現曾祖父名字銘刻在廟內的捐獻名單，甚至還出現在日治時期的石碑上，所以對我個人而言，參與地方文化事務亦是一場與我從來不知的家族史重新連結的旅程，後來也運用這次的經驗與資源策劃了一系列紅木埕家族史工作坊。

歷史內容的轉譯：地方博物館運籌與社區文化行動

　　從 2021 開始迄今，我參與執行「澎湖縣博物館與地方文化館運籌機制計畫」，呼應前面所說的，這不是單純的製作展覽或活動策辦，而是需要針對澎湖地方博物館發展提出新的策略，其中每一個環節都是「curation」。我們開始執行此計畫時，透過前人紮實的澎湖學研究，理解到澎湖村廟與聚落史的緊密關聯，因此我們推出以廟宇作為「社區文化行動基地」，產製扎根於地方的內容，轉譯於博物館展演。

　　這必須經過深入的盤點資源與長期的社會網絡建立，才能夠以厚積薄

發的方式轉譯出來。例如發現馬公火燒坪靈光殿藏有上千張黑白老照片，經過文物的數位化與初步研究，以此基礎發展老照片參與式詮釋的工作坊，邀請在地居民在工作坊中重新與社區連結。文澳祖師廟、城隍廟與聖真寶殿三間同屬一個管理委會、但不同時代的廟宇，座落於社區內相距 5 分鐘的步程，透過歷史資料的梳理，居民記憶的訪談，我們發展出文澳社區的歷史走讀腳本，時間跨度可自明代天啟明城講到戰後第三漁港的構造。在湖西紅羅的例子，則是發想於舊廟建築構件上的在地海洋生物圖式，透過盤點、數位化取得更多文物訊息，再以此為基礎發展拼貼海洋生物馬賽克的親子活動與社區導覽[3]。

　　「社區文化行動基地」相關的文宣、海報與導覽地圖等皆是轉譯過程的一環。海報策劃是融合歷史內容與視覺設計的轉譯，事實上相當需要基於史料，精準再現歷史細節，並找出其當代特色與社會進行溝通。除了要與社會溝通外，團隊內部與文化局、設計師、在地居民（甚至我們也有向神明確認對地圖是否滿意）之間的協調溝通更是重要。以文澳的導覽地圖為例，這是結合導覽腳本與社區地圖的作品，將文澳百年間從潮間帶變成行政區的變化呈現出來，街區消失的地景、風雲人物，甚至是日治時期

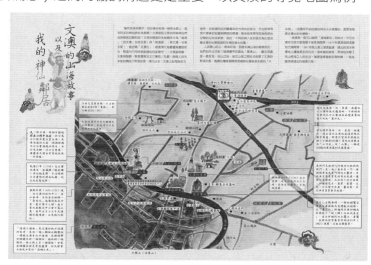

文澳社區走讀地圖〈我的神仙鄰居，以及文澳的山海故事〉。

圖像來源：澎湖縣政府文化局

澎湖縣博物館運籌案開發澎湖文澳城隍廟、祖師廟及聖真寶殿三廟街區歷史導覽腳本。
圖像來源：澎湖縣政府文化局

亞禽父乙尊為原型的 TMU 鷹揚尊成品。

的千人塚皆囊括其中，從社區中的一隅一物帶出各種議題，我們也將特殊的小故事以插畫構圖，希望未來累積成冊，用繪本的形式再回頭結合文澳的導覽腳本。如此，期待透過我們幫在地居民「備料」，讓轄內的師生、廟宇、個人都能自由運用這些素材「炒自己的菜」，規劃各自的街區導覽路線，這亦是一種參與式書寫地方學的進路。

不同單位的策展協作

　　臺北醫學大學「醫學 X 人文：北醫人到故宮」展覽製作是與學校合作的案例。博物館的教育是不是只限於博物館內或舉辦推廣活動？我認為，其實陪伴學生執行策展本身就是一件具有教育性的博物館工作。由於北醫與故宮簽署合作備忘錄，學校安排以學生的課程成果轉製成展覽，因此我受臺北醫學大學人文藝術中心邀請參加同學展覽製作的課程。陪伴學生一個半月期間，從概念發想、展示手法設計、製作展品到最後佈展施作。同學想以皮影戲呈現商朝皇后婦好的故事，陪伴他們做故事腳本、戲偶的道具甚至是架設簡易的攝影棚錄製，學習在限制的條件下製作展覽。

　　同學想以 3D 列印的方式呈現青銅器，以「亞禽父乙尊」[4] 為原型，試以物質形式傳達文物的歷時久遠。同學在繁忙的課業外，主動學習 3D 建模，製作可以合而為一但分開各半的青銅器，器物紋飾則用批土製成，再於各半噴上金色與綠色，嘗試以一件文物，呈現製成原樣與今日所見的氧化外觀。由於這個製程相當耗費工時，極需大量手工，也因此聯合開幕後，以此作品為原型的迷小版即被北醫贈予故宮，成為故宮的禮物典藏之一。

　　我也曾經有與藝術家合作的經驗。陳潔瑤導演是宜蘭南澳泰雅族人，2018 年因著導演在法屬新喀里多尼亞的攝影作品，而有機會跟著藝術家回鄉製作展覽。「漂流・重聚：看見很像泰雅的你」特展在南澳泰雅文化館展

婦好的故事影像作品。

「漂流・重聚：看見很像泰雅的你」特展一景。

萬華私人藏家文物開箱評估。

出，場地空間不大，且非專業博物館，但是由於作品本身，加上協作轉譯的轉化，藝術家得以新作品與家鄉連結，這個展也成為部落的盛事，迷你的地方館變身為一個重新連結原鄉的魔幻空間。雖然製作經費很少，由於能夠克服場地限制，並讓此展成為族人肯認、人際網絡再建立的場域，這對我這個參與製作的工作者來說感到非凡的成就感。

最後，在我的「curation」工作中文物整飭是相當重要的部分，入藏的過程事實上涉及對於日後博物館技術如何施展的想像。我認為能夠有幸親身接觸文物是一種榮幸，有機緣能瞭解一些尚未面世的文物。我曾經因緣際會在參加家族聚餐的過程中被諮詢，協助私人藏家評估文物狀況與媒合捐贈機構，很幸運地這批文物分為兩個單位入藏，未來各位也許有機會能在國立臺灣大學藝術史研究所美術館以及國立臺灣歷史博物館見得。

1.　吳淳畇[吳咨閱]，〈身體觀的展演：舊金山卡斯楚 GLBT 歷史博物館〉(Exhibiting and Performing the Notions of Body: Gay, Lesbian, Bisexual, Transgender History Museum in Castro, San Francisco)（臺北：國立臺北藝術大學博物館研究所碩士論文，2015）。有關展覽簡單介紹可參見中華民國博物館學會網站亞太博物館連線專欄中〈GLBT 歷史博物館—能見度與多樣性的權衡〉一文：https://www.cam.org.tw/glbt-history-museum-balancing-between-visibility-and-diversity/。

2.　有關該案相關成果可參見吳淳畇、陳英豪，〈從家族記憶到地方學——以現地保存工作發掘的大溪中央路齒科文物為例〉，收錄於蔣竹山主編之《物、空間與歷史記憶：2020 桃園學研討會》（桃園市：桃園市文化局，2021），頁 275-301。吳淳畇，〈日治至戰後初期大溪全昌堂醫藥家族事業之發展——以齒科醫師林長茂為中心〉，《桃園文獻》（第 13 期，2022 年），頁 33-60。

3.　相關活動詳情可參見「行動的、參與的澎湖學」臉書粉專：https://www.facebook.com/profile.php?id=100074893133379。

4.　〈亞禽父乙尊〉，國立故宮博物院藏。圖版取自《器物典藏資料檢索系統》：https://digitalarchive.npm.gov.tw/Antique/Content?uid=2829&Dept=U（檢索日期:2024 年 3 月 15 日）。

博物技藝 · 知識實踐

從文化典藏到年長者照護— 龜山社區年長者懷舊治療的 施行與史學應用

吳宇凡

淡江大學資訊與圖書館學系兼任助理教授

　　在一次因緣際會之下，我注意到了國外的圖書館、博物館、檔案館，甚至美術館等記憶典藏機構，他們會利用這些典藏物件進行年長者照護。到底這些機構做了些什麼事情？而所謂的懷舊治療（Reminiscence Therapy）又是什麼？這是我今天希望來跟大家分享的主題。其次，2022 年 7、8 月間，我與林口長庚醫院合作，針對桃園市龜山區兩個社區、48 位年長者，實際推動並從事懷舊治療研究，在這過程中也得到了一些初步的成果，在這裡與大家一同分享。

懷舊治療是什麼？懷舊治療的定義、功能與特色

　　我相信大家都知道臺灣現在人口發展的情形，65 歲以上年長者在 2025 年時將突破 20%，2070 年每 100 人中將會有一半以上的人是 65 歲以上，換言之，臺灣正在邁入超高齡化的社會[1]。這是一個相當令人吃驚的事情，因為整個社會的高齡化現象，不僅訴說著人民的樣態，更闡述著整個國家在經濟、國勢上的影響。事實上，許多領域都已積極針對臺灣高齡化社會從事相關探討，除了政府政策研究外，其餘者如改善年長者的身心健康與照護，更是成為醫療、護理、醫藥或者是社工領域所關切之議題。政府政策部分我們就不談了，我注意到了在年長者照護上，過去人們在日常生活實踐裡面所產生的各式物件，諸如器具、照片、地圖，成為了治療時的介入引導物，並且越來越多人使用這樣的方式來進行年長者的身心健康照護。利用這些過去歷史學研究所仰賴的文獻與物件於治療的案例，在臺灣其實並不多見，過去的研究也鮮少針對引導物進行探討，所以在這次的分享中，我會跟大家說明我是如何規劃與進行的。

　　前述利用文獻、物件作為引導物的醫療方式稱之為懷舊治療，或又稱之為回憶療法、緬懷療法，美國心理學會稱其是一種藉由生命史，從而改善心理健康的一種方式[2]。懷舊治療相當有趣，不僅藉由歷史學研究常用的「史料」作為引導物，其過程更與歷史學研究中所涉及特定個人生命史的方法相近，尤其是在口述歷史相關作為與研究，這個部分其實在過去歷史學研究中廣泛的被使用，而且有非常多的理論跟成果，也因此有一些檔案館，例如說新加坡國家檔案館即意識到，既然都在進行個人生命史的探掘，那我們何不將懷舊治療一起進行，從而改善民眾的心理健康。在這樣的背景之下，新加坡國家檔案館就開始發起懷舊治療計畫，期許國人能夠在進行集體記憶創建的過程中，同時能夠促進身心更加的健康[3]。

　　懷舊治療的概念主要是在 1970 年代被提出，一直到了 1990 年代之後才逐漸蓬勃，成為各界積極廣泛討論的議題。懷舊治療的過程中，會涉及到

主題、回憶跟引導物三樣的要素，所以我們必須要先規劃主題，確定回憶的方向，接著透過物件引導受試者進行回憶。這樣的治療方式主要針對失智症、憂鬱症之年長者。美國老年護理聯盟對於懷舊治療的定義中，提及懷舊治療是利用多重感官，例如說是視覺、觸覺、味覺、嗅覺及聽覺等等，從而去協助失智症患者回憶起過往日常生活的人事時地物，所以你會發現到所謂的懷舊治療它並不是只是口語上的表達、聽覺上的部分，它還包含了文化領域大家常常耳熟能詳的沉浸式的體驗方式，從而刺激年長者去回憶過去的事情。

國外利用檔案從事懷舊治療案例

在懷舊治療規劃的過程裡面，你會發現到檔案做為記憶的載體，它相當的適合作為懷舊治療引導的介入物。大家可能會認為「檔案」這兩個字是紙本文書，但是其實我們對於檔案的認識更偏向於是一個脈絡底下物件的集合。校史館的英文叫 University Archives，雖然稱之為 Archives，但校史

圖 1：里茲大學 M&S 企業檔案館點亮記憶計畫
資料來源：https://vimeo.com/234842058

館中並非只有公文書而已，它包含了學校執行職能的過程中所產生的、蒐集的、購買的、交換的各項物件的集合，在這樣的脈絡下，這些物件集合即為該間學校的檔案。從這樣的角度切入，我們利用這樣的一個脈絡性的方式，開始去思考我們要如何將「檔案」融入於懷舊治療中。

　　國外有非常多的檔案館，像是這個英國里茲大學的企業檔案館，他們就有一個「點亮記憶計畫」，這個點亮記憶計畫在做些什麼呢？里茲大學 M&S 企業檔案館主要典藏 M&S 企業檔案，M&S 企業是一個非常歷史悠久地方企業，早期英國人所穿著的相關的衣服都是這個企業所製作的，也因此這個檔案館裡面有非常多企業商品的圖鑑或者是材料。在這樣的背景之下，M&S 企業檔案館開始思考著，我們是不是可以利用這樣的一個物件去融入年長者的照護中，讓他們可以去回憶過去他們生活的年代所流行的一些服飾，從而改善這些年長者的一些生活素養，或維持他們的健康狀況。

　　新加坡國家檔案館的案例前面已經有提到，新加坡國家檔案館主要是針對國人的集體記憶的建構，進行所謂的口述訪談，他們在前端的部分做完以後，他們開始意識到他們其實可以用這部分進一步的去讓國人能夠身心健康的提升，所以他們後來就去延伸，進行所謂的懷舊治療。其餘利用檔案從事懷舊治療的案例，如英國失智症教育研究所，亦利用過往的一些老照片進行懷舊治療研究，部分博物館甚至會去設置所謂的記憶懷舊箱，讓有需要的人可以來博物館裡面，將懷舊箱帶回去使用，讓家中的年長者得以藉由懷舊箱的內容回憶過去年代的一些情形，從而去改善年長者跟社會之間的關係，甚至提升自己的健康品質。

龜山社區懷舊治療的操作與觀察

　　我在 2021 年年底，其實我就已經開始跟林口長庚醫院合作，前期以規劃與受試者招募為主，直到 2022 年的 7、8 月間，我們才正式開始執行懷

圖 2：新加坡國家檔案館口述歷史懷舊治療分享
資料來源：https://www.youtube.com/watch?v=aQcL2SKyR7U

舊治療的介入活動。活動名稱是「身心健康評估與懷舊療法」，然後開始去進行受試人員的徵募；整個活動主要針對桃園市龜山區的兩個社區，共計 48 位年長者。大家可能會問我：「龜山的這些受試的年長者，他們都是失智症或憂鬱症患者嗎？」答案是否定的。我們其實是針對所謂的健康年長者，為什麼呢？因為我跟長庚醫院其實都是第一次嘗試這樣的一個方式，若我們一開始就去針對失智症或憂鬱症患者的話，我們會擔心研究會有風險，也因此我們規劃針對健康的年長者，期待藉由介入活動來觀察各方面的狀況與指數是否有改善的情形。所以我們先針對健康年長者來做第一次的實測，目標是能夠去穩定目前的功能、延緩病程的進展、改善行為及精神的狀態、促進認知功能，以及增進病人跟他的一些家屬的生活品質跟目標。

在這兩個月中，我們總計辦了 24 個場次的懷舊治療活動，每週 4 場，含前後的評估填寫問卷，總共歷時 8 週。每一個受試者他當週就只會進行一次，在進行的過程裡面，我一開始的想法，因為我是學檔案學的，介入物

的選擇上當然是希望就直接使用狹義的檔案來操作，例如出生證明，或者是結婚證書，或者是畢業証書等，但是跟醫生討論之後，他們會擔心有些東西會觸及到受試者不好的回憶，例如說結婚證書，老伴不在了，這時候我們不僅沒有改善他身心狀況，可能會加深它的一些負面想法，也因此後來我們改為針對主題讓受試者回憶，希望能夠引導他們去朝向比較正向的一些回憶方向。

我們訂了 6 個主題，像是家庭、教育、社交、娛樂、工作跟生活；家庭的部份涉及到檔案像是相關的照片，實際上讓他們去做操作的部分，我們就是每人給一臺底片相機，讓受試者實際上裝底片，並且讓他帶回家然後去做拍照。第二個主題是有關教育，我們讓受試者操作早期的油墨印刷機，並且讓他實際上去聆聽一些東西，讓他去回憶早期的教育的情形。再者是社交，操作播盤式的電話，娛樂利用播放機等，最後是工作跟生活。

介入活動的進行流程，主要先用講師針對過去的一個情境開始引導，大概 10 分鐘，在過程中先跟受試者提及過去那個情境大概是怎麼樣子，讓受試者能進入情境，接下來藉由助理們去引導受試者進行這些檔案的閱讀與設備的操作，大概是 20 到 30 分鐘，並且在操作過程中裡面引導受試者討論。我們後來發現到其實受試者他們討論情形非常的濃厚，尤其是看到自己感興趣的部分的時候，完成操作之後，再由受試者針對主題進行回應與分享，在這過程裡面大概是 30 到 40 分鐘。從這樣的介入過程裡面，我們可以發現到，觀察受試者在接觸文獻類檔案的時候會有一些情形，當他在看到這些檔案資料的時候，通常會跟自身的經經驗產生連結，也許那一份資料跟他不是直接他的資料，但是他可以就他的經驗產生一些連結性。然後開始去討論主題之外，其他的一些內容，然後去做一些牽引。

受試者將檔案的內容跟自身經驗進行連結之後，開始去回憶過去，並且跟他人去分享，在座的其他受試者也會去跟他們去做一些分享，這樣的情形是我們在懷舊治療過程裡面樂見的，也因此即便受試者出現主題偏移的地

圖 3：龜山社區年長者懷舊治療活動合影

資料來源：筆者提供

圖 4：受試者與檔案接觸後出現與家人分享情形

資料來源：筆者提供

方，我會考量到其實我不是在做歷史研究，我就讓他偏移，反正他高興的聊天，我們就讓他高興的聊天。或者是議題的探討，讓受試者能夠回憶過去，在這過程裡面，其實我也會一直丟問題給他，我會問說阿伯那個時候你差不多是幾歲去做這件事情，他就會去刺激，我那時候大概是幾歲。我們也發現到一些事情，很多人會覺得那你一週只做一次懷舊治療，這樣對他們有幫助嗎？我們也在過程裡面期待去觀察這件事，結果會發現當我們那個活動辦完了以後，受試者回到家裡面，他腦袋一直在想著今天課程的事情，下個禮拜他就說老師你上次講的東西我回家又去找還有什麼，結果你會發現他這個禮拜都在努力的去找這些東西，所以你會發現到這樣的影響他並不是只有當天，他會一整週都在做相關的一些事情。

　　有關於檔案部分，假如去涉及過去標誌性的人物或內容的時候，這些內容假如是受試者感興趣的，例如說像電影明星、歌星的時候，大家都會

圖 5：受試者與檔案接觸時，出現閱讀與相互討論情形

資料來源：筆者提供

很興奮，而且開心的一些情緒。看文字可能難以想像當時到底是怎麼樣的情境，但如果是藉由照片我們就能延伸許多問題刺激受試者回憶，例如測試過程中有一張民國 50 年代海水浴場照片，我就會問在座的受試者你以前會在海邊穿比基尼嗎？他就會回應說：「不會啦，怎麼會呢，我們當時是怎樣…」，這一張照片對於我來講只是引起這樣的一個話題，接下來我就會開始去問那你當時的休閒娛樂是怎樣？這裡會有一個黑膠唱片機，她就會說我早期的時候我們的嫁妝裡面會放什麼東西，這時候很多人就會開始群起討論，有受試者就提到說臺南人就是比較好，他們的嫁妝就有什麼什麼東西，就會討論起來了。配合著我們所準備的檔案、物件進行提問，諸如你們家第一次有電視機的時候，是什麼時候？大家就會開始來討論一些相關的一些內容。這些部分，像是家裡第一次有這種電話的時候是怎麼樣，那你會說老師你都給他們直接看這個而已嗎？當然不是，這個東西引起討論，實際上我們還是希望這個東西會涉及到家庭的部分，然後再去問他們。

懷舊治療各項主題內容與操作

此次懷舊治療介入活動的主題都是經過討論所選出，包括「家庭」、「教育」、「社交」、「娛樂」、「工作」、「生活」等六個議題，並針對各週議題擇選適合之檔案與非現時設備／裝置進行引導。就檔案的擇選上，分作文獻類與實體兩項，前者主要係以《聯合報》40 年代至 60 年代老照片為主，研究團隊因應各週主題擇選適切之圖像進行引導，每週 3 至 5 張，以投影片方式呈現；後者則係配合引導活動之設計，使受試者進行非現時設備／裝置之操作或認識，從而對映底片相機（家庭）、油墨印刷機（教育）、撥盤電話（社交）、播放機（娛樂）、工作器設備／裝置（工作），以及日常電器／裝置（生活），並因應活動設計輔以其他類型檔案資料，諸如黑膠唱片、卡式錄音帶、八音軌式錄音帶等，使受試者得以進一步接觸、討論內容。

圖6：懷舊治療過程中所使用的檔案照片

資料來源：筆者提供

　　家庭主題我們在現場準備早期家庭照在現場，並且讓受試者分享家裡第一次有照相機是什麼時候？回憶當時在拍照的時候的一些情境，他們就會開始說那時候第一次家裡買照相機的時候，然後大家出門的時候就會帶著照相機去拍照等等。在教育部分，則以油墨印刷（刻鋼版）為主軸，這個部分可能要有點年紀的人才知道，我們都聽過刻鋼板，當時的考卷都是用這樣的方式印出來的，藉此來連結校園教育的記憶。實際上我們在進行相關介入活動時，在現場直接讓受試者刻鋼板，即便過去沒刻過的人也都表達出濃厚的興趣，並且能夠藉此分享自己求學時的事情。在這次活動中印象最為深刻的是其中一位受試者，竟然將國父遺囑給刻了出來，詢問他原因，結果該受試者稱小時候爸爸告訴他說你以後遇到問題你就背國父遺囑，這樣你不會你會被抓走，所以他每天在家裡背國父遺囑。

表1：龜山懷舊治療規劃表

週次	主題	檔案（文獻類）	檔案（實體類）非現時設備／裝置	操作性活動
1	前測	X	X	研究說明、問卷填寫
2	家庭	照片（含其他照片）	底片相機	安裝底片、拍攝
3	教育	照片、早期油墨文獻	油墨印刷機	刻鋼板、油墨印刷
4	社交	照片	撥盤電話	撥盤電話操作、電話撥出
5	娛樂	照片、多媒體	播放機（錄音帶、黑膠、錄影帶、廣播）	各項設備／裝置操作
6	工作	照片、工廠打卡卡片	打卡機、計時機、收銀機、桿秤、計算機、打字機	各項設備／裝置操作
7	生活	照片	吹風機、發條鐘、電鍋、電扇、電燈、傳統開關	各項設備／裝置操作
8	後測	X	X	問卷填寫

資料來源：筆者提供

　　社交部分則以轉盤式電話做為引導，我們花了一些經費找業者來將所有電話可以實際撥打，讓受試者們可以互相撥打電話、彼此對話，也因此在活動中受試著們就用電話開始聊起天來。在這過程裡面，你會發現到他們的一些記憶的連結，不僅僅是只有是打電話的這件事情，還包含了他們的肢體的部分，有些人拿起電話來，小拇指就翹起來，要幹什麼？拿來轉盤用的，我問受試者為什麼你不用左手，他回應左手要抽菸，他們以前做生意左手要

忙其他的事情。在活動的過程中，受試者會跟我分享他們想的到的事情，例如其中一位受試者分享小時候要打電話給女朋友都會去雜貨店，但雜貨店都會用一個鎖把電話鎖起來，結果他們就有破解的方法，他就說按掛斷電話的地方可以打電話出去，按一下就是撥一的意思，按兩下就是撥二，他們就會開始分享這些特殊的技巧，無論是真的還是假的，但是我會很樂見這樣的事情的討論，這件事情其實對我們來講，刺激他們過去的一些生活的認知。在這過程裡面我們可以發現到，大家除了看資料之外，實際上進行操作大家是非常的興奮，因為我們在很多的地方，你可以看的到這些東西，你沒有辦法讓他實際上的去進行，假如我們的感官能夠多一點，在刺激他們的回憶這件事情上，其實是能夠更深入，然後慢慢的去探掘。我在設計問題大綱的時候，通常會去觀察到那個年代裡面的一些重要的一些議題，包含了設置這一支電話，當時的牽線費用多少錢，這時候我就會去問他們記不記得，我都沒有講答案，他們就會一直講，老師那時候還電話有多貴啊，你會發現到這些相關的議題的準備，其實我們在辦這樣的一個活動的時候很重要。

娛樂的部分則操作播放器，諸如黑膠、八音軌式錄音帶的播放器，受試者中有一位大哥就是開計程車，他就分享他以前車上都會放一個這樣的東西，這樣的東西他說現在都看不到了，我們一放的時候，他就會覺得很有趣，所以我現場就直接讓他們去操作這樣的東西。值得注意的是，即便現在我們沒有經歷過相關的時代，我們聽到這個東西的時候我們都會受到這樣的歷史文物的一些觸動，更何況他們有經歷過，他們就開始回憶很多很多的事情，有一些東西也真的頗為有趣。我們所播放的內容有些涉及早期教育，當下我就會讓他們去回憶他們小時候讀書的情境，也不難發現我講的再多還不如直接把這樣的聲音給放出來。我會問他們你以前也會用字正腔圓的方式講話嗎？結果受試者回應：「我就是不會這樣子講話，所以我國小沒畢業，我就不讀了，老師那時候說不能講閩南語」。在整個過程中，我們規劃讓他們實際接觸檔案、操作設備，整個引導活動前後我們讓受試者進行前測跟後測，

圖 7：懷舊治療過程剪影（家庭）
資料來源：筆者提供

圖 8：懷舊治療過程剪影（教育）
資料來源：筆者提供

圖 9：懷舊治療過程剪影（社交）

資料來源：筆者提供

圖 10：懷舊治療過程剪影（娛樂）

資料來源：筆者提供

圖 11：懷舊治療過程剪影（工作）
資料來源：筆者提供

目前已經初步得到了一些成果，文章也正在撰寫。整個懷舊治療過程我們準
備了很多的機器，大家一定會很好奇，這些機器到底哪裡來的？有個遊戲叫
作支援前線，你會發現整個活動過程就像在玩支援前線。我列出清單後交給
古物商，上面寫著什麼機器我需要幾臺，再請這些古物商幫忙準備。這些東
西是日常生活器具，一擺出來受試者看到了就會有感覺，「以前我們家也有
一臺這個大同電扇」，然後就開始分享大同電扇要吹要怎麼吹」，「老師我
們都是洗好澡以後就坐在那邊，我們爸爸會放一臺電扇在那邊開始吹，然後
他就會搖，全部人家坐一排，吹到他爸爸說來身體有沒有涼涼的？有涼就會
關掉電風扇後要我們回去睡覺」，也有人分享大同電扇是小偷最愛偷的，以
前很多人家遭小偷，電扇就會被抱走，然後就會在哪裡哪裡變成贓貨出現，
這些討論不僅有助於受試者身心健康的提升與維持，更讓參與的人員、學生
得以認識早期年代的生活情境。

結語

　　檔案其實就是一個時間機器，在懷舊治療的過程中，檔案的內容、檔案的脈絡，可以去觸發著人們針對特定的人員、家族或是團體與他們彼此之間的關係。隨著世界各國年長者的照護議題的升溫，加上近年來檔案館或檔案管理人員在功能與角色上的改變，以國家記憶保存為主要職能的檔案館，著手嘗試利用其館藏去改善社會大眾的身心狀況，從而促進整個國家能夠朝向更好的方向去發展。

　　這樣的研究它其實是針對過去歷史學研究所仰賴的檔案資料，未來到底還能夠做些什麼的一個發想。後來跟很多的朋友在討論，發現在進行各項史學應用時，我們會需要有相關歷史背景的人員在裡面能夠來協助我們釐清時代背景。例如，前面提到博物館或是檔案館所建置的懷舊箱，選擇館藏中適切物件進行複製並置入箱內，讓有需要的人可以帶回去翻閱，從而刺激其回憶；然而，誰來進行物件的挑選？誰來把東西放進檔案箱？你會發現這件事情其實並不是隨便任何一個人都可以來做得到，你必須要對那個年代的特徵、符號要能有一定程度的瞭解，而將東西放進去其實也就是進行物件價值的判斷。

1.　國家發展委員會，「人口推估」，國立政治大學圖書資訊與檔案學研究所網站，檢索於 2022 年 8 月 30 日，https://www.ndc.gov.tw/Content_List.aspx?n=81ECE65E0F82773F。

2.　American Psychological Association, "reminiscence therapy," accessed 2022/8/30, https://dictionary.apa.org/reminiscence-therapy.

3.　NLB Singapore, "Oral History and Archives in Reminiscence Work," 2020/4/2, https://www.youtube.com/watch?v=aQcL2SKyR7U.

08

史學文創
商品實踐

史學文創 · 商品實踐

Replay 歷史：
東華大眾史學遊戲課程的
設計、實踐與反思

潘宗億

國立東華大學歷史學系副教授兼
大眾史學研究中心主任

邱柏薰

國立東華大學歷史學系碩士生

　　我今天分享的內容主要是針對東華大學歷史學系「大眾史學與應用學程」中的遊戲課程設計與實踐進行說明，而此次活動剛好在 2023 年初舉行，正是東華歷史發展遊戲課程邁入第十年之際，所以也是時候來做一個反思。今天跟我一起分享的是我的學生，或者應該說是我的戰友，也就是邱柏薰先生。他在這十年當中應該參與了八成以上的課程，而今天外面也有他的幾款遊戲設計作品，所以我們在反思的部分會比較多，尤其是來自於學生的一個反思，而我認為這或許更重要。

　　大眾史學人才的訓練，除了具歷史學科發展與教學研究的重要意義之外，更有助於推動以多元表述形式轉譯專業歷史的工作，也有利歷史知識與素養的大眾普及。以臺灣史為例，由於臺灣近年在白色恐怖相關主題電玩《返校》及其改編電影的先後上市，社會大眾也逐次出現關注相關歷史主題的興趣與熱潮，可見以大眾文化形式進行歷史轉譯，在歷史知識傳播與大眾歷史意識的擾動，均深具影響力。由此可見，大眾歷史書寫多元表述形式能力及素養的訓練，不論就歷史學科的發展，或大眾史學人才的培養，在此強調跨領域實踐與數位多媒體呈現的當代，尤其重要。

　　自 1973 年 Robert Kelley 在美國加州大學 Santa Barbara 分校設立大眾史學學程，並於 1978 年成立專業期刊《大眾史家》（*The Public Historian*）起，大眾史學在歐美逐漸成為一門史學領域與高等教育學門，並在 1980 年代以來「社區總體營造」與「地方文史工作」等文化運動滋養的土壤中，在臺灣孕育與發芽。例如，1998 年，吳密察、陳板與楊長鎮共同推動「大家來寫村史」計畫；21 世紀初以來，臺灣「影視史學」推手周樑楷透過大眾史學研習會（2003）、彰化縣村史撰寫（2004-2008），以及大學課程與研究著述等形式，逐步引進、研發與實踐「大眾史學」理念。在相關奠基工作之下，大眾史學也漸漸在臺灣落地生根。

　　在 2010 年代，臺灣大眾史學運動在學理深化、實踐形式與組織體制等面向都有進一步發展，所以更形豐富而茁壯。2012 年至 2013 年，陳登武、張弘毅、陳恆安、吳文星、陳俊強與陳進金等大學歷史學系主管或學者共同執行科技部「大眾史學理論與實踐研究計畫」，為臺灣大眾史學的理論與實踐注入新血與活力，臺灣大眾史學的教研也因此更加鞏固而多元。2019 年以來，東華、東海、成功、師大、臺北、中央等大學歷史學系也每年辦理大眾史學相關工作坊，從中益可見在學理概念與教學研究上，Public History 的意涵與實踐形式的探詢與思考更形多元化，諸如電影導演作為大眾史家（Film-maker as Public Historian）、大眾史學、公共史學、公眾史學、博

物館歷史學、AI 歷史學、遊戲歷史學等諸多闡發與教學實踐，在在激發臺灣大眾史學運動新取徑的成形。

　　具歷史縱深的大眾歷史轉譯，必須建基於紮實的歷史學訓練，而持續累積的歷史研究成果，也必須以易為大眾接受與理解的形式，走出象牙塔，走進廣大社會。在大眾史學此一創新教學與研究取徑逐步進入臺灣高等教育體系趨勢下，東華歷史在創系以來即發展的應用歷史課程基礎上，積極投入大眾史學教研。在課程結構上，東華歷史於 2007 年設立「環境與公眾史學程」，並於 2013 年易名「公眾與社會史學程」的同時，與臺灣文化研究、華文文學與藝術創意等系所合作成立「文化創意產業學程」，之後再於 2016 年將學程名稱易名「大眾史學與應用學程」至今，目前共提供 39 門課程之教學。

　　其次，在諸如「影視史學」、「口述歷史」、「臺灣史蹟與文化資產保存」等特色課程基礎上，東華歷史進一步研發「大眾史學導論與實務」、「歷史與小說」、「東亞電影史」、「歷史、遊戲設計與 APP 應用」與「3D 建模」等創新課程，並於各種課程規劃中融入歷史戲劇展演、歷史新聞、歷史漫畫與歷史 Podcast 製作等其他多元歷史表述創作與實作元素。

　　更要者，為進一步強化大眾歷史多元表述人才之訓練，東華歷史自 2016 年起也致力於系所學生總結性評量課程規定之調整，將文史機構實習，以及口述歷史、歷史小說、歷史戲劇、歷史遊戲、歷史 Podcast 與歷史漫畫納入學位論文形式。作為配套，本系於 2021 年正式成立歷史小說主題微學程，一方面深化本系學生於歷史小說創作之能力與素養，並期於未來建構歷史影片、歷史戲劇、歷史遊戲微學程課程架構。

　　東華歷史亦致力於大眾史學教研的實踐與社群經營與交流，以利更進一步之提升，故在先後於 2008 年舉辦「第二屆後山學堂：大眾史學研習營」、2013 年舉辦「大眾史學理論與實踐」計畫東區工作坊之後，於 2014 年成

立「大眾史學研究中心」從事相關教學與研究之開發，並先後於 2019 年與 2020 年辦理兩屆「Replay 歷史：大眾史學工作坊」，與臺灣各高教歷史教學機構與博物館組織進行交流，並藉產學合作計畫之執行，訓練大眾史學與應用歷史人才。

此外，由於東華歷史在教學上強調在課堂創造讓學生得以發揮創意從事多元大眾歷史轉譯的機會，故常透過「大眾史學研究中心」申請國家人權館或教育部教學實踐研究計畫經費，辦理諸如綠島和景美白色恐怖紀念園區、白冷會等史蹟田野調查活動，以及歷史遊戲設計實作工作坊，如「當歷史遊戲遇上程式設計工作坊：Replay 鄭成功」、「紀錄片製作與遊戲設計工作坊」，以引導學生從事歷史遊戲、歷史影片與歷史小說創作。

我今天的分享，主要聚焦於東華歷史在遊戲課程的研發與設計。遊戲元素一開始進入東華歷史課堂的起源主要跟一個有關兩德統一後在 21 世紀初出現東德懷舊的研究計畫有關。我發現在東德懷舊的過程當中，德國出現非常蓬勃的歷史遊戲產業，當時便產生了是不是可以將遊戲應用在歷史課堂上的念頭，所以當時在臉書留下了這樣一個紀錄，當時我們的系主任陳鴻圖教授也公開表示支持，而主任都說支持了，我們就開始進行遊戲課程的規劃。自 2014 年起，我們開始在課堂融入遊戲元素，但也只是在課堂期末報告開放歷史桌遊設計的作業形式。2017 年，東華歷史系和大眾史學研究中心舉辦「當歷史遊戲遇上程式設計」研習營，除了邀請電玩《東周列萌志》設計者謝琬婷分享歷史電玩設計之經驗，也邀請南台科技大學多媒體與電腦娛樂科學系楊智傑博士，利用遊戲設計模組引導並激發學員的設計思維，而我則引導學員在史料與歷史專業知識基礎上進行歷史遊戲劇本之構思與開發，更邀請傅子恆博士教授學生運用基本程式設計概念與引擎軟體進行電腦繪圖與遊戲設計。2018 年，我們再舉辦「歷史遊戲設計與紀錄片製作」工作坊，擬邀請遊戲設計師劉力君，以及紀錄片導演余雋江等專業人士擔任工作坊講員，透過實作逐步指導並激發學員設計思維，在史料或研究論著解讀

的基礎上，進行歷史遊戲或紀錄片劇本之構思與創作。之後，我們一路摸著石頭過河，除了透過各種遊戲設計工作坊，並利用教育部數位人文課程計畫的執行，慢慢發展出一個常態性課程，也就是 2019 年二月正式開設的「歷史遊戲設計與 APP 應用」。當初把「APP 應用」放入課程名稱之中，主要是為了爭取課程經費，當然我們的遊戲課程中也涉及程式設計基本概念的學習與實作。我們第一次開設「歷史遊戲設計與 APP 應用」以平面桌遊為主要方向，而且不作主題限制，讓跨院、跨領域的修課同學自由發揮。到 2022 年第二次開課，因應新冠疫情的危機，我們開始往數位化方向規劃課程，並以二戰、白色恐怖與白冷會為遊戲設計主題範疇。在實踐過程當中，我想最重要的一個部分就是課程設計的部分，也就是建基於史料閱讀的轉譯是我們特別強調的，而這其中有兩個重點，第一個就是業師，也就是遊戲設計師的參與和協作，利用多次實作工作坊，例如去年我們的「大眾史學導論與實務」課程，一學期大概有七、八次工作坊由業師來參與。但是，由業師引進臺灣遊戲產業趨勢與遊戲設計相關步驟、方法與技巧等相關知識傳授與實作訓練之前，重要的基礎就是史料與田野的單元，主要希望讓同學透過田野調查或史料閱讀發想小組遊戲設計主題。第二點，在整個學習與設計過程當中，修課學生必須撰寫主題摘述、企畫書，再到遊戲實作工作坊讓業師來進行檢測，並給與修改意見，最後經過成發、互評，最後根據意見修改而完成初步遊戲設計作品。

　　將遊戲與遊戲設計元素融入歷史課堂，東華歷史實踐了近十年，我想常態性歷史遊戲設計課程其實不是那麼容易操作的一門課程，充滿挑戰性，而它的成果有時也很難預料。例如，我們東華大學有修課人數的門檻，而一定修課人數也牽涉到經費申請，修課學生必須到達一個量，才有機會申請較多的課程計畫經費，而遊戲設計這種課程其實蠻需要大量經費挹注。其次，喜歡玩遊戲的學生，其實不一定喜歡設計遊戲。再者，有關數位化方面，也就是程式設計的部分，對人文社會科學的學生門檻比較高，不一定一個學

期就可以學好程式設計的部分。不過，當初我們規劃課程的時候，其實也沒有期待學生一定要一學期就學會程式設計，主要是讓學生對於整個數位化的部分有一些概念，如此未來他們在參加遊戲設計團隊或是甚至擔任企劃經理時，能夠具備一些基本概念，以利團體溝通。我認為這門課最合理的課時，應該是一學年，不過在體制上有難以進行的部分，不過未來大概可以用微學程或 CDIO（Conceive-Design-Implement-Operate）教學模式分階段執行。再者，最重要的問題可能就是歷史性、知識性跟可玩性之間的一個平衡，所以這當中遊戲設計業師的參與就顯得更加重要。在學生小組企劃的過程中，業師除了發揮跟產業連接的作用，也從實務面給予學生的遊戲設計診斷與修改建議。最後，經營歷史遊戲設計課程十年了，我跟我的學生邱柏薰都有同感，我們會覺得平面桌遊或數位桌遊，可能有時未必一定能夠達成歷史情境的體驗或反思，而「迷走工作坊」創辦人張少濂先生也在文稿裡提到的沉浸式或情境式體驗。所以，未來我們東華歷史的遊戲設計課程可能會朝向實境解謎的方向發展。當然，這倒也不是說數位化電玩或是其他的形式完全沒辦法達到這種情境式體驗，但實境解謎或許是未來一個可行的方向，這也是我們到這個階段目前的一個主要的想法。

接下來我們要邀請到我的戰友，其實他設計的遊戲比我開過的遊戲課程還多，請邱柏薰先生來進行他的作品分享跟反思。

在這個東華歷史遊戲設計課程分享與反思的場次，我將會就自己在歷史遊戲設計上的經驗跟大家做分享，包括我的創作動機、成品，以及經歷過多次遊戲設計之後，對於歷史學的反思與展望。

我的歷史遊戲的創作成品，基本上可以兩點作為大概的總結。第一點，我認為除了釐清歷史的真相，以及辯證史料的真偽，讓歷史變得更加有趣或是平易近人這件事，也是我們作為這個歷史學人的一個職責所在。第二點，我認為歷史除了要被看見、被聽見，更要讓人感受到它的溫度與情感。這兩

個核心理念，是一直激勵我從事歷史遊戲設計的動機。再來是實踐的部分，其實我剛到東華歷史系時，也在思考我應該要怎麼去實踐上述理念，而剛好潘老師的課堂開放讓大家透過遊戲設計轉譯歷史知識，作為一個期末報告的方式。我在潘老師世界通史的一系列課堂，以及「歷史遊戲設計與 APP 應用」等課堂，開始一連串的遊戲設計。我設計的第一款遊戲，是以早期地中海世界各民族興起，再到領土擴張，還有資源爭奪的區域控制的相關遊戲。再來是以歐洲中世紀到文藝復興時期，每個地方的經營建設，以及相關歷史事件為主題的遊戲。另外是一款我覺得是我越做越好的遊戲，它以當時地理大發現、哥倫布大交換為背景設計，以經濟貿易與殖民擴張為主題。還有一個我在中美關係史課堂的設計作品，以國共內戰時期國民黨以及美國政府在理念上的衝突為主題。

在做了這麼多的歷史桌上遊戲之後，我開始思考到它們的一些不足與缺陷，感覺桌遊好像有一個侷限性，沒辦法讓玩家完全融入到歷史情境之中，所以我又開始思索說要用什麼樣的方式才能去更加強化這個部分。首先，我思考到桌遊的一個問題是，因為我過去都很希望說可以盡量把課堂授課內容盡量融入在遊戲之中，或是說運用遊戲機制盡可能還原當時歷史全貌，但後來發現這樣子設計的歷史遊戲太過於硬核了，導致很難讓大眾或是新手玩家進入到這個遊戲，而必須有基礎的歷史知識，或是有一些遊戲經驗的玩家才有辦法上手。於是，我就開始針對這個問題思考。再來，我注意到，除了桌遊以外，諸如電子遊戲或是實境遊戲等其他遊戲表述方式，並想說是不是能夠從電子遊戲的優點去著手。後來，我選擇實境遊戲的原因是因為我發現實境遊戲有一個非常棒的優點，它可以讓玩家融入到一個歷史的，不管是被建構的也好，還是說讓玩家去故地重遊，重返歷史現場也好，都是一個讓玩家嘗試去走跳那個歷史現場的一個方式。

在這過程中，我首先注意到兩個實境遊戲，第一個是是新北市在地深耕協會和國家人權博物館一起設計的《為匪宣傳》，它是一款以白色恐怖為

主題的實境遊戲。第二個實境解謎遊戲是「聚樂邦」的「忘憂旅社」，它以陳澄波的個人生命史為主題。接著，我也玩了很多建構特定歷史空間，而以歷史為主題的密室逃脫，或是實境遊戲。最後，我在一堂叫做「洄瀾共好」的通識課上，和我的組員一起設計了以鳳林在地文史特色為主題的實境遊戲，其中包括我自己單獨設計的歷史解謎小遊戲，是以張七郎的生平，以及環繞在他周遭的一些事物去構成的一個解謎歷史小遊戲。此外，我還以民國時期電報的代號與暗號設計了一個解謎遊戲。

再者，為了更加精進我自己在實境遊戲設計上面的技巧，或是說尋找設計上的靈感，我開始去做一些書籍上的爬梳或是影劇上的參考。首先是《密碼的故事》，我參考它以歷史設計的一些密碼或是手稿，作為我設計解謎遊戲的依據，或靈感的來源。其次，日本任天堂遊戲公司董事長岩田聰著作的《岩田聰如是說》，強調一個非常重要的概念，對我啟發良多，也就是不要刻意在遊戲中去引導玩家或是去輔助玩家在遊戲當中該去做什麼任務或是推進主線，更重要的是應該要讓玩家主動去探索這個遊戲的本質與內涵。最後是《觀光客的凝視3.0》，它給我一個非常重要的學理概念，也就是觀光客到某一個地方進行觀光旅遊的時候，最重要的是觀光體驗，我由此學理進一步延伸到所謂的遊戲體驗，再進一步延伸到所謂的歷史體驗，也就是希望能夠透過所謂的歷史遊戲來去讓玩家有一種身歷其境的感覺。再來是兩部影劇，第一部是《達文西密碼》，第二部是《新世紀福爾摩斯》，它們劇情當中都有利用歷史相關知識，還可在劇情推展過程中看到一些解謎技巧，到最後釐清事件真相。我認為這些其實還蠻受用，尤其在密室逃脫跟玩家之間的關係這方面。

在參考這些實境解謎、遊戲相關著作與解謎技巧相關的戲劇作品之後，我設計了一款以冷戰為背景的密室逃脫遊戲。這款遊戲的劇情大綱是說，當時自由陣營跟共產陣營的關係正處於冰點，所以他們進行了一場破冰外交，但是自由陣營接獲線民的情報，知道共產陣營裡面有一些政治犯急需救援，

所以他們就讓他們的特務偽裝成外交大使參與這場外交破冰宴會。在宴會當中，玩家需透過線民提供的線索來破解他們的暗號，最後解譯共產政營藏匿政治犯的地點。其中，我們針對當時的真實歷史設計了一些解謎關卡。第一個是一張城市地圖，雖是一個虛構的城市，但實際上我們參考的是柏林的圓形佈局，而我們希望玩家解謎的地點都來自東德時期，另外有關他們秘密警察機構史塔西，以他們關押政治犯的地方去做設計。另外有一張符號地圖，實際上是要讓玩家去辨別當時在二戰以及冷戰時期，同盟國和蘇聯之間的合作與競爭過程，同時也包含一些比較不為人知的歷史面，希望透過這樣的方式，讓玩家進行反思，或是探詢對於轉型正義的一些想法。這是我們在這個遊戲空間讓大家試玩的照片，之後也是有成功，或是與否的結局等不同的發展。

我還有一點想跟大家做一個分享，也就是除了剛剛上述三種遊戲型態，還有一種最近興起的遊戲形式叫做劇本殺。這個劇本殺的遊戲形式，一開始是從中國傳遞到臺灣，後來臺灣也跟著流行，逐漸變成一種相當流行的團體娛樂遊戲。之所以想跟大家分享劇本殺，是因為它跟密室逃脫一樣，會建構一個遊戲空間，如果是歷史主題的話，基本上就會建立一個歷史主題的遊戲空間，讓玩家在裡面穿著這個角色的服裝，然後扮演某一個角色，各角色有各自背景或是理想，也有他們各自的任務。在玩家交流或是摸索遊戲的過程中，必須辨別或查明事件真相，或辨認其他玩家是敵是友的關係，最後完成自己的任務。關於劇本殺敘事的模式，等一下會再跟後面分享的一款遊戲一起做討論。

我在基於這個遊戲設計的經驗，總結三個面向跟大家做分享。第一個就遊戲設計的面向而言，我們應該設計出一個足以值得讓玩家進行探索，或是可以引起玩家興趣的歷史謎團；第二個是要從玩家端的角度去考慮，在歷史遊戲上對玩家做太多引導，可能不是一件好事，而是應該要讓玩家用他們自己的方式主動去探索或去解讀歷史；第三個遊戲之後的面向而言，玩家在

玩過遊戲之後，希望他們可以對歷史學或是說對歷史事件有一些感想，透過這樣子的方式，讓他們在遊戲的過程當中逐漸融入歷史，並對歷史產生一些不一樣的想法，讓這個遊戲體驗轉化為所謂的歷史體驗。

再來是我設計了這麼多的遊戲之後，對於歷史學的發展也是有一些想法，想利用這個機會跟大家分享。

第一點關於透過歷史學視角，也就是探討遊戲跟歷史學之間的關聯。因為我設計了這麼多的歷史遊戲，回過頭來好像應該要從歷史學視角去做一些爬梳，或是研究分析，例如我撰寫碩士論文過程中撰寫了一篇探討《為匪宣傳》這款實境遊戲的文章，指出它在歷史、遊戲以及空間三者之間的關係共構的一個體驗。再來是我寫過另外一篇文章，透過中國那邊設計的一款桌遊《平遙》，探討經濟史、經濟學與經濟模型相關問題，指出或許這款遊戲可以作為一種驗證經濟模型的可能性。

第二點，是遊戲史學的部分。在設計這些遊戲的過程當中，我也很常跟潘老師討論大眾史學跟遊戲史學之間的關聯。關於遊戲史學的部分，我有一個結論，如果以遊戲史學的這個出發點來看，我們應該用什麼樣的方式去作為他的研究方法。我認為「玩」應該是很適合作為一種學習或是探究歷史的方式，所以應該要讓所謂的玩遊戲等於是玩歷史，讓歷史逐漸在這個過程當中和遊戲畫上等號。

第三點，是遊戲帶給玩家的歷史體驗。我開始在發掘遊戲應透過什麼樣的方式建構給玩家的歷史體驗，第一個可能是遊戲文本，逐漸帶給玩家陷入那個旋渦的文字建構以及情境上的塑造。再來可能是透過讓玩家重返歷史現場的效果，以及以電子遊戲來說的話，可能是透過這個電子技術去還原聽覺或是視覺上的效果。當然，還有其他可能性值得我們去探討。

第四點，我認為一個好的歷史遊戲，應可以讓玩家在遊戲過程中不斷

的融入歷史，並讓玩家在這個遊戲的過程當中，透過類似時光隧道旋渦的方式，讓玩家和歷史之間逐漸產生某種共鳴或共情的關係。

最後，第五點，因為我本身很常玩遊戲，也很常看一些遊戲評論，或看網友分享對於遊戲的一些彩蛋或秘辛，並注意到一點，某些遊戲雖然世界觀非常豐富，也有很飽滿的一個歷史元素，可是畢竟不是真實的歷史，在這個遊戲學界或是圈子的討論是非常豐富的，有沒有可能也許歷史學界也嘗試來討論看看，在這個非真實歷史的遊戲當中的歷史，可以發現很多這種建構在非真實的歷史上面的遊戲脈絡，其實也是參考自我們真實歷史的世界當中。

所以，接著我想跟大家分享一個我最近日以繼夜、焚膏繼晷在玩的一個遊戲，就是《艾爾登法環》。其實也不是要分享它的遊戲內容，而是說它非常特別的敘事方式。這個遊戲其實也在講一個殖民與征服的過程，但最重要的是它的敘事方式。以往我們認知的遊戲敘事是以線性方式進行，但是《艾爾登法環》採用的敘事模式是碎片化敘事。所謂碎片化敘事就是把遊戲的劇情打散，分散在他的遊戲說明，或是劇情、道具上，還有 NPC 的隻言片語。玩家基本上無法單獨解讀出這個故事的全貌，他需要靠著多人的彙整以及分析，才有可能大概推想可能故事脈絡的輪廓，而這其實和我們在做歷史學研究非常相近，因為我們也就是透過爬梳各種不一樣的史料，然後辨別他們的真偽來去拼湊可能的歷史發生的來龍去脈或是真相。所以，我覺得未來可能歷史遊戲這一塊上面也可以善用所謂的碎片化敘事。

從邱柏薰的分享當中我們逐漸推演到一個結論，或一個觀點，可能我剛剛有講到的一個反思，就是遊戲可玩性跟歷史性之間的一個平衡的問題。我們可能要跳脫傳統史學視角，來想像一種模擬或模態的歷史情境，促進玩家進行一種情感性的體驗，而不只是知識性的應用或累積的層次去設計遊戲，而這也就回應到我們在會議手冊上所談到的這個虛、實之間的問題。當

然這後面牽涉到的是另外一個未來我們師生兩個要共同努力的，就是怎麼從現有的歷史學角度去反思、面對遊戲當中的虛、實問題，以及如何能夠讓遊戲設計作品達到體驗歷史情境的效果。因此，我的反思最後以下列諸端作為探詢遊戲設計作品等大眾歷史表述形式牽涉虛、實問題的提議。

首先，在以重建過去人、事、物真實的史學研究和書寫，以及需要以想像力與創意藉「虛構」人物與情節（故事）「重演」或 replay 過去歷史與融入個人觀點的歷史遊戲、歷史小說、歷史影片（包括紀錄片）與歷史戲劇（包括行動劇）等大眾歷史創作之間，存在「求真」與「傳真」、「實」與「虛」之間的緊張關係。

周樑楷在〈人人都是史家〉一文中初步將「大眾史學」定義為每個人隨認知能力成長都有基本的歷史意識，而在不同社會中，人人可能以不同形式和觀點表述私領域與公領域的歷史。大眾史學一方面以同情的了解，肯定每個人的歷史表述，另方面也鼓勵人人「書寫」歷史，並「書寫」大眾的歷史供社會大眾閱聽。最終，大眾史學當然也應發展專屬的學術及文化批評的知識體系。據此，人人具備歷史意識，也都具成為史家的潛力。周樑楷進一步將「大眾史學」轉化定義為大眾的歷史、寫給大眾閱聽的歷史、由大眾書寫的歷史，並強調大眾史學表述的形式多元，包括文字、影像、語音、文物、數位化與多媒體等。

其次，周樑楷在有關「影視史學」（Historiphoty）相關認識論與方法論的探討中，嘗試以「虛」與「實」為分析概念肯定虛構性影視與文學文本「傳真」的意義。他首先以「影視電影」出發，將「影視史學」定義為一種「以靜態的或動態的圖像、符號，傳達人民對於過去事實的認知」，並將「歷史」重新定義為人們對於過去事實的認知和傳達的成果，且其形式包括口語的口述傳統、書寫的歷史劇與歷史小說與圖像的影視電影。以影視歷史文化為例，其指涉以任何影像、視覺符號所呈現過去的事實，如岩畫等靜態

歷史圖像，以及電影、電視和數位化多媒體等動態歷史圖像，其中有「虛」
有「實」，且在「虛」與「實」的光譜之間其實隱含歷史解釋與歷史意識。
他以紀錄片與歷史劇情片為例，指出紀錄片屬於靠近「純粹記實」光譜之一
端，但視程度仍有「含濃厚主觀論述」之成分，而歷史劇情片雖近「含濃厚
主觀論述」光譜之一端，但未必無法紀實。據此，周樑楷進一步指出「人們
對於過去事實的認知和傳達的成果」此一歷史之定義中，認知的層次屬於求
真，而傳達的層次指的是傳真，並提出介於「虛中實」與「實中實」兩端的
光譜分析架構。其中，「實中實」歷史文本如專業史家著作，以求真為目的，
其著作內容都需符合事實，且能夠「掌握歷史人物的思想和生命、時代歷史
中的情境、歷史變遷中的普遍趨勢或法則」，而虛構性創作文本，如歷史影
片、歷史小說與歷史戲劇，在虛構的人物與情節中仍能夠反映生命、情境與
趨勢，此即所謂「虛中實」之歷史文本。換言之，歷史遊戲、歷史小說、歷
史戲劇與歷史影片（包括紀錄片），都能在「虛」與「實」交織而成的故事
當中傳達某種歷史面向的真實。周樑楷所提議的「虛」與「實」的理論與分
析架構，或可為歷史遊戲、歷史小說、歷史戲劇、歷史影片等大眾歷史敘事
與轉譯的學理基礎。

此外，從歷史記憶的角度言，人人亦可為歷史學家，而其各種形式的
文化生產品，也乘載著特定時空的文化記憶，可為傳達某種歷史真實的歷
史文本。美國史家貝克 (Carl Becker, 1873-1945) 在其〈每個人都是他自
己的史家〉("Evryman His Own Historian") 中將歷史定義為對於說過與
做過的事的記憶，而每個人都進行事實資料的探討、記憶的加工延伸和歷
史圖像的構築。同樣地，德國歷史學者艾斯曼 (Jan Assmann) 站在巨人
的肩膀上，在阿博瓦胥 (Maurice Halbwachs, 1877-1945) 學理概念基礎
上，發展出「文化記憶」概念，將社群集體記憶區分為短時間的「溝通性
記憶」(communicative memory) 與長時段的「文化性記憶」(cultural
memory)。「溝通記憶」意指社群透過日常口語和傳統等身體實踐，傳遞

有關過去之意義認知及其知識，而其傳遞範圍以社群內部成員為主，有效性在三至四代之間，若欲跨越世代或超越社群範疇長時期傳遞、維持與再創，必須經視覺化、儀式化、物質化與空間化等形式轉化成文化媒介承載的「文化記憶」，諸如文本論述、文藝創作、儀式實踐、紀念性建築或空間等。換言之，歷史遊戲、歷史小說、歷史戲劇與歷史影片等大眾歷史書寫文本或文化記憶媒介，都在某種程度上乘載著人類社會群體的歷史與記憶，也都是人類社會群體歷史與記憶於不同特定時空 Replay 再建構的結晶。

最後，還有一個可行的討論方向，即荷蘭歷史學家赫伊津哈（Johan Huizinga, 1872-1945）在《遊戲人》（*Homo Luden*）一書中揭櫫的「遊戲人」概念。有關遊戲的政治、社會、文化意涵之探索，自古即有，且文獻浩瀚，諸如柏拉圖（Plato, 429-347BC）、席勒（Johann Christoph Friedrich von Schiller, 1759-1805）、泰勒（Edward Burnett Tylor, 1832-1917）等思想家或學者，而我在這裡僅聚焦簡述赫伊津哈的相關學理概念。

荷蘭歷史學家赫伊津哈在二十世紀中以前即以「遊戲人」學理概念論述遊戲的政治、社會、文化歷史意涵。亞理斯多德（Aristotle, 384-322BC）等西方哲人曾先後將人定義為智人（Homo Sapiens）或工匠人（Homo Faber），其核心內涵分別為理性與工具理性，而赫伊津哈在《遊戲人》一書中，則指出除了智慧人與工匠人之外，具想像力與創造力的遊戲人，也是人的重要本質部分。因為是人，所以遊戲，完整的人才遊戲，而人也因為遊戲所以成為人，且遊戲方構成完整的人。據此，由於人類生活乃構成文化主要內容，故文化的構成始於遊戲，而且是為了遊戲，亦即文化於遊戲中興起與開展，故其稱生活為「高貴的遊戲」，而其表現形式包括語言、競賽、法律、戰爭、哲學與文藝等，而其中想像力與創造力乃遊戲與文化之必要因素。因此，人類社會歷史發展的最初形式，乃源於「遊戲」。換言之，遊戲本身即為文化構成的本質部分，同時也乘載著文化，即便文化已經消失、隱沒，正如「陞官圖」遊戲是中國科舉文化的寫照，而消逝的科舉文化仍由

「陞官圖」遊戲所乘載。也正因為此理，遊戲一方面是人類社會歷史文化的縮影，另一方面也是人類社會歷史文化的載體，故而可藉由遊戲設計書寫和再現歷史，也可從遊戲探究歷史，更可表達一時一地之人的歷史觀點。就歷史教學實務而言，遊戲融入歷史教學現場，可讓學習者從遊戲的賞玩與評析中體驗與反思歷史，而歷史遊戲設計也是可讓學習者將史料與歷史知識轉譯的形式。

　　此外，強調遊戲人概念的赫伊津哈也強調歷史思想中的創造與想像力因素，尤其在從事歷史詮釋時，而此對於遊戲式歷史教學而言，乃一重要的學理闡發與根據，值得進一步藉由《遊戲人》一書之探究深論。如果我們把這個想像性、創意跟想像力帶回到歷史教學與研究當中，又會是什麼樣的模樣呢？那麼重新定義的 relay 的歷史學所創造的歷史遊戲，又會是什麼樣的樣貌呢？我和邱柏薰都感到非常的興奮，也很好奇它會是什麼樣子。

　　最後，講一個非常諷刺的事。邱柏薰做遊戲好像做了快一輩子，最後物極必反，反而回來要寫論文探討上述相關問題，但卻又是必要的走向，畢竟歷史遊戲不僅是遊戲而已。

史學文創 · 商品實踐

我用歷史做遊戲

張少濂
迷走工作坊創辦人

　　《台北大空襲》是一個我們從桌遊一路走到現在電玩的一個，算是讓迷走工作坊有一些成績的一個起家厝。我們曾經跑到西門町問年輕人兩個問題，第一個問題是你有沒有聽過《台北大空襲》？第二個問題是，你覺得是哪一個國家轟炸臺灣的？這個部分完全沒有 set。那時候在做的時候，它算是一個我們的計畫之一，一開始我們就大概明白說會有一定的人不了解這一段歷史，當然沒有想到結果比我們想的更有一段距離。

　　四個跟迷走工作坊有關的事，我們成立是 2016 年，桌遊集資的話，我們在這兩三年才開始有進行補助案或是政府標案的一些申請，在那之前的話，因為我自己的話是比較任性，所以我們都會是直接的話去面對市場，第一波的桌遊集資我們已經超過五千萬，在公視的話，我們曾經跟斯卡羅還有天橋上的魔術師做合作，跟 HBO 的做工的人也有做相關的合作。霹靂布袋戲的桌遊在前年有一款那個武俠的桌遊霹靂：入陣武林。對我來說有一個重點是，我自己把我自己的定位是，因為我是念輔大財經法律的，我是一個

歷史的門外行，對我自己的定位是，我是一個很喜歡歷史的商人，或者我是一個很喜歡歷史的遊戲玩家，因為我必須要在商業上做生存，所以對我們來說，競爭就變得非常的重要，我們的競爭者是所有其他的娛樂。

　　《台北大空襲》的電玩，他會有中文、日文和英文版，這個部分也是比較辛苦的，因為在翻譯還有在新聞稿，或者是各種都要同時考慮遇到三個語系，不只是翻譯的信達雅，另外一個部分的話就是他本身在語境或者是該市場受眾的一些想法。這個的話是我們去年跟尖端出版社，應該是說我們計畫，我們出的是精裝版，那尖端買下了我們的平裝版的版權，這一款有這個小說，是我們跟朱宥勳、林立青、張嘉真、瀟湘神、陳又津、鍾旻瑞這六位，就《台北大空襲》的背景，然後自由的去書寫，它算是一個非虛構的寫作。

　　我以前是唸輔大財經法律，在以前的話我是金融業，2014 年的時候以前就是比較多做行銷公關，所以紐約時報或者是 2014 年柯文哲的競選專輯，或者是 2016 年蔡英文的主視覺跟內容相關的統籌，以及 2017 年臺北北燈節的統籌，以及 2016 到 2018 年的國慶主視覺的相關的協力，還有 2020 年紐約時報的另外一次集資，這個部分的話，可以看到我跟歷史基本上是沒有關係。我不是本科，在過去比較多是行銷相關的工作。

　　迷走工作坊在一開始就是以桌遊起家，在迷走工作坊之前，我是開桌遊店的，就是在金融業之後我就開了桌遊店，最多的時候臺北有五家。桌遊的部分的話，它重點是一個面對面跟別人接觸，那這個部分的話是蠻難以取代的遊戲體驗。社交性的部分的話，我覺得是一個很重要的部分，我 2022 年的 10 月有去德國參加桌遊展，德國的這個 Essen Spiels 是全球最大的桌遊展，本來會覺得說經過了兩年疫情，會不會有所衰退，結果在這個展場的反應是非常熱烈的。

　　回應到我剛剛說的，其實在國外從智慧型手機發展以來，我們看相關的數據資料，桌遊至少在商業上並沒有衰退，反而還是在逐年成長。另外一

個部分是桌遊對我來說可以賺錢，那當然桌遊目前有幾個挑戰，第一個是娛樂過剩，因為我們競爭者是其他的娛樂，包含電影、包含電玩、手遊等等；第二個部分就是可複製性太低，特別是這兩三年，我們非常明確的感受到，譬如說像是國際的紙價的大漲以及數位廣告投放成本的提高，讓我們會在譬如說電商行銷上面的話，很多在過去大概三五年前的一些比較便宜的成本，在現在的話是面臨到一些難關；第三個部分的話是行銷企畫人才的稀缺。

我分享一些我在國外參展的一些主題，第一個是德國埃森的現場，我們有時候會常常戲稱它是德國的苗栗，因為它是一個超小的城市，大概在杜塞道夫北方，坐高鐵的話大概 20 分鐘，卡卡頌的話如果有一些朋友玩過的話，它是一個德國的國民遊戲，每年在德國現場都會有世界大賽。這個主辦單位也蠻奇妙的，每一年只要參展的國家，它會在參展和參賽的國家，都會在門口以及整條街上有放相關的國旗，我去年的話是比較驚訝，他把我們的國旗跟美國國旗放在一起，然後對面是對岸的國旗。我那時候就有拍照，然後覺得不知道主辦單位是一個什麼樣的心態，我覺得蠻有趣的。

我第一款遊戲並不是《台北大空襲》，第一款遊戲是王辰之戰，講述的是豐臣秀吉統一日本成為天下人之後，借道朝鮮然後要打明朝的這個故事，他跟臺灣基本上沒有任何關係，比較有趣的是我們在臺灣首先先集資到一百萬之後，我們當時就有發現我收到了一些韓文的 ppt 簡報，我們翻譯之後就發現，因為朝鮮半島的東邊有一個海域，在整個地圖上面我們寫的是日本海，臺灣這個部分的話都應該叫他日本海，但是韓國叫他東海，主要是他們強調的是，叫日本海是一個殖民者的一個史觀，所以一開始因為我覺得說，我只是在臺灣募資，跟韓國沒有什麼關係，這件事在後來因為這款遊戲有一定的商業的可能性，所以我們就在全球最大的集資網站 Kickstarter 募資，這個時候就會發現，我們遇到了韓國人的瘋狂抵制，如果維基百科上面或者是大家都是歷史的前輩，維基百科有個條目是日本海命名爭議，基本上那個從十六、七世紀以來，只有韓國在講這個朝鮮半島東邊的這個海域叫東

海，應該說華文世界的東海應該就是臺灣北邊，就是上海東邊那一塊海域。這個部分其實對我們來說會造成，譬如說改版或是重新印刷的一些困擾，就是很傷頁面，可是到後來我的團隊內部也思考了蠻久，第一個部分的話其實臺灣在國際上也常常會面臨到這樣的問題，就是我們在證明，或者是一些在國際的外交弱勢上常常會遇到，那我相信韓國的玩家可能也會遇到這樣的感受。所以對我來說那個時候其實在這個海域的命名，也是第一次對我算是上了一門課。

王辰之戰我們售出了韓國的版權，我們也多次去參展，就是包含德國艾森、英國伯明翰和中國北京、日本東京大阪神戶、釜山。韓國的出版社，他從北京、東京、還有德國埃森都不斷的去尋求合作，我覺得臺灣是一個創作自由的地方，一個蠻值得珍惜的地方，因為第一個部分是日本算是二戰的侵略國，所以就算王辰之戰，日本參展時許多日本人就很激賞我們的創作。王辰之戰跟信長之野望，都是日本戰國同一個時期，可是在遊戲的表現上面都只能侷限於統一日本，但是侵略的部分的話沒有辦法去做創作。這個的話是我們在關西參展的時候一個名古屋大學教授，蠻興奮的看到我們的這個作品跟我們分享的。再來是我們去中國北京的時候，我們有入圍一個算是華人最佳策略，那個時候我就在北京的現場，好像是保利國際中心，當時我們就介紹一個回族的武將叫做麻貴，我就分享說麻貴是一個怎麼樣的人，他就看著我說，我知道是回族，後來我在當時百度的桌遊吧裡面就有看到，為什麼明朝歷史臺灣人來詮釋，因為我自己是一個歷史的門外漢，那當然我們的確有做一些功課，只是那時候看到這些算是討論和鼓舞，基本上都是滿開心的。那也因此有這樣的經驗，我們做了別國歷史的戰爭遊戲，那我們要來做臺灣在地的，這也是《台北大空襲》的一個緣起。

《台北大空襲》沒有玩過沒關係，他是一個合作遊戲，玩家扮演的是一家人，要在戰爭結束前存活下來，所以只要有一個人死掉，全部人都輸了，所以他是一個贏就一起贏，輸就一起輸的合作遊戲，他跟日本和美國的一個

戰爭或是軍情沒有關係，我們聚焦的是在算是大時代中小人物的命運。臺灣主題遊戲對我來說只有臺灣可以做。第一個的話是臺灣市場不大，所以國外不會為了臺灣專屬做一款相關背景的遊戲。第二個部分是如果想要商業化的話，你自己有一些史觀或者是你想詮釋的部分，那就自己來做。第三個部分是市場，因為其實我們在做這些遊戲的時候都必須要回推相關的成本，那這個成本，從美術、從物流、從印刷、從行銷，面面都需要俱到，這也是比較辛苦的地方，有時候創作內容是蠻幸福的，但是在過程中，就是通常不開心的都不是在創作內容，或是在浸淫在歷史裡面的時候，這個是比較煽情啦。

我們有位國外買家叫 Rahdo，他是美國的資深桌遊玩家。《台北大空襲》當年參加德國展會的時候，他跟我們買這個遊戲，我們在國外賣的比臺灣更貴，因為還要加運費，他跟我買了之後過了一兩個月，我們有一個社團大概有三千多人，就有一個人分享說，這個 Rahdo 他拍了三支影片加起來三個小時，分享對我們這個遊戲盛讚，我們那時候就想說我們沒有給業配的錢，怎麼感覺很像業配，因為他的稱讚真的是蠻到位且感動，我們後來就在迷走的粉絲團，直接的都把它翻譯成相關的中文。那他有提到說他們一直接收到盟軍的史觀，這個遊戲讓他體驗到另外一邊的視角，玩家應該去體驗這款遊戲，這是一個桌遊比一般大眾娛樂更能傳達更多事物的典範，那其實看了之後當然會開心，他也許對銷量沒什麼用，因為這款遊戲基本上還是在華文世界的銷量會比較好，在國外的話評價 ok，但是我們主力的市場是在臺灣。

這個空襲系列的初衷其實是我阿公，我阿公過世了，他出生在大正就是民國 10 年，從小的時候他就是跟我講他在臺北和基隆被空襲的故事，維基百科上面的基隆大空襲的條目是我們做的，希望對就是相關的臺灣史有一些幫助。我們再過程中，其實除了陳力航先生之外，包含張維斌博士等，都是系列的歷史顧問。以我門外漢的心態，我們就會看到說：for here was an entire island with every thing on it enemy，就是整個島上都是敵人，另

外一個是：formosa was wide open to attcack。我的團隊除了我之外，大部分的人包含遊戲設計師、包含影像、包含平面設計師，他們都不知道這段歷史，我的團隊有人是客家人、有人是臺灣人、有些是馬來西亞的華僑，我覺得其實在遊戲的製作過程中會讓我覺得越做越謙卑。

　　接下來的話，其實我們有做了非常多的跨界的合作，臺灣人沒有很喜歡歷史，或者是臺灣人對歷史沒有相關的自覺，這是我在商業上的感受，也因為這樣的關係，我們在推出一個遊戲本身之外，我們需要用一些跟這個遊戲調性有關，但是相近的一些媒材，不斷得讓大家去感受到說這個時代的氛圍，為什麼？因為我覺得現代是一個網友瘋狂被討好的一個年代，所以大家注意力都非常的分散，所以當時《台北大空襲》我們有跟閃靈做授權，後來在高雄大空襲的時候我們跟滅火器樂團合作 1945，MV 是我們自己做的，現在在 KTV 還唱得到。基隆也有做相關的公車廣告，我們甚至在《台北大空襲》和《高雄大空襲》的時候，都有復刻日治時代臺北一高女孩還有雄女的相關的制服，並且找當時正在唸雄女或是北一女的人，直接在臺北市和高雄市相關的地景去做拍攝，我們甚至有跟總統府申請到，直接在前面的廣場去拍攝。這個是我們的遊戲設計師，包含電玩的遊戲總監，我們當時高雄大空襲是直接跟這些地方，就是高雄武德殿、歷史博物館、蔣渭水基金會、臺南知事官邸、長榮海事博物館合作，是一個全臺跑透透的一個古蹟的試玩巡禮。為什麼要做這些事，這是一個注意力真的很稀缺的年代，我們必須要在商業上拼搏的話，就必須要做很多的出逃。第二個是網友瘋狂被討好的年代，第三個就是我喜歡，其實歷史這個題材，的確我們有創造出了一些商業的可能性，他還是有很大的進步空間，包含歷史的本身、包含載體，就是桌遊的確是不是一個適合的，也許有像劇本殺、密室逃脫，以及電玩，或者是沉浸式的體驗，各種的可能。

　　分享一下臺灣的機會，我覺得臺灣的市場是大的，因為如果在歐洲的話，它是第十大國，我一直覺得臺灣有一個比較小國的情節是夾雜在這些大

國之間。第二個部分是我聽到很多人，包含我遊戲業界的，會說臺灣的消費力是一個問題，這個部分是電影或是系列的相關市場。我分享一下最新的2022年第一季臺灣手遊的課金是200億臺幣，這個數字的話是全世界第五，比德國還高，前面四名分別是美國、中國、日本還有韓國，所以臺灣的消費力是非常非常強的，只是說臺灣也因為消費市場有限，所以引進或是帶領臺灣代理進來的，我們的原創作品都要跟全世界最好的作品做競爭，那這件事的話，韓國一直有在做保護主義，但臺灣沒有，這有好事、壞事，可以生存下來的人基本上都會是有一定的成就。

我們在做《台北大空襲》的時候，那時候當然就是網路上會有一些關於桌遊的評價好不好玩等等，我們後來做了一個高雄大空襲，遊戲的方式完全不一樣，雖然都是合作遊戲，他在國際上的評價、策略性比較高，但是我們就會發現說策略性或是好玩的程度其次，但是《台北大空襲》因為它相對的比較簡單，甚至讓入門者感受到比較好玩，所以在情境上，我們就會發現說它是一個五六年的作品，到現在我們很幸運的，還是有一些產品週期還沒有衰退。我覺得現在所有的事情進入的門檻都變得很低，可是要變的傑出門檻卻比過去還要更高。我的同事幫迷走開了抖音，那我完全沒有用過，譬如說像 IG 或是 Dcard，甚至小紅書這些東西，對我來說，我是喜歡行銷以及喜歡研究行銷，但是也包含未來的 AI 等等的東西，我自己也慢慢的跟不上，所以這個部份我也一直要去請教更年輕的同事，對於現在的行銷市場我相信已經不是一個單打獨鬥的時代，也非常感謝一路上以來的合作夥伴，因為我們在遊戲的開發上一定勢必要兼顧的是美學、歷史的正確性還有遊戲性，最後一個就是可以賣的出去。

那我覺得這兩句話可能大家聽過，再分享一下，呂捷有講過一千多年前的事如數家珍，七八年的事你卻一無所悉，我真心覺得除了歷史學界的前輩之外，大部分臺灣的消費者都是這樣。我覺得這不是什麼對或錯，這就是一個現況，如果我們要擁抱更多的人，或是影響更多的人，這是一個我們要思考的問題。

史學文創 · 商品實踐

輕學術作為具備商業、知識傳播與興趣實踐的可能性

梁世佑

U-ACG 創辦人 / 執行長

　　很榮幸跟大家分享一下自己的創業和工作心得，我自己是完全歷史學出身，大學本科、碩士、博士都是歷史學，可以說是非常標準的文科生。不過或許我也是臺灣斜槓人物的代表者之一。除了包含我在清華大學等學校兼課外，我也是一家跨國研究公司 U-ACG 的創辦人和負責人。U-ACG 乃是一個針對廣義流行娛樂產業和文化的研究組織，主要集中在遊戲、動漫畫等娛樂產業中，並以此為中心向外延伸到旅行、線上線下活動、課程研討會和商業研究等等，並在 2022-23 年度我把公司搬到了日本，目前以臺、中、日的亞洲地區為主，加上一部分的歐美地區做為我們業務的主要發展方向。由於皮國立教授要求我分享的主題是如何做學術研究才不會餓死（笑），因此我想以我們公司在做的一個有關動漫和遊戲的商業研究來向各位分享我的經驗。

　　今天要談的是「研究」的部分，我把我的研究概念稱之為「輕學術」，這是我對學術研究、知識傳播、和商業獲利的嘗試和思考。

　　什麼是「輕學術」？我對其的定義是兼顧「學術知識性」、「可讀傳播性」和「商業流通性」的研究思路。或許大家曾經聽過「輕小說（ライトノベル，Light Novel）」一詞。輕小說是一個和製英語，強調於以「可輕鬆閱讀」為特定故事描繪手法的一種娛樂作品。題材大多在輕小說的特點是將動漫形式風格的劇情演出轉換為文字小說，文體淺顯直白，搭配大量的插圖並使用當代的流行口語文化和網路詞彙書寫，目標客群為年輕人。其題材包羅萬象，有如青春校園、戀愛日常、科幻、歷史、推理神秘、恐怖奇幻等均有，故事題材多樣，無法以單一風格來涵蓋。

　　討論「輕小說」一詞如何普及並成為一個主流範疇並不是本文的重點，但我認為有一個時代關鍵因素值得一提：也就是不管是「輕小說」或是獨立電影、獨立遊戲、地下音樂、同人作品等等之所以普及，以及所有的娛樂形式作品產業化，都有一個共同的時代背景，也就是網路普及。

　　「網路普及」使得一切知識「產業化」變得可能。請注意，我說的是「網路普及」，也就是這項技術成為所有人都可以輕易享用的服務，成為生活的一部分。舉例而言，過去你要當攝影師，除了昂貴的相機和底片以外，還需要有暗房和各種沖洗技術，這每一項設備都是昂貴的門檻。我記得我國中參加三天兩夜的學校旅行時，相機就只有兩卷 36 張的底片，每一次拍攝都非常珍貴，而且還無法知道有沒有拍失敗，旅行結束後拿著拍完的底片去照片沖洗片付錢後才能洗出照片，看到當時的拍攝成果。現在照片沖洗店幾乎都已經轉型或消逝，而智慧手機隨便都可以拍幾千張、隨拍隨看隨刪隨時上傳雲端的過程更是過去難以想像的事情。上面的攝影換成寫作、電影也一樣。今天任何人都可以拿一臺手機拍攝短片後進行加上字幕、光影等效果並上傳到 Youtube，從拍攝、剪輯到後製、發行，從頭到尾完全在手機上完成，每個人都成為了電影導演。

　　用經濟學的術語來說就是網路降低了一切的邊際成本。這使得每個人都可以成為電影導演、小說作者，藝術家。近年來 Vtuber 非常受歡迎，我自己的學生也很多團隊開始製作各種虛擬偶像，甚至還有一個團隊創業成立公司，開起虛擬偶像的經紀公司。更不用說 ChatGPT 之類的 AI 技術對所產生的衝擊。為什麼，因為現在這些技術和成本門檻已經低到每個人都可以負擔，還有諸多免費資源獲得，每個人都可以透過 AI 生成無數的文章和圖片。

　　而近十餘年來，大部分的遊戲、電影作品，一大部分都是你在網路上創作，受歡迎後就會有出版社找你來出書，更受歡迎就會動畫化或翻拍真人戲劇。所以我們可以得出一個結論：上述的這些「新內容」或「新載體」，都是所謂的 UGC(Use Generated Contents) 或 UCC(User Created Contents) 內容，加上網路和各種傳播，最終形成「消費者生成媒體 (CGM，Consumer Generated Media)」，這些媒體中的代表人物具備影響力和號召力後，就成為了網紅或關鍵意見領袖 (KOL，Key Opinion Leader)。

　　換言之，輕小說之所以成為一個產業或是一個領域，其實重點不在於它文字需要淺白易懂，有大量插圖，把讀者預設為年輕人，而是「輕小說」的「輕」在於不需要文以載道，更無須背負太多的聖賢責任和訓示教條，因為從一開始，這就是一個共同、大量創作的文化。美國媒介研究的代表學者 Henry Jenkins 曾提出「融合型粉絲文化 (Convergence Culture，也譯為「收斂型粉絲文化」)」來定義當代這種多媒體的粉絲內容文化。他認為粉絲並不是單純的「觀看者」，而是在節目方式上的主動的消費者、熟練的參與者，粉絲更是建構自己喜歡文化的游牧式的創作者。

　　總結來說，不管是輕小說、獨立電影、遊戲或是同人作品，都是網路時代下共同創作與分享參與下之成果，最後建構成一個產業，那為什麼「學術論文」不能具備這種參與性呢？這是我最初思考「輕學術」的一個出發點。

　　所以我所謂的「輕學術」並非無視學術的正確性和嚴肅性，而是擴

大或降低其參與的門檻，並從中挖掘跨科系、跨領域合作交流的可能性。2012 年，我負責國立交通大學（現陽明交大）文創學程，並在多位老師一起合作開始舉辦「ACG 文化與技術國際學術研討會」（最早稱之為御宅文化研討會），並在第三屆開始增設巴哈姆特論文獎，以實際的獎金鼓勵投稿者，並在第九屆開始前往海外舉辦，迄今已經連續舉辦十二屆，已經成為該領域中最重要的研討會，更是我公司研究人員的主要來源。

　　一個我經常提到的例子就是第三屆有一篇關於三國人物張飛在電玩和真實歷史的形象考察比較的論文。該作者的學歷是松山工農職業學校，沒有唸過大學，更遑論寫過學術論文。但該論文細緻考察了《三國志》、《魏書》等正史到明清時代各種筆記小說，引用大量史料考察張飛角色形象的變遷對比電玩中的角色形象，其水準絕對不下於一般本科研究生。但放在十年前，這樣的涉及電玩的論文去投稿一般的正經的歷史學術期刊根本不會被採用，甚至連投稿的資格都不具備，但我們採用了這篇論文，並且最後出版了，當事人迄今仍在電玩業中工作，之前有段時間還會製作影音朗讀《三國演義》。E.H. Carr 曾說：歷史是「現在」和「未來」之間止盡的對話。那輕學術就是在「虛擬」與「現實」之間相互的溝通，更是「熱情」和「想像」之間的連結的橋樑。所以研究並不是一種很嚴肅的專業行為，更不是一種只有少數精英才能掌握的話語權，而是一種對周圍生活的觀察態度。

娛樂是一種人類對於時間和空間的干涉與調整

　　上面我提到了「輕學術」，而且我做的是廣義動漫、音樂、遊戲等流行文化的研究，那我們就必須要面對一個問題，也就是這個輕學術如何和娛樂產業連結在一起，並進而創造出收益？

　　我都會以一個親身的例子切入。有一段時間我走訪臺灣從北到南各級

學校去調查臺灣青少年對於 電玩動漫的理解以及相互的影響關係。畢竟我自己也是從國中代課老師做起，後來在高中、五專、技術學院、科技大學到一般大學與研究所，不管是升學班、資優班或是俗稱的放牛班，從一般大學到頂尖大學都教過

在巡迴的講座中經常被問到這樣的問題：「為什麼學生喜歡打電動而不喜歡唸書？」這看起來是想當然爾、不證自明的問題，大家當然喜歡輕鬆的看電影動畫打電動，而不喜歡要記憶學習、要考試的唸書阿？

不過如果我們把「玩」和「學習」的定義進一步去拆分理解的話，會注意到這兩者並沒有太大的差異。在遊戲中，你需要不斷的遊玩和嘗試，才能知道這裡有陷阱那裡有機關，怎麼樣練等比較快或是知道技能點的分配，這個過程和唸書其實是一樣的。所有的學科，不管是數學、英文或歷史，你都需要反覆的練習或是有技巧的記憶，最後才能掌握這些內容與知識。

換言之，**不管是「玩」或「學習」其時都是一種透過反覆練習不斷熟悉，最後掌握知識脈絡的過程，兩者的本質上是一樣的。**

所以問題不是「玩」和「學習」不一樣，而是為什麼大多數的人覺得「玩」比較有趣而「學習」不有趣。但是如果我們去問電競選手，搞不好他也也覺得打電動是件很辛苦的事情，他需要擔心勝率和排名下降；對他而言，打電動可不是什麼輕鬆快樂的事情。所以問題的關鍵點似乎不是「玩」和「學習」的問題，而是壓力和樂趣之間的調配變動。壓力很容易理解，那什麼是「樂趣」呢？

讓我假設一種場景：假設你去花錢買票去看電影。結果在開演前，你因為身體不舒服或是剛好女朋友打電話來，結果去醫院蹲了兩個小時根本沒看到電影，你可以和電影院申訴：「我花錢買了票要看電影，但因為其他理由沒有看到，所以你要補給我看或是退費」嗎？

電影院大概不會退費，因為這是你個人的理由。但是這讓我注意到：**你花錢購買電影票獲得的是什麼東西？是觀看電影的權利嗎？還是在那個播放電影的空間裡面可以坐兩個小時的權利？**

如果購買電影票的對價關係是觀看電影的權利，那只要我沒有看，理論上你應該可以獲得補償；換言之，你花錢獲得的是「在那個空間裡面兩個小時的時間權利」。在過去臺灣有一些沒有清場的二輪戲院，在炎炎夏日中，經常可以看到一些人他們花錢買一張電影票進去，坐在最後面呼呼大睡，有時候還發出了影響他人觀看電影的打呼聲。他們根本不在乎電影演什麼，他們只是要一個在夏天可以吹冷氣好好睡覺的地方。而電影院是一個有冷氣、光線陰暗、不用在意他人眼光又空間相對寬敞的地方。所以他們買一張票後就進去睡到飽再離開，至於電影演什麼，根本不重要。

那我們進一步問：如果你花錢看了一場難看的電影，出來後你會有什麼感覺？浪費了一筆錢或是浪費了兩個小時？

可能兩者都會有，但是我認為：覺得浪費兩個小時的時間會更深刻。因為我們本來就是打算花錢去獲得快樂的。享受電影的劇情與聲光效果刺激。所以當電影很難看時，你就會覺得時間過得很慢，甚至有點沉悶。上課也一樣，如果老師講課很無趣的話，通常就會覺得時間過得特別慢，你問所有剛去當兵的男生就會知道，每一天都很難熬，時間過得特別慢；反之，快樂的時光過得特別快，用比較專業的話語來說，因為當我們享受的事物是目標導向的（goal-motivated）。如果某件事情能激起「趨向動機」（approach motivation）的話就會讓我們更投入更感到快樂。

換言之，可以讓你感受到時間過得比想像中的快，或是在特定的空間內會感覺到愉悅，就能產生樂趣。所以，我在這裡下一個定義：**娛樂是一種對於人類時間和空間的干涉與調整；而娛樂產業，就是一種干涉和調整人類對於時間和空間感受的技術和服務。**

　　把這點放到現實就更明顯了。許多人文社會學科都面對難以找工作的挑戰，不管哪個國家都一樣，放在全球高度科技和商業資本主義掛帥的世界體系中，文科都面對嚴峻的挑戰。前面提到我是純文科，所以在我求學的過程中早就聽過太多類似的話語、過年時家族聚會時早就習慣這類的問候關心，所以我很清楚這種感受。

　　如果以一般的博士養成為例，你投入了你人生中最精華、青春且最寶貴的一段時間，是你活動力最強、效率最高的二十到三十歲的精華歲月，當你花了寶貴了十數年後，面對的是可能找不到工作、沒有穩定的教職還有社會的冷嘲熱諷，這確實是一大打擊，你會感受到人生的絕望和後悔。而我認為最大的問題是，你以為自己只有「大學教授」這條路可以走，而忽視了有很多可以做研究的組織、場域和時空，這些「時間」或「空間」都可能可以滿足你對於知識的探求、好奇新的滿足、對當代社會或人類共相的理解，而未必一定要在大學殿堂之上，只為了一扇窄門而放棄了身後無邊無界的一片天空。所以我發展並提倡了「輕學術」：研究應該要同時兼具「學術性」、「可讀性」和「商業性」，並在其中找到滿足人類問題和商業獲利需求的可能性研究。

MIND 是我對輕學術「可讀性」的 思考

　　接下來我想談一下輕學術的「可讀性」。所謂的可讀性並不是更誇張的標題、吸引人的口號或是更加賣弄肉體或強調官能的宣傳，而是一種面對當代媒介注定走向多元架構、跨學科流動，以及虛擬現實交互影響的大數據形式。古人所謂「讀萬卷書，行萬里路」正是一種知行合一的體現，而在個人分子化和元數據社會的過程中，我則同時注意到了線上線下雙方向性的並行不悖；以及最重要的是；重新理解「個體（個人）」和群體（可以是大眾，也可以是一群同好粉絲或同溫層受眾）之間的關係。

　　一個具體的實踐案例就是在日本慶應大學舉辦的「ACG 文化與技術國際學術研討會暨巴哈姆特論文獎」，包裝成四天三夜的動漫知識聖地旅行。因為許多朋友和我的學生的共同努力，我收到了慶應大學媒體設計研究科（メディアデザイン研究科 Keio Media Design）的邀請，前往日本共同舉辦研討會。但是如果單純去日本辦一個研討會這實在太可惜了，所以我開始把研討會設計成 一整套了旅行。

　　在這過程中我思考到哪些東西是吸引人且具備可讀性的？單純的日本旅行並不是。因為臺灣、中國或香港、韓國，每年前往日本觀光旅行的人太過普遍。以臺灣為例，根據日本觀光局（JNTO）的數據，疫情爆發前的 2019 年，臺灣赴日觀光的人數逼近五百萬人次（489 萬），佔臺灣所有出國人口的三分之一強。

　　但是入住日本一流大學校園內，享受過去沒有的大學生活體驗則是非常難得的，至少不是一般旅行團可以做到的事情。再來就是在日本大學內用餐、上課，這也是一個新奇的體驗。所以我安排了每位參加者都入住慶應大學個別房間，並安排了課程和校園內的活動和用餐。其次就是加入聖地巡禮的概念。關於聖地巡禮如何在近十年間成為一門新興的觀光內容產業已經有太多研究，我對此也投入了不少時間，不過這裡先省略。當時我們搭配了新海誠的幾部作品（如《天氣之子》、《你的名字》和《言葉之庭》等）執行聖地巡禮；其次，我們邀請專家導覽了秋葉原。作為日本動漫文化和女僕咖啡廳的聖地，秋葉原一直是一個「外行看熱鬧、內行看門道」的地方。如果我們把秋葉原放在更長的時間線或是城市地景發展脈絡來看，其實我們可以看到秋葉原從作為東京首都的的王城守護，具備高度的宗教文化意涵，到了 1970 年代伴隨日本經濟起飛成為電子耗材、家電和 3C 零件的電器街，再到 1990 年代後轉變成為電玩動漫的宅文化魔都，所以我們邀請了專門研究秋葉原的專家帶大家一起穿越這裡的旁門左道，例如我們走訪了《南總里見八犬傳》的寫作地，《LoveLive》裡角色們奔跑的場所等等。其實剛好以某

種形式見證了日本經濟和都市景象的時代變遷。

　　最後我還包了一家居酒屋和卡拉 OK，因為我認為理解「居酒屋」和「卡拉 OK」兩項都是日本人在戰後高度經濟發展時代中所產生的創意點子。在終身雇用制度中，許多上班族在下班後了習慣先去居酒屋喝一杯，一方面為了避免太早回到家被嫌棄自己不受公司重用，一方面在居酒屋中可以卸下表面的臉孔，抒發在公司面對上司和同儕的壓力，而卡拉 OK 也是如此時代下的產物，透過這些，我們可以更加理解日本文化，最後再加上各領域商業的專家論壇和交流，說白一點，在研討會中討論「錢」的事情。

　　這次研討會共招待四十餘位參與者從臺灣、中國、香港、新加坡等地一起來到日本，再加上一些日本當地的學者專家、投稿者和廠商代表參與，合計約有近百人參加了這次的研討會。

　　在這次的活動中，我發展出了 **「MIND」** 理論並在之後成為我們 U-ACG 活動的主軸。MIND 指的是 Mobile 、Interactive 、Native and Digital，取首文字組合成「MIND」，日本人很喜歡把各式各樣的東西以頭文字的形式去湊成一個單字，看起來有點耍帥，我承認我也是這樣去湊字來的。

　　MIND 理論希望所有活動都要盡可能具備「線上和線下」、融合「虛擬和現實」。以上述的研討會活動為例，在四天的行程中，包含了動漫聖地巡禮、學術研討會、異國聖誕界、校園參訪、課程學習、晚宴、居酒屋和卡拉 OK 文化體驗和秋葉原都市專業導覽，被統整一個同時具備線上線下、虛擬現實互涉的活動之間，換言之，這不僅是一趟旅行，也不只是一場學術研討會，更融入了動漫產品、歷史文化和人際體驗。

　　為什麼我們常說現代人難以靜下心來閱讀？或是網路上有許多只寫三百字就標誌「文長慎入」的警告標語？為什麼流量如此誘惑著社群？每個創作者都要千辛萬苦去追求按讚和觸及率？為什麼任何電影或是遊戲都有懶

人包或是五分鐘幫你看完經典？還出現了許多雲玩家或是雲評論者？

　　或許根本的理由是因為我們的周圍有太多沒有被整理、碎片且零散的資訊、這些資訊不斷干擾我們的影響力，使我們無法專心；而網路的邊際效應又必然稀釋了所有的專業，使得任何內容或活動，都會在「被大數據離散的個人」和「多元碎片化資訊」中難以聚焦。我們的對策並不是不斷鼓吹「閱讀多重要」或是高喊「人文素養多有價值」，而是從「樂趣」和「成就感」的建構去發想設計，故我指出論文研究不只是單一的文字寫作閱讀行為，而應該融合聽覺、觸覺、視覺等全面人類感官行為；研討會並不只是坐在特定空間之中，而是要把行動、興趣、熱情、跨領域知識融合在一體。「MIND」是我對輕學術可讀性的解釋和對策。

輕學術的商業性

　　商業的本質是「需求的交換」，也就是用我有的東西交換你有的東西。因為彼此的需求和專長不同，所以每個人都生產自己擅長的東西去交換其他自己不擅長但需求的東西。這是最基本的「以物易物」交換，隨著社會群體擴大、交換的東西項目越來越複雜，所以我們開始使用一種大家都願意承認價值的東西來作為交換的東西，例如貝殼或是會發光的貴金屬等等。然後隨著中央集權的國家社會的出現，最終透過權力確立了一種具備共識的貨幣。

　　但即便是今天充斥各種高科技的交易形式，本質上依舊是需求的交換，也就是我需要這個東西，可能是為了維持存活的必需品，也可能是點綴生活的裝飾品或消耗品，亦或是認為未來價值會提高的藝術品或可投資品。因為我想要、我需要，所以我願意付出代價去購買這項產品。而任何一項專業的職位過少或是薪水偏低雖然有非常複雜的理由，但最簡單說就是**「沒有需求」**。只要這份專業沒有太多人有需求，它就難以產生供需的價值。

　　學術研究或許從來不被認為有商業性，或者不應該追求商業性。因為學術的根本崇高性、對於知識和真理的追求都應該盡可能杜絕銅臭味。我同樣作為一位大學教員，也算是一位學者或知識人，我確實也相信這些崇高真理的追求，而且事實上人類歷史以來也確實有無數的探求者他們不畏懼貧窮、不害怕失去生命而獻身學術追求真理。《論語・里仁》篇：「士志於道，而恥惡衣惡食者，未足與議也」，或是大家看過獲得第 26 屆手塚治虫文化獎漫畫大獎得獎作品《地。- 關於地球的運動（チ。- 地球の運動について -）》或許也能被其中那些主角的行為感動。

　　因為舉辦了十幾年的 ACG 研討會，我注意到喜歡 ACG 研究的人就像立志成為漫畫家的人一樣。從小看漫畫，受到許多漫畫家的吸引，然後想像有一天自己也能畫出作品，成為漫畫家。不管是漫畫、動畫、繪師、遊戲製作人，正如動畫《白箱》所說的：「會願意在如此高壓、辛苦環境下依舊從事這個行業的人，一定都很喜歡動畫吧」。為了成為創作者，你需要不斷的練習、學習、投稿、這就是屬於你的創作者研究的道路。另外一種則是消費者研究的道路，你一樣很喜歡 ACG ，但你並沒有選擇了自己從事這個產業創作的道路，例如影評。電影是一門高度複雜的娛樂產業，需要有人當演員、導演、攝影、化妝、服裝……甚至是茶水定便當，都是創作電影這門產業的研究人員，但也有影評、研究電影文化的人或是專門喜歡看電影的粉絲，他們以消費者、觀賞者、評論者的角度與立場來表達對電影的喜愛和支持。這些影評可能撰寫在專門的報章雜誌或網路上撰寫文章、發表電影文化與產業的建言或批評，使得電影拍得越來越好。雖然這些人沒有實際創作出「作品」，但同樣是廣義電影產業的一份子，也一樣是不可或缺的一部分。

　　把上面的電影例子放到 ACG 亦是同理。或許有一大部分的人也是喜歡 ACG 的觀眾或評論人，會在自己的網站、部落格、論壇或社交網路上各式各樣的地方發表對於 ACG 的觀點，我們的網站 U-ACG 或是研討會也是一個發表的園地。所以現在的問題並不是興趣或喜不喜歡，而是：怎麼轉換成實

際的收益？說白一點，怎麼賺錢？

　　簡單一句話，你的研究必須要體現目前高度變動的國際局勢中，提出敏銳商業觀察和人性需求的機會。

　　例如在近十年內，伴隨其國家的 GDP 高度經濟發展，中國、韓國、臺灣，甚至是東南亞國家，這些國家的動漫文化、獨立遊戲、流行音樂或戲劇等廣義娛樂產業都獲得了非常大的發展。撇開政治和意識形態不談，這是身在臺灣的學術研究者與遊戲業營運者絕不可忽略和輕視的一環。在幾個實際商業操作的案例中，我認為現在正是亞洲 ACG 研究的最佳時刻，因為這是「亞洲內容產業地殼變動」的典範轉移時代。

　　什麼是地殼變動？簡單說就是過去「日式動漫遊戲風格不再由日本或任何國家所獨有獨佔，而成為一種廣義的的文化風格」。過去當我們提到日式畫風或是 JRPG 時你會聯想什麼？可能是一些眼睛大大卡挖衣的可愛美少女。但今天許多臺灣或中國繪師所繪製的作品，其實已經難以區分。而所謂的「日式」一詞，未來很可能被某種廣義的亞洲風格所包含、替換。一個最顯著的例子是米哈游的《原神》。《原神》剛推出時因為某些玩法和畫面與《薩爾達傳說曠野之息》相似而被認為有抄襲之嫌，但當時我獨排眾議，我毫無疑問是全臺灣最早認為《原神》一定會成功的人，也招致了一些批評，但事實證明我們的看法是正確的，後來我們也因此獲得了大量的案子。因為我認為米哈游就是一家完全體現地殼變動的遊戲公司，由一群高度理解日本動漫風格的阿宅所匯集出來的公司，而他們的遊戲，從之前的《崩壞》系列到《原神》等，都清楚體現了地殼變動的軌跡。

　　而我認為這一趨勢在未來數年的發展，將會伴隨經濟和文化力量的重組以及全球地緣政治的變遷，重新建構一個孕育各種可能性的全新風格。在這個風格轉移的過程中，伴隨的巨大產業資本轉移和文化理解，例如今天我們已經看到許多角色的美術和服裝在不同國家推出時，會根據各自的宗教和

政治習慣進行調整；而轉蛋商法的機率公開、保底政策和與賭博的關係更牽涉各國不同的法規需進行調整。

　　前面提到，臺灣幸也不幸，剛好就深受中美日韓等全球最重要商業文化的強勢影響，也正在位處中美日衝突太平洋第一島鏈的中心，更是政治軍事力量風險的最前線；臺灣不僅是作為一個評估、測試全球風向水溫的交會點，更是歐美、日韓、東南亞與中國所有內容產業的交會處。

　　未來全球地緣政治緊張，中美競爭所帶來的反全球化浪潮，以及作為對立面各國在強化自身認同國族主義下的保護政策，幾乎每一項需要深入且持續的研究，更有著大量的需求，而商業就是一種供需的交換。

　　最後，容我再強調一次，你有無數的未來可能性，絕不會只有一扇窄門。

史學文創 · 商品實踐

從《聯合報》圖像應用看
記憶擷取與商品轉化

吳宇凡

淡江大學資訊與圖書館學系兼任助理教授

　　我是吳宇凡，過去任職於國立臺北科技大學（以下簡稱北科大）文化事業發展系。與在座的各位較為不同是，我的專長並非是歷史學，而是在檔案學、檔案管理，但我在求學的階段非常感念劉維開老師，當然還有很多歷史學界的朋友，因為他們讓我學習到很多的東西。就如同今天我要報告內容所立基的領域，其中有兩個部分即是與劉維開老師有關，一是史料學，另一則是過去劉維開執行影視史學相關計畫時，我旁聽過一陣子，這也讓我後來產生了與《聯合報》、《中國時報》合作影像部分的計畫。

　　今天主要是想來和大家分享具備史學專長的人，在不同工作中能展現的功能與特質，配合我今天要講的主題，所以會聚焦於大眾史家和文化創意的關係，時間夠的話也會跟大家分享紙媒《聯合報》體系的聯合線上股份有限公司（以下簡稱聯合線上）與北科大合作了什麼事情。

過去事物還原所隱含的史學需求

在開始之前，我們談一下前陣子議題不斷的影集《天橋上的魔術師》，姑且不論戲劇中有關意識形態的部分，為大家津津樂道的則是這部戲劇主要場景「中華商場」的搭建。歷史場景的搭建需要大量史料搜集和考證才可能重建，所以當劇組建立了一個和當年幾乎一樣的場景，這給了我們一個想法，假如歷史系畢業生沒有走上學術這條路，那麼我們可以將著眼點放在過去事物、技術的掌握、還原與考證，從這樣的角度去思考，其實歷史系畢業生在許多地方是被需要的，而這也是近年來在文化創意領域大家相當重視的體驗經濟中的一環。當我們把過去每個人記憶中的場景，透過我們的專業考證文獻、辨識真偽並重新搭建出來，社會大眾對其產生興趣，這就是創造出價值。這樣的情形相當常見，譬如中國大陸的史學家會去協助歷史系劇場景的搭建，或者在歐洲，每當到了戰爭紀念日時，人們會穿起當時的服裝對陣，背後的歷史意義則需要專業人員的說明與引導，才能讓活動更有深度。將已不存在的人、事、時、地、物進行還原，其實也就是為了能夠體驗那已不存在的經驗。

我在北科大教書期間有很大的感觸，北科大的學生是技職體系，他們更在乎所學是否能夠應用在工作，為了讓學生能夠更加專心並進入我所學的領域，因此我將教學進行調整，讓學生先做再學。我知道史學領域很多人並不能認同將黑白照片上色的作法，認為照片上色似乎有種在竄改或杜撰的感覺。但事實上為黑白照片上色有兩種層面，一是現代的人為過去的黑白照片進行著色，這涉及到真實色彩考證，從某種角度來看，這樣的作法如同利用顏色在撰寫歷史；另一則是照片拍攝當下，拍攝者或同時代人員為照片進行著色，早期相館的師傅即除拍照外也會為照片上色，相關內容則涉及傳統技藝與集體記憶層面。前者在這裡我先姑且不論，後者不分我過去花了很多時間，在南庄找到一個相館老師傅（圖2），和他學習如何上色，包含使用的手法、材料，然後再帶學生如何在黑白相片上色。有趣的是，我發現歷經該

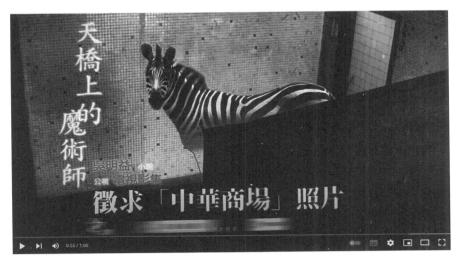

圖1：電視劇《天橋上的魔術師》中華商場老照片徵集影片

資料來源：https://www.youtube.com/watch?v=HP2zAoiyvhw

圖2：南庄玉光照相館負責人李禎吉黑白照片上色剪影

資料來源：筆者提供

張照片拍攝年代的人和沒有歷經這段歷史的人上色就是有所不同，學生們只要看到計程車就一定是黃色，但過去的計程車並不只是黃色，這不僅呈現了許多有趣現象，也隱含了集體記憶的研究議題。

歷史系畢業的學生可以做什麼？

　　歷史學的訓練是培育學生從事學術研究，但實際從事學術者卻如同鳳毛麟角；各位想想，若取得博士才能算是取得成為學術研究者的門票，那麼我們以 107 學年度為例，該學年度歷史學系取得博士的人，是同年度畢業的歷史大學生的 2.5%，那麼其他 97.5% 到哪裡去了？這是很驚人的一件事情，不僅說明歷史領域人才的大量流失（就業導向的引導之下，歷史領域學子逐漸迷失學習史學的動機與目的），也說明了課程規劃是否符合當下學子期待的問題。前面幾場聽下來，我們可以知道，受過歷史學訓練的人會有什麼能力？從我的角度來看，不外乎對於事件的關鍵點敏銳度高，體現於歷史資料的掌握、時間脈絡整理、歸納分析，特別是我認為歷史專業的人，文筆特別好。事實上，維護歷史的真實的要求很高，又或者是文化、文化資產的維護意識很高、資料彙編整理的切換性很強，又或者對一份資料毫無頭緒的時候，歷史系畢業的人至少知道去哪裡找合適的人。有了這些基本能力，在學術之外我們可以有很多選擇。

　　我在北科大的時候，好多人都覺得我在做文化創意（以下簡稱文創），某種角度的確是。北科大的經驗告訴我，背後的歷史很重要，日本著名的設計師杉浦康平說過，作為一個設計師應該要有三隻眼睛，兩隻眼睛往前看，另一隻眼睛往後看，看過去的文化、歷史。漢寶德稱文創是將文化產品予以大眾化，利用現代工業生產的方式，使廣大的民眾都可以擁有或欣賞，而當作者關注到歷史之後，文化產品就有了隱藏在視角之下的歷史和社會觀點，換言之，這些隱含歷史觀點與底蘊的產品形形色色，以不同的樣態呈現，這不就和大眾史家的觀點相似。

　　大眾史家以不同的呈現手法，將歷史的撰述更貼近庶民生活，不只是歷史作品，所完成的作品更係文創商品。我經常告訴學生，必須期待作品能與社會對話，記錄當下的社會，從這種角度思考就可以有很多事能做。這幾年當紅的影像相關研究，除了歷史學談的影視史學，資料科學也講資訊視覺化，在出版領域有一種非虛構圖文書，非虛構圖文書談的是畫出來的漫畫是以真實事件作為背景，呈現的手法或為寫實、或為虛構，許多作品甚至看起來像回憶錄或自傳，有趣的是，許多人習慣將這樣的作品貼上文創的標籤（圖3為漫畫家水木茂非虛構圖文作品《漫畫昭和史》）。以文化為基礎進行創意作為，這是普遍大家對於文創的改念轉化，而文化是生活的總集合，包含過去、現在與未來，因此有很多時間點值得切入。文創商品，指的是詮釋轉化特定文化主體和相關事務後所產生的產品、服務和應用，這些不只是產品，甚至還包括服務和應用，包含資料庫、大數據分析，這種從文化主體的詮釋轉換，很重要的一點是，我們究竟能否掌握擷取哪些文化主體，這就是歷史學者對於資料的掌握和詮釋。

　　那該怎麼做？許多人認為創意是難以掌握的，但我卻相當喜歡一個定義創意的方式，只要我們能在兩個不相關的領域、物件找出關聯處，那麼這就是所謂的創意，而這樣的能力取決於每個人自身文化歷史資料庫的豐富度，這做出來的東西和史書撰寫是非常不同的。文化取材的資料很多，譬如一個六角形符號隨處可見，大家也都知道，但是這樣一個六角形也可是一個符碼，代表官方的意思，另外還有包括代日韻目、國音電碼等都有很多轉換加值空間。換言之，我們需要的是掌握記憶符號。

記憶符號的掌握：《聯合報》的圖像轉化

　　那麼，聯合線上找北科大做了什麼？將《聯合報》的內容做成資料庫不外乎是文字、照片和插圖，聯合線上與我合作時，最開始測試合作關係是

圖 3：水木茂作品《漫畫昭和史》以自身經歷、虛構人物呈現日本近代史
資料來源：https://www.youtube.com/watch?v=exf1RbkH9Ug

從最難應用的漫畫著手（資料庫的目的在於應用其內容，漫畫資料庫在應用上並不容易），希望從中能挖掘出具有研究或文創潛力的內容（圖 4 為聯合線上懷舊廣告圖像庫，其中集結了《聯合報》自創立以來所刊載之廣告圖像、漫畫、標語等內容）。在這樣的背景之下，我意外的發現了《聯合報》創立之初的一個漫畫專欄〈成語新解〉，在這個專欄中以外地隱含了早期漫畫家所繪製的民國四〇年代的臺灣，其中又尤以「伯風」這個漫畫家最為重要，其藉由成語將四〇年代臺灣當下的環境與社會議題以漫畫呈現，譬如重男輕女之下的人口買賣、功利主義、違章建築、高房價、黃牛票、賣考卷等，儼然是當下集體記憶的縮影（圖 5）。

　　我花了一些時間將伯風的漫畫整理並分析，並在下一個學期帶著學生針對這些漫畫進行加值運用。讓學生針對《聯合報》的懷舊廣告圖像內容進行選擇，深入瞭解所選擇的圖像產生的背景與意義，擷取其中所隱含的符號象徵並重組、詮釋。這個過程中最為有趣的地方，並非僅止於讓學生發揮創

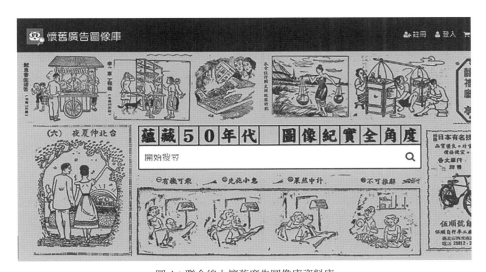

圖 4：聯合線上懷舊廣告圖像庫資料庫

資料來源：https://udndata.com/ndapp/materials/udntag/MaIndex

圖 5：《聯合報》〈成語新解〉伯風作品呈現四〇年代臺灣記憶

資料來源：https://udndata.com/ndapp/materials/udntag/MaIndex

意、製作作品，更協請聯合線上的同仁組成評審團隊，對學生的作品進行評
比並給與獎勵，讓學生在課程中不僅可以學習相關內容與知能，更能培養其
自信心（圖 6）。

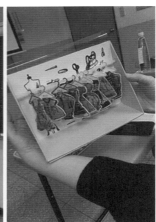

圖 6：北科大學生以《聯合報》圖像進行詮釋與轉化

資料來源：筆者提供

　　與聯合線上合作的成果良好，也因此聯合線上進一步地推動《聯合報》照片的應用與轉化。《聯合報》自民國 40 年創立以來累積的照片達千萬餘幅，若漫無目的從中擇選，無疑是大海撈針。為了讓計畫能有明確的方向，我擬訂了一個有取的主軸「時髦」，並將時間點定義在民國四〇、五〇年代，讓學生從《聯合報》「新聞圖庫」資料庫找出他們從自己的觀點擇選那個年代「時髦」的照片（圖 7）。這樣的過程隱含了三個目的：其一是讓學生深入當下的背景環境，讓學生從不同角度去認識那個年代的臺灣；其二是讓學生藉由影像感受不同族群所呈現的集體記憶差異；其三則是讓學生熟悉影像檔案的特性，並能學習早期的影像轉化技術。

　　在這次的計畫中，我共動用了三個班級的學生進行照片的擇選，每個班級 40 人、每人擇選 3 張照片，共計擇選了 360 張「時髦」的照片，有趣的是，這些由學生視角所擇選出的照片可看出一股趨勢，一是跟女性有關，亦即性別；二是與臺北市有關，即是城鄉差距，三是在衡陽路，亦即地方發

展，若從「時髦」的概念與本質去思考，從中可以感受到臺灣發展的現代性，其中的研究意義我這裡就不細講了。

我在帶領學生利用《聯合報》照片進行課程時，照片的擇選只是第一步，如何掌握符號並進行轉化則是下一步；因為動用了三個課程班級，每個課程目的不同，所以幾經思考之下，這次我餅除了從事創意發想與作為，改讓學生瞭解過去的人是如何利用照片如像進行價值轉化，深入瞭解過去的做法，對於學生而言，則可以讓他們學習到新的技能。在這次的計畫中，我整理了過去生活中常見的影像轉化技術，如前面所提及之黑白照片上色（圖8），以及影像重攝 (rephotography，圖 9)、圖像劣化（馬賽克轉化）、視覺錯覺、立體成像技術等，不僅讓學生瞭解影像背後的意義、學習過去影像轉化技術，更進一步感受讓圖像說話，透過圖像與社會大眾對話。

圖 7：聯合線上新聞圖庫資料庫

資料來源：筆者提供

圖 8：帶領學生學習過去照相館黑白照片上色的背景與方法

資料來源：筆者提供

圖 9：利用聯合線上新聞圖庫照片將中華商場重新置入中華路

資料來源：筆者提供

結語

　　因為東西實在太多，一時無法全部講完，今天只能作一個簡短的結論。文化，並非只有老東西，但，老東西一定含有文化！歷史學與文化研究的範疇非常相近，二者在某些議題上涉及過去之人、事、時、地、物的探索，也因此文化創意的進行一直以來都並非僅止於特定領域，是一種跨領域的作為，而從事歷史學的研究者在此過程之中，更是能夠在核心發揮其長才。每個歷史學者都非常擅長掌握歷史的脈絡與癥結，如何將這些脈絡與癥結符號化，進一步識別、擷取與轉化，是歷史學者從事文化創意的不二法門。

　　就讀歷史學系的大學生們到底該如何進入？我們可以從觀察與閱讀史料開始，進一步辨識所擷取符號的價值，並清楚自己想法與創意是有價的；每一位歷史學系畢業的大學生，在你求學的階段中，你必須學習如何在歷史資料中掌握核心記憶，並將之符號化，而所謂的文創，事實上就是一系列的符號轉化和符號擷取，至於轉化，從我過去的教學經驗來看，創意並非僅止於求變，重現也是一種轉化的方式，而且相當適合學習歷史的你，若你能掌握這些，我相信這將會是未來發展的另一條出路。

國家圖書館出版品預行編目 (CIP) 資料

史學玩應用：臺灣應用史學探究集/王力堅,皮國立,何彩滿,吳宇凡,吳淳昀,
李立劭,李明彥,林弘毅,林奇龍,林果顯,邱柏薰,洪健榮,胡金倫,張少濂,
張淑卿,梁世佑,莊淑瓊,許峰源,許毓良,郭至汶,楊善堯,潘宗億,鄭巧君、
鄭政誠、蕭道中、蕭遠芬、謝仕淵、蘇健倫作;皮國立,楊善堯主編.--初版.
-- 新北市：喆閎人文工作室, 2024.05
　面；　公分.--（應用史學；1）
ISBN 978-986-99268-6-7(精裝).--
ISBN 978-986-99268-7-4(平裝)

1.CST: 史學 2.CST: 文集

607　　　　　　　　　　　　　　　　　　113005810

應用史學 1

史學玩應用：臺灣應用史學探究集

喆閎人文

創 辦 人 / 楊善堯
學術顧問 / 皮國立、林孝庭、劉士永

主編 / 皮國立、楊善堯
作者 / 王力堅、皮國立、何彩滿、吳宇凡、吳淳昀、李立劭、李明彥、林弘毅、林奇龍、林果顯、
邱柏薰、洪健榮、胡金倫、張少濂、張淑卿、梁世佑、莊淑瓊、許峰源、許毓良、郭至汶、
楊善堯、潘宗億、鄭巧君、鄭政誠、蕭道中、蕭遠芬、謝仕淵、蘇健倫（依姓氏筆畫排列）
封面設計 / 吳姿穎
編排設計 / 吳姿穎
活動企劃 / 方慧芯

策劃出版 / 喆閎人文工作室
地址 / 242011 新北市新莊區中華路一段 100 號 10 樓
電話 / +886-2-2277-0675
信箱 / zhehong100101@gmail.com
網站 / http://zhehong.tw/
Facebook / https://www.facebook.com/zhehong10010

初版一刷 / 2024 年 05 月
平裝定價 / 新臺幣 NT$ 400 元
精裝定價 / 新臺幣 NT$ 600 元
ISBN / 978-986-99268-7-4（平裝）
　　　　978-986-99268-6-7（精裝）
印刷 / 秀威資訊科技股份有限公司